TANIA BRUGUERA

IN CONVERSATION WITH / EN CONVERSACIÓN CON

CLAIRE BISHOP

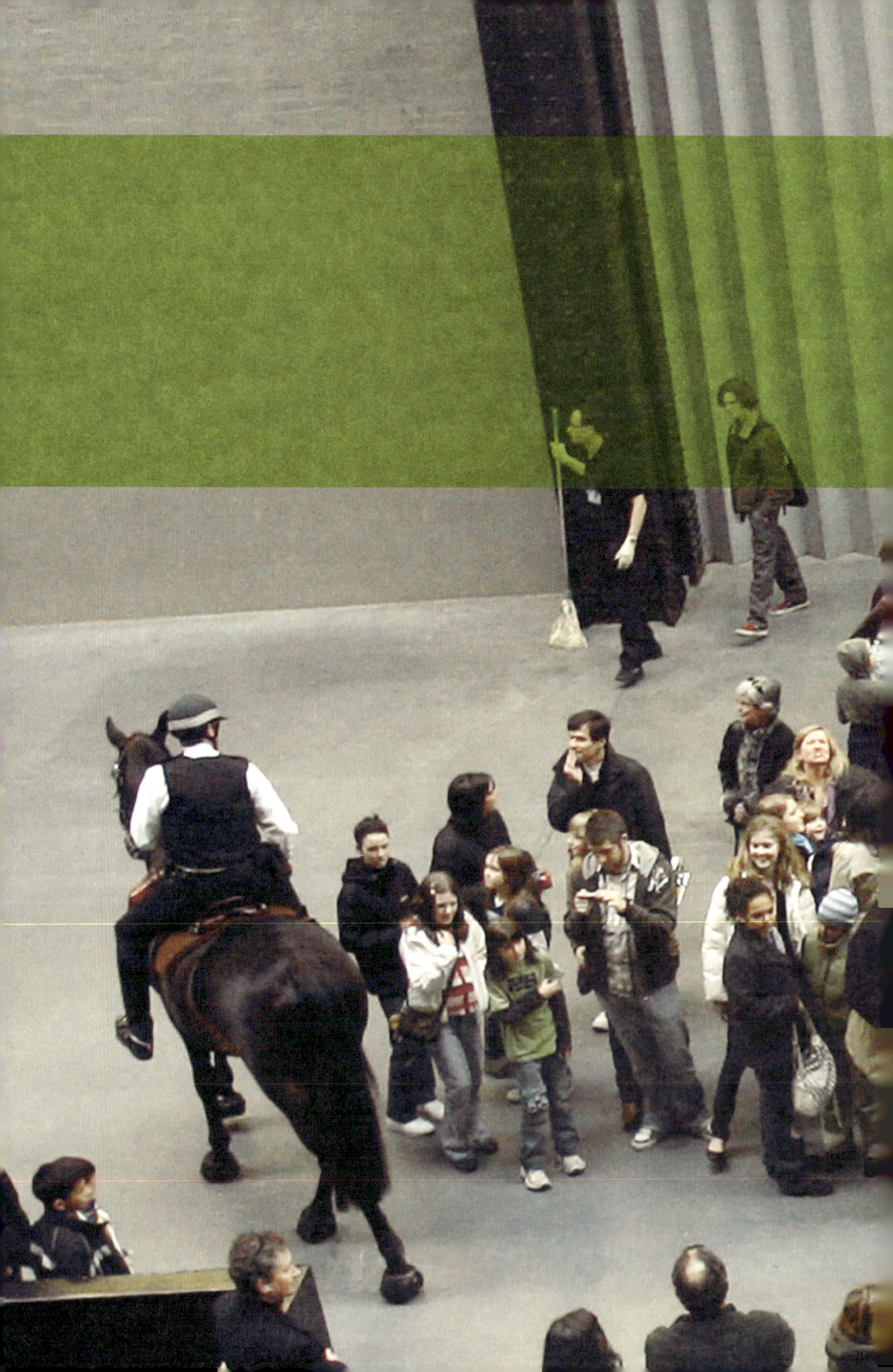

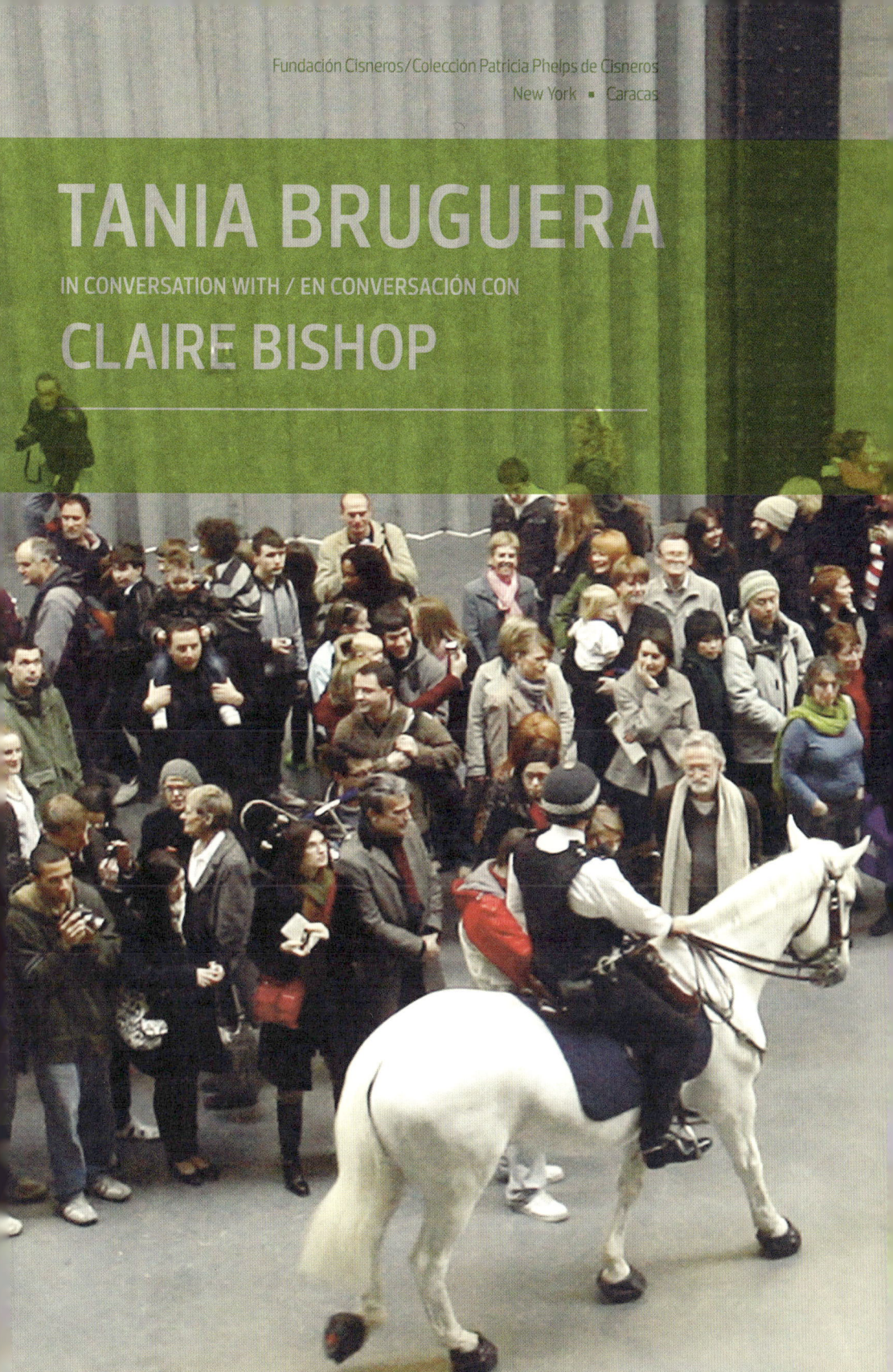

Fundación Cisneros / Colección Patricia Phelps de Cisneros
New York ■ Caracas

TANIA BRUGUERA

IN CONVERSATION WITH / EN CONVERSACIÓN CON

CLAIRE BISHOP

We have made every effort to contact copyright holders for images. Please address any inquiries to:

Fundación Cisneros
2 East 78th Street
New York, NY 10075
www.coleccioncisneros.org

Available through:
ARTBOOK | D.A.P.
75 Broad Street, Suite 630
New York, NY 10004
www.artbook.com

ISBN 978-0-9840173-9-3

Library of Congress Cataloging-in-
    Publication Data
Names: Bruguera, Tania, 1968– interviewee.
    | Bishop, Claire, interviewer. | Bruguera,
    Tania, 1968– Tania Bruguera in conversation
    with Claire Bishop. | Bruguera, Tania, 1968–
    Tania Bruguera in conversation with Claire
    Bishop. English. | Fundación Cisneros.
Title: Tania Bruguera in conversation with
    Claire Bishop.
Other titles: Tania Bruguera en conversación
    con Claire Bishop
Description: New York, NY : Fundación Cis-
    neros, [2020] | English and Spanish.
Identifiers: LCCN 2019055228 |
    ISBN 9780984017393 (hardback)
Subjects: LCSH: Bruguera, Tania, 1968– —
    Interviews. | Artists—Cuba—Interviews.
Classification: LCC N6605.B78 A35 2020 |
    DDC 700.92—dc23
LC record available at https://lccn.loc.gov
    /2019055228

Cover [Portada]: *Donde tus ideas se convierten en acciones cívicas (100 horas lectura* Los orígenes del totalitarismo*)* [*Where your ideas become civic actions (100 hours reading* The Origins of Totalitarianism*)*], artist's home in [casa de la artista en] La Habana, 2015, detail [detalle]. Photo by [foto por] Kate Flint, [courtesy of [cortesía de] Estudio Bruguera
Contents page [Índice]: Tania Bruguera, Havana, 2015. Courtesy of [cortesía de] Claudio Fuentes
Title Page [Portadilla]: *Tatlin's Whisper #5* [*El susurro de Tatlin #5*], Tate Modern, London, January [enero] 26–27, 2008. Courtesy of [cortesía de] Estudio Bruguera / Tate Modern

Produced by Lucia | Marquand, Seattle
www.luciamarquand.com

Series editor: Gabriel Pérez-Barreiro
Selection of artworks: Claire Bishop, Ileen Kohn, Donna Wingate
Editors: Ileen Kohn, Donna Wingate
Copyeditors: Donna Wingate [English], María Esther Pino [Spanish]
Translators: Kristina Cordero, Mariana Barrera Pieck
Proofreaders: Elizabeth Chapple, Carrie Cooperider, Alexa Halaby, Víctor Ortiz-Palau, Mariana Barrera Pieck
Series design: Zach Hooker
Volume design: Meghann Ney
Typesetting: Brynn Warriner
Color management: iocolor, Seattle
Printed and bound in China by C&C Offset Printing Co., Ltd.

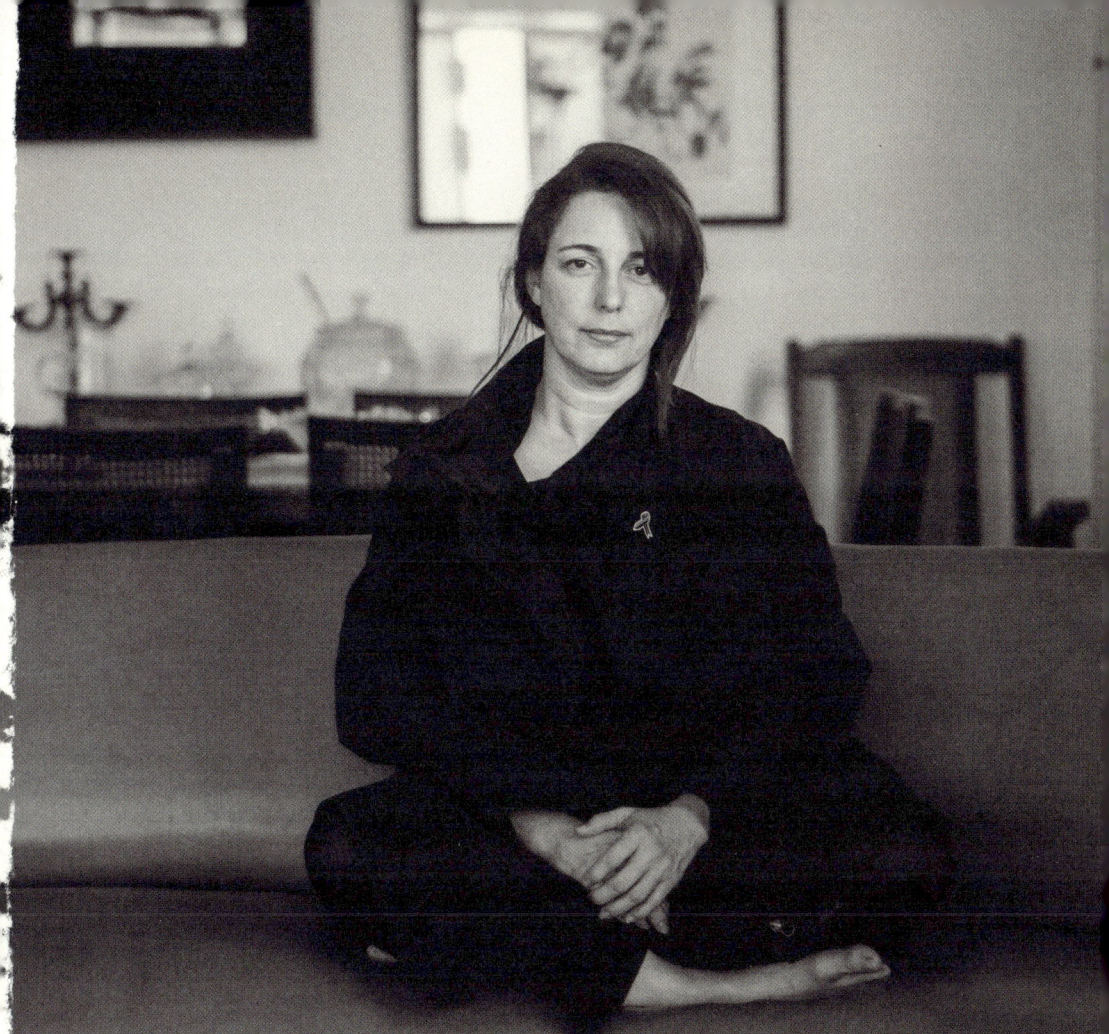

Contents

Índice

REFRAMING LATIN AMERICAN ART

It is my great pleasure to introduce *Tania Bruguera in Conversation with / en conversación con Claire Bishop*, the eleventh volume in our Conversaciones / Conversations series that gives us the opportunity to provide in-depth considerations of major artists in their own words. This latest conversation is the synthesis of years-long gestation of contemplative exchange. The two women are friends, and although Bishop challenges Bruguera on many counts, both the questions and answers are formulated with the sincere intention to delve ever more deeply into Bruguera's work and thought.

An aspect of Tania Bruguera's work that I find fascinating is her ability to reframe the stories that we, as Latin Americans, have been told about our history, our society, our politics, and our culture. Both Tania and I realized, independently, as students in North America, how at odds our world view sometimes was with those of our fellow students and instructors. At that time in my life, I found a remarkable lack of knowledge about Latin America's cultural richness and diversity, and it has been my life's work to tell a different story, one that more accurately reflects the array of contributions Latin America has made to global culture. I therefore have a great appreciation for Tania Bruguera's interest in reframing narratives—in her case, those regarding the complex relationship between art and power. Bruguera, born in Cuba, has had her art sometimes censored there, and labeled "illegal." She has risked her freedom and safety to create work that she feels is imperative. In the process, she has challenged not only the status quo of political authoritarianism, but, as she says, of "art's function and limits."

One of the important ways Bruguera has effected these challenges is to have changed the very terms by which her production is described. While a student at the Art Institute of Chicago, she realized that she was being asked to position herself in relation to a history of European and North American forms and attitudes regarding performance art, installation, and body art, to which she felt no connection. Instead, she understood that Latin America had traditions particular to its experience, geographic locations, and history. In Latin America, Bruguera observes, "art is a way to think, a space of dissent, and it has an urgency that goes beyond the self-referential" because "there is a de facto social responsibility involved in being an artist."

Bishop discusses Bruguera's specific terminology with her, using examples of her artworks to clarify the terms' meanings per the artist's intentions. Arte de Conducta, Political Timing Specific Art, Arte Útil, Est-Ética, and the borrowed but apt term Artivism, all invoke in their particular ways an art that produces energy over objects; one that builds awareness of problems and discrepancies and solves those problems creatively; one that directly confronts power; one that discovers the vernacular processes of art legible to those "outside" of art history; an art that emphasizes ethics over aesthetics and has the capacity to achieve greater social justice.

I want to thank Tania Bruguera for devoting great time and candor to this project, which adds so much to our understanding of contemporary art within the grand array of cultural production in Latin America. It's a project that has been underway since 2011, when our then curator of contemporary art, Sofía Hernández Chong Cuy, insisted on the importance of this conversation for the breadth of the series. This "Conversation" is all the better, I believe, for having simmered so long. To Claire Bishop, too, I offer my sincere appreciation for her crucial part in this process; I can imagine no better interlocutor for Bruguera! Bishop's rigorous questions have resulted in a brilliant elucidation of Bruguera's work and thought.

Jorge Sánchez and Georgia Boe, Tania Bruguera's studio managers, provided invaluable assistance for all aspects of this project, and Susie Kantor, at Yerba Buena Center for the Arts in San Francisco, was key to securing many of the images. On the CPPC team, I am grateful to Ileen Kohn and Donna Wingate for their diligent oversight of the production of this book; Kristina Cordero for her expert translation; María Esther Pino for her skillful copyediting of the Spanish; and Carrie Cooperider, Mariana Barrera Pieck, Alexa Halaby, and Victor Ortiz-Palau for their indispensable editorial support.

Patricia Phelps de Cisneros
Colección Patricia Phelps de Cisneros

TANIA BRUGUERA
IN CONVERSATION WITH
CLAIRE BISHOP

INTRODUCTION

CLAIRE BISHOP Let's start by describing the structure of this book. Rather than categorizing your output by mediums or genres (intervention, installation, performance, etc.), or addressing the work chronologically, we've decided to organize it around four theoretical terms that you have developed over the last decade to illuminate your work—Arte de Conducta [Behavior Art], Political Timing Specific Art, Arte Útil [Useful Art], Est-Ética [Aest-ethics]—and a fifth term, Artivism, that you have borrowed from elsewhere. Can we discuss this rationale from your perspective?

TANIA BRUGUERA These concepts are the best way to represent what I want to accomplish with my work. A recurrent issue I've encountered over the years is that critics analyze my work with concepts from different art historical traditions, resulting in expectations and demands that have nothing to do with my practice. When I was studying at the School of the Art Institute of Chicago (1999–2001), I was required to learn all these European and North American terms—performance, installation, body art—and to position myself in relation to them. But I didn't feel at all connected to North American performance art then, and I still don't now. Latin America has its own specific traditions that respond to colonization and dictatorship—two experiences that have defined us.

CB So it matters that three of these five categories are in Spanish?

TB Yes, my use of Spanish for these terms is a political statement: it demands that people understand terminology from other places, and claims a Latin American art tradition of actions in public space. Making art in Latin America can have real consequences for artists who decide to engage with social or political commentary; sometimes those consequences are not just legal but life-threatening. The West has only a few examples of this—mainly during times of war, or more recently, when artists have worked with surveillance or state security; for the most part artists in the United States have the privilege of being able to play with ideas and stand at a distance from reality. In Latin America, by contrast, reality exceeds art: death and violence are more present; art may have to be more definitive; there is a higher threshold of pain and violence.

The Spanish terms I use force critics to try and understand my artistic position; it is a decolonizing act—a way to argue that some terms will never be completely understood unless we inhabit them.

CB What do you think these conceptual terms offer that existing genre definitions don't?

TB The terminology currently used can't fully explain contemporary art practices, so my introduction of new terms is a call to broaden our art vocabulary to avoid confusion and reduction. Today, art is redefining itself in terms of its function (what is art for?), its relationship to the audience (participants, collaborators, coauthors, users), the resources it works with (legislations, civic society, direct politics), its impact (populism, modes of alternative governance, dissolution in culture) and its preservation (reenactment, delegation, sustainability). You can't explain these changes with medium-specific terminology, for example.

Contemporary art isn't simply a form of thinking that takes place inside recognizable art spaces, but is something that also happens across different institutions (social organizations, scientific laboratories, internet infrastructures) and thus needs to be talked about in dialogue with other areas of expertise. There is a need for more collaborative criticism, because contemporary art can no longer be discussed from solely an art perspective.

CB I think it was fairly rare in the second half of the twentieth century for artists to determine the categories through which art was described. Many of the terms we use today—such as Pop art, Arte Povera, Conceptual art, appropriation art, relational aesthetics—were devised by critics or curators. And it seems even rarer for female artists to be defining that terminology.

TB Perhaps. There is definitely an imbalance between male/female and North/ Latin American, but I decided a while ago not to complain, nor to accept what didn't fit my thinking, and instead to take the tools of power (in this case language) into my own hands. I let myself be in control of the meaning of my own work and initiate a dialogue with critics and theoreticians instead of accommodating my work to their cultural traditions. It can be hard on your career, but if I consider myself to be a political artist then I also have to extend this to the internal politics of the art world.

CB The book is organized around these five concepts, but there is also a chronology to these terms. Can we briefly discuss the circumstances in which each one came into play for you?

TB Arte de Conducta was the first term to be developed, around 1999, and was a reaction to the clash between my two educations, in Cuba and in the United States. The second was Arte Útil, which emerged around 2002 or 2003, when I began making art primarily with and for non-art audiences. It was after I was included in Documenta 11 (2002) and I became frustrated by the way that political art could be banalized by the audience's lack of time commitment; I was also a bit saturated with "universal" truths and decontextualized political arguments. Political Timing Specific Art came about around 2008, maybe 2009, when I had to explain how my work intervenes in the political sphere and addresses politicians as well as a general audience. Est-Ética is more recent, around 2012, and it came out of trying to respond to your question, "Where is the aesthetic in your work?" At *Immigrant Movement International* in Queens, New York, we had a meeting with the curator Lucía Sanromán and the team; I was writing on a whiteboard and realized that, in Spanish, ethics is embedded in the word aesthetics. So Est-Ética is my response to your question of where I locate the "art."

CB The last category is Artivism, which you also started using relatively recently and have now institutionalized in the Instituto de Artivismo Hannah Arendt (INSTAR), established in Havana in 2017.

TB Artivism came into my thinking recently, also as a way to describe what we were doing with *Immigrant Movement International* in New York. Like all of the terms, it can be applied retrospectively to my previous work in the 1990s and 2000s. But to be honest, attaching these terms to my earlier output doesn't always work, because the ideas weren't fully formed. So, it's a little forced, but I think of it as a good exercise.

CB We should also comment on our taxonomy. We haven't necessarily discussed the most obvious projects for each concept, but the main example is always discussed in the relevant chapter: for Arte de Conducta, it's the *Cátedra Arte de Conducta* [*Behavior Art School*]; for Political Timing Specific Art, it's *#YoTambienExijo*; for Arte Útil, it's the archive amassed during the *Museum of Arte Útil*; for Artivism, it's INSTAR. We cover a lot of projects in the chapter on Est-Ética, but your central example is not your own work, but Strike Debt's *Rolling Jubilee*.

TB Many of my projects overlap and fit into more than one category. Scrambling the taxonomy in this way provides us with more leverage to identify the blind spots within each concept, to make them more complicated, and therefore less didactic.

CB I want to mention two things about tone. The first is that our interactions are sometimes more combative than most conversations with artists, where the interlocutor tends to take a submissive position. I'm not always sold on your ideas and your projects, but because of our history and friendship, I've always been able to be straightforward with you. The second point is your own tendency toward self-criticism, which can result in a somewhat anti-promotional attitude.

TB I have always relied on you as one of my main bullshit filters, and as a knowledgeable archive of art historical precedents in case I find myself unconsciously repeating something that's already been done. I also test new ideas on you because I know you will push back—precisely because we don't agree on everything and have different perspectives. You're always brutally honest, and you push me to where I don't want to go.

As for self-criticism: when I'm making a work I'm totally consumed by it. I enter a tunnel of enthusiasm and doubt. And then, after it's put to the test—to the audience—I become my own fiercest critic and only see the mistakes. This is why I often refer to my works as failures. But each piece attempts to rectify the previous one, and that's how my work is generated.

CB We should finally note how long it has taken us to put this book together: we started the process with the CPPC in 2011. But due to the reality of your life as an artist who works from project to project, perpetually traveling, without selling objects and having given up a teaching position in Chicago, and of course your commitment to working in Cuba (where you tend to get detained), it has been very difficult to bring this project to fruition. It's been a real struggle for you to find the time to stop and think, and really focus, away from the next impending project and deadline.

TB 2011? That long? To be frank, in 2011 these concepts weren't fully developed.

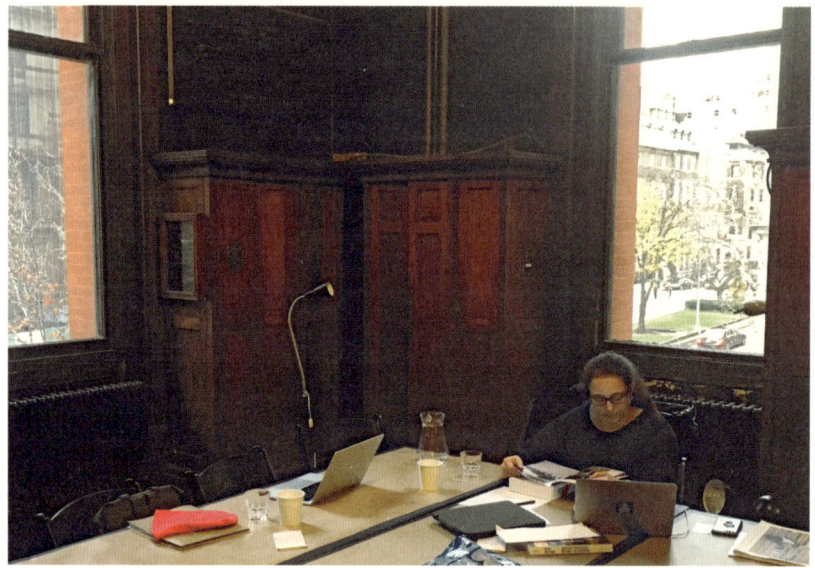

Fig. 1. Tania Bruguera, Artist-in-Residence program, Park Avenue Armory, New York, 2018.

The long gestation period of this book gave me an opportunity to develop them further, test them out on different works, and also to come up with some new ones.

CB We drafted the initial chapters on Arte de Conducta, Political Timing Specific Art, Arte Útil, and Est-Ética through conversations in New York in 2013 and 2014. The bulk of the revisions on Political Timing Specific Art, however, were done by e-mail in January 2015 while you were under house arrest in Havana, following your attempt to restage *Tatlin's Whisper* there at the end of 2014. The chapter on Artivism was the last to be added, in December 2017, while working in your studio-residency at the Park Avenue Armory [Fig. 1]. During that week we also revisited and revised the other four chapters. Parts of the discussion have also been culled from various public events we have done together over the years, such as a discussion at CUNY Graduate Center in March 2016 and at the Museum of Modern Art in February 2018. The final edits were done in late spring 2018 and summer 2019.

CHAPTER ONE
ARTE DE CONDUCTA

^{CB} Let's start by discussing the difference between Arte de Conducta [Behavior Art] and what it is closest to, art-historically speaking: body and performance art.

^{TB} First, Arte de Conducta is a social gesture and a communicative gesture; it places emphasis not on the body, but on social presence. The material is the social field—attitudes and behaviors—not the human body. Arte de Conducta asks: how can we use and transform behavior?

^{CB} But doesn't Latin American art already have its own tradition of alternatives to performance, such as Hélio Oiticica's concept of *propositions* (by which he meant something like experimental exercises), or the urban *interventions* of Brazilian collective 3Nós3 (*Ensacamento*, 1979) or the *actions* of Chilean Colectivo Acciones de Arte (CADA), such as *No+* (1983–)?

^{TB} While Arte de Conducta comes from the Latin American performance tradition, it's not related to those specific works, which we think of as actionism; there's an important difference between action and gesture. Actions need narrativizing and explaining. They're not necessarily legible to others, because the references belong primarily to the artist or a small self-selected group. Gestures, by contrast, are self-explanatory, part of a larger conversation that is happening in society—they communicate beyond the individual experience. Graciela Carnevale's project for the Experimental Art Series, sometimes referred to as Ciclo de Arte Experimental or *Acción del encierro*, which took place in the city of Rosario, Argentina in 1968, is a good example of Arte de Conducta.[1]

Some North American works that I studied in school can be considered Arte de Conducta. For me, Vito Acconci is a behavior artist in *Following Piece* (1969), when he chose a person and followed them on the streets [Fig. 2]. His sources and materials are not from the art world, or theater, or philosophy, but fears, prejudices, and social behavior. Also, Marina Abramović's *Role Exchange* (1975)

---

1. Carnevale invited people to the opening of an exhibition; once they were inside the venue, she padlocked the door and left. A passerby broke a window, allowing the visitors to escape.

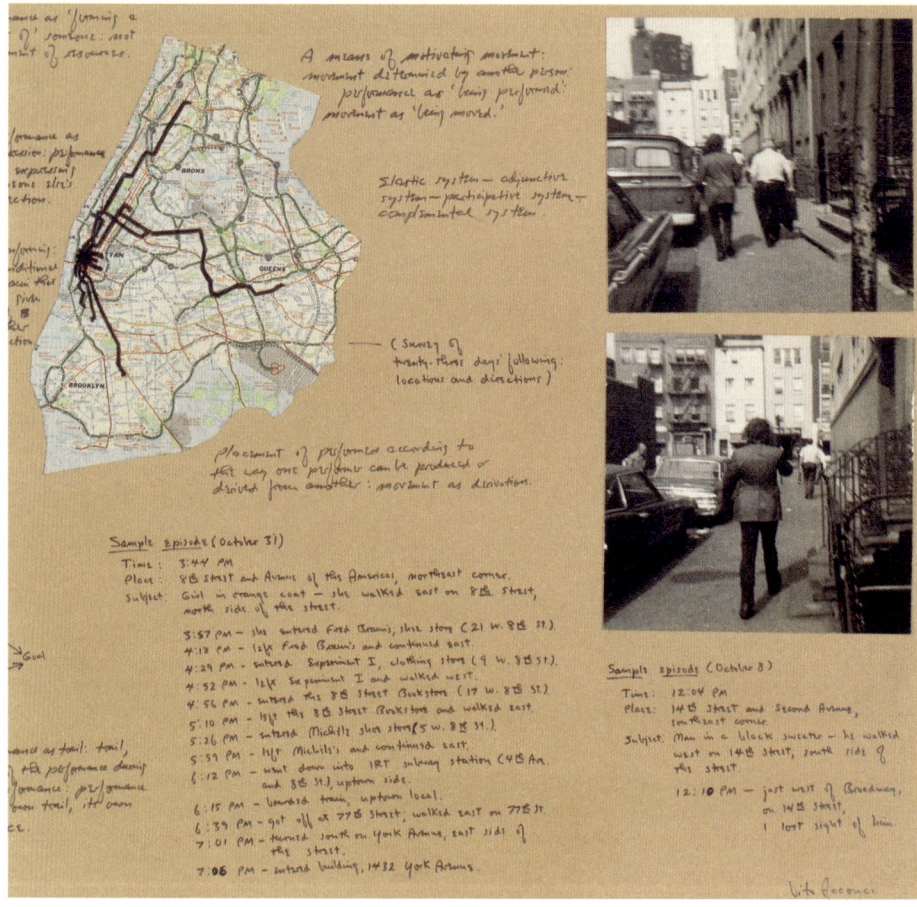

Fig. 2. Vito Acconci, *Following Piece*, 1969 (detail).

in which she exchanged jobs with a prostitute in Amsterdam—although, off the record, I heard that she didn't sleep with anybody; I was disappointed! I view this as Arte de Conducta because the only elements she uses are the behavioral conventions of the person she exchanges roles with and our collective assumptions and judgment about it.

CB I would also maybe cite Adrian Piper's Catalysis series (1970–73), in which the artist presented herself in public spaces (the street, the bus, the New York Public Library) but in a variety of abject guises—covering herself in wet paint, stuffing a towel in her mouth, playing a sound recording of belches. The documentation shows the range of reactions she elicited or "catalyzed."

TB Those are actions because their intention can be pinned on the artist's own emotional world. Instead, Piper's *Funk Lessons* (1983) and *My Calling Card* (1986–) are good examples of Arte de Conducta because everyone is implicated in the issues they address [Fig. 3]. While there are social conventions shared in most countries, to make an effective work of Arte de Conducta, you need to understand the nuances, the triggers, of each specific place. Arte de Conducta is not just about estrangement; it makes you reflect on your positions on different issues and invites a personal re-evaluation and, ultimately, behavioral transformation. So if I can summarize: Arte de Conducta is an art that comprises behavior, social conduct, and attitudes. But these are of course culturally specific. What one culture finds conventional might turn out to be unpalatable or strange to another.

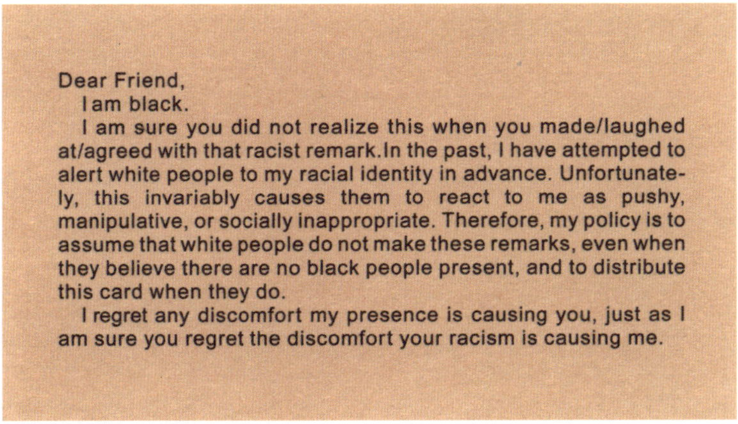

Dear Friend,
  I am black.
  I am sure you did not realize this when you made/laughed at/agreed with that racist remark. In the past, I have attempted to alert white people to my racial identity in advance. Unfortunately, this invariably causes them to react to me as pushy, manipulative, or socially inappropriate. Therefore, my policy is to assume that white people do not make these remarks, even when they believe there are no black people present, and to distribute this card when they do.
  I regret any discomfort my presence is causing you, just as I am sure you regret the discomfort your racism is causing me.

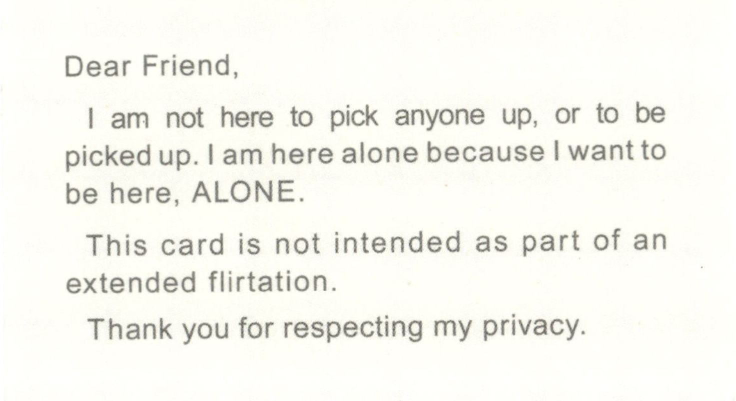

Dear Friend,

  I am not here to pick anyone up, or to be picked up. I am here alone because I want to be here, ALONE.

  This card is not intended as part of an extended flirtation.

  Thank you for respecting my privacy.

Fig. 3. Top: Adrian Piper, *My Calling (Card) #1 (for Dinners and Cocktail Parties)*, 1986–. Bottom: Adrian Piper, *My Calling (Card) #2 (for Bars and Discos)*, 1986–.

CB In this chapter we're going to discuss three projects that relate to Arte de Conducta: *Cátedra Arte de Conducta* (your art school in Havana), *Generic Capitalism*, and *Tatlin's Whisper*. *Cátedra Arte de Conducta* is a long-term project, lasting many years. The other two are series that comprise short-term interventions. Do you see them experimenting with audience behavior in the same way, or are some more antagonistic than others?

TB Yes, they operate differently, depending on their different durations. When I do short-term projects there isn't always the possibility of building up something new, so I work on generating awareness. Shorter-term projects deconstruct and dismantle behaviors; longer-term projects can construct new ethical paradigms.

Historical Context

CB Let's talk about the genesis of Arte de Conducta. In the introduction, you position it as a reaction to your time in Chicago, where you completed an MFA in Performance in 2001. But I also know that in the past you worked at an *escuela de conducta* [reform school] in Havana. Can you tell me about how this job connects to Arte de Conducta?

TB When I graduated from the Instituto Superior de Arte (ISA) in Havana in 1992, I worked on Mondays, Wednesdays, and Fridays teaching art therapy at the Escuela de Conducta Eduardo Marante in Guanabacoa, on the outskirts of Havana. It was a prison-school for kids who had been caught doing something illegal, like robbery, prostitution, violent crime—but not murder; for that, there was another school. They were between five and fifteen years old. I have to say, that work was very hard emotionally. The program was set up by the painter Tomás Sánchez, who believed in the power of art to change lives. That idea really marked me.

CB I imagine that this teaching experience also rapidly deromanticized any naive hopes you might have had about the power of art to cure social ills. Did the kids' approach to (il)legality affect your own value system?

TB I think so. The idea of not fitting in and being judged and sentenced by society. At the same time, I understood the internal logic of their decisions.

CB And were there other Cuban artists who had an influence on the development of Arte de Conducta?

TB The so-called eighties generation [Generación de los 80] in Cuba, I always say, is my only influence.[2] They were active from around 1986 to 1992. After that I never thought of art as the production of objects, but as a moment with specific political timing and energy. At that time, art was not about artists, but social situations, what the work generated, and all the heated discussions. I loved all the energy, the honesty, the rawness. More than the work itself, we saw everything that happened around the work: "Oh, the police came and they closed the show and the minister is inside with the artist trying to convince him. . . !" I was a student and open to everything; I was like a sponge and saw for the first time how art can indeed have a tangible influence on reality.

CB Were exhibitions frequently closed down in the 1980s?

TB Yes, there was a lot of censorship and discussion. It was a very rich moment because perestroika had just started and Cuba could not completely ignore it. Some of the people in power thought it might be possible to allow art and criticism to become more expansive, and a very small window opened up. Fidel called 1986—the same year as perestroika—the *rectificación de errores* [rectification of errors], implying that mistakes had been made during the Revolution. This was a big deal. Seeing the government admitting mistakes was huge! It also influenced me because from then on I tended to see everything as a mistake, as something that has to be fixed.

CB But wasn't the rectification of errors quite distinct from perestroika? It was intended to close down any reformist ideas akin to those set in motion by Gorbachev, in part because it was initiated by those responsible for the "errors" (understood primarily as economic). Younger artists interpreted it as an opportunity for self-criticism. How did the rectification impact art production at that time?

TB People were given an inch and they took a yard; they made even more critical work and questioned even more directly what was going on. One vice-minister

2. For an account of Cuban collectives in the 1980s, see Rachel Weiss, "Performing Revolution: Arte Calle, Grupo Provisional, and the Response to the Cuban National Crisis, 1986–1989," in *Collectivism after Modernism: The Art of Social Imagination after 1945*, ed. Blake Stimson and Gregory Sholette (Minneapolis: University of Minnesota Press, 2007), 114–62.

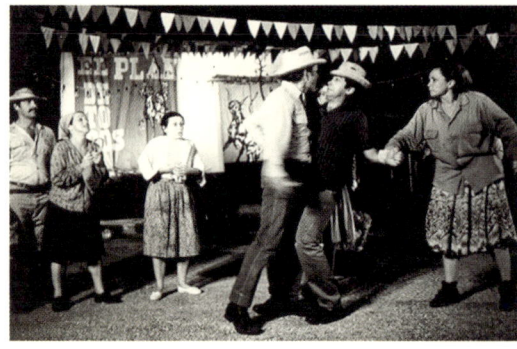

Fig. 4. Escambray Theater Group, *La vitrina* [*The Showcase*], 1978.

in particular, Marcia Leiseca, wanted to have conversations with artists and make them part of the decision-making process, to hear their feedback. She came from the 1960s Cuban tradition of "art for and by the people," so attempting to rectify mistakes was combined with a recuperation of utopian, humanist projects from the sixties, such as Grupo Teatro Escambray. During the seventies, they traveled throughout the rural region of Escambray doing interviews with people, reading sociology, and creating and staging plays with local participants.[3] Their work was geared toward reflecting social problems experienced by local people (e.g., farmers) and helping to fix them [Fig. 4].

CB How does Arte de Conducta differ from this type of socially engaged, participatory work?

TB They are related. Both use social dysfunction as a starting point for the work. But Escambray was official, and the eighties generation wasn't. And we not only depicted social dysfunction, but we asked how and why it was happening; we wanted to look for the causes, not just the effects. Escambray seemed more interested in changing people than in changing the political system—for example, they would perform a play about gender violence, but it would stop short of questioning anything structural that traced the problem directly back to conditions created and enabled by the state.

CB How else did Cuban art of the eighties shape your work?

TB It was from those artists that I took the idea of risk, and directness. It was not about art as a metaphor, but working directly with reality, being uninterested in a final product, and much more concerned with process. Art was understood as

3. Teatro Escambray was founded in 1968. For an account of Teatro Escambray in English, see Alma Villegas and Ted Küster, "Grupo Teatro Escambray," *The Black Scholar* 20, no. 5/6 (Winter 1989): 25–29.

a shared experience. There were a lot of collective projects, because authorship was not seen as a central value. Another important thing is that it was not art made for other artists; it was art for people in the street, and many people who were not artists knew about it, which I love.

CB There were a great many collectives making actions in the late eighties, often critical of the Revolution, like Grupo Provisional, or critical of the traditional art world, such as Grupo Puré; there were also groups that aimed to involve the public at large and go beyond the concerns of art, like Arte Calle.

TB In general, all performances during the eighties were political timing specific and reactive to whatever was happening. They were very quick, spontaneous, and unrehearsed; not the kind of performance where you spend six months learning a text to recite, or training yourself to do something superhuman. There was a sense of making the quotidian seem actually very important. For example, the group Arte Calle covered themselves in gold paint and walked through the streets of Havana with signs saying *síguenos, somos de oro* [follow us, we're made of gold]; after they had gathered a crowd, they jumped into the polluted bay [*Easy Shopping*; 1988]. The action was a riposte to the government's decision to raise hard currency by setting up *casas de oro* [pawnbrokers] to buy Cuban's gold and silver heirlooms for less than their true value; it was such a scam. Arte Calle also did a piece when Robert Rauschenberg came to Cuba in 1988 for an exhibition and gave a big lecture. One of the members of the group, Aldito Menéndez, dressed as an Indian and sat on the floor, right in front of Rauschenberg, in colonial submission—for the whole lecture, like some kind of pet! That was an amazing Arte de Conducta performance: it was a real *gesture*.

This is why, when I arrived at art school in Chicago, I was so disoriented, and so adamant that I shouldn't be concerned with making myself fit the terms of US performance art history. First of all, because I didn't live through it—I only knew it through books and photographs about subjects I didn't connect with or experience. Secondly, because its starting point seemed to be self-referential (about identity, personal history) and very narrative—such as Carolee Schneemann in the sixties or Annie Sprinkle in the eighties. They were trying to break social conventions that were not an issue for me. Allan Kaprow was the only artist I could relate to because his work seemed more like every-day life, not performance as spectacle or an isolated event. His proposals were unexceptional in ways that were, nevertheless, based on common, participatory experiences—like talking on the phone—rather than pulling a scroll out of your vagina. . . . During that time, I also discovered Ana Mendieta's more discreet

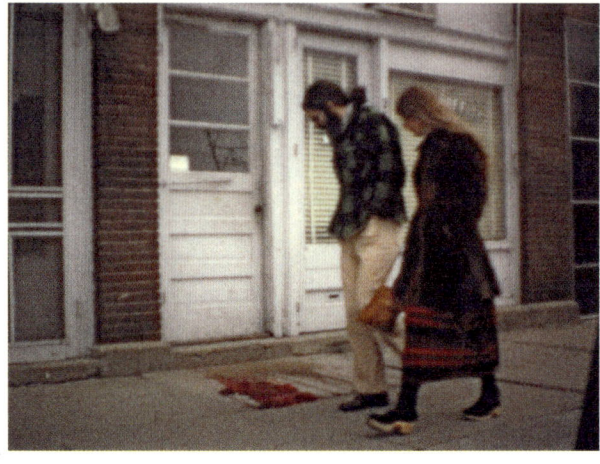

Fig. 5. Ana Mendieta, *Moffitt Building Piece*, 1973, still.

pieces, like *Moffitt Building Piece* (1973), in which she poured blood on the sidewalk in front of the building where Sarah Ann Ottens was murdered and filmed people's reactions [Fig. 5]. These are gestures you don't have to explain and can be understood by everyone. In Arte de Conducta, the so-called shock value is not located in what you see but in the realization of your own complicity. It is not someone else's problem; it's your own.

Cátedra Arte de Conducta

CB Let's try and connect all of this to your school in Havana, *Cátedra Arte de Conducta*, which you founded in 2002 and operated until 2009, and which you consider to be a work of art. I understand that you brought a similar way of thinking about art to what you are describing in Cuban performances of the eighties: rapid, relevant, interventionist gestures. But to this you added a discursive learning environment, with visiting theorists, historians, and artists leading weekly workshops. Why did you set up *Cátedra Arte de Conducta*?

TB There are many factors. One reason was that I had finished my MFA in 2001, and I was very troubled about staying in the United States; I never wanted to live in the US, which is extremely ironic because I have more or less lived here ever since graduating. I went to study performance in Chicago because there was nowhere to study it in Cuba. At ISA there were only three mediums: painting, sculpture, and printmaking. I always dreamed of adding performance and hoped to go back and do that. Secondly, it came from my experience as an artist. My best experience ever as an artist, until then, was at Documenta 11 (2002), where I showed *Untitled (Kassel,* 2002), but I was also frustrated because people who came to see the show had no time to see the work. The audience was huge, but the expectations were all wrong. The first thing everybody asked me was, "Did you get a gallery to represent you?"—as if the only outcome for an artist participating in Documenta was a career boost, rather than international dialogue. I was disgusted by that.

CB Well, Documenta bestows cultural capital.

TB And then you can spend it. In my case, cultural capital is transformed into political leverage. I was very aware that, at the time, I was the first Cuban woman in Documenta, and that there had only ever been four Cuban participants. These may only be statistics, but it does influence perception, especially in the eyes of politicians. I came back to Cuba and they gave me a medal, the Orden de la Cultura Nacional de Cuba; I gave it back to them in 2015 after they arrested me. If you don't understand my art, how can you give me a medal?

The third important factor was the Havana Biennial in 2000, when hordes of North Americans came to Cuba for the first time since the embargo. They arrived in huge buses and went to poor neighborhoods to see artists' studios and buy everything up. They may have been well-intentioned, but they changed the mission and the ecosystem of the Havana Biennial forever: it was no longer about exhibiting work, but selling it. It was horrible. After that, artists distorted their work to make it nostalgic-political rather than asking questions about Cuban reality and politics. Cuban art became expensive, illustrative souvenirs.

CB How did *Cátedra Arte de Conducta* address these frustrations?

TB I had all these doubts: those in my generation who had so much money, fancy houses, opportunities to travel, etc., didn't want to engage in any conversation that would put their privileges at risk. Plus, they were making work for the gaze and expectations of foreigners, rather than for Cubans. When I went back to Cuba at that time, I felt that young artists were too focused on being internationally successful and for the wrong reasons—whereas I felt strongly, and still do, that Cuban art has something specific to offer to the international conversation.

I also felt it was impossible to talk with my generation of artists. Their collective imagination had already been co-opted by the art market, so I felt I could only connect with those who were still open to discussion, who hadn't conceded everything to the market, who even hoped things could still change.

The school happened by chance: one day I started complaining about ISA to a woman who turned out to be Ana María González-Mafud, the president of the school, but I didn't know this at the time. She introduced herself afterward and asked me what I thought should be done, and why didn't I come and work for them. I replied that the only way I could work at ISA is if I could have my own department, in my house, to do performance, and with no boss (the school has too much surveillance, I left my position in 1996 as a professor there because of that). I laid down all these conditions because I didn't want to do it. But she said, "Why don't you meet me on Monday. Write a one-page proposal and let's do it."

CB In the end, you operated less as a school and more as an off-site department of ISA—albeit a very autonomous one. Students got credit for attending, and all international invitations were made with ISA managing the visas.

TB Basically, we had ISA's umbrella for the visas and I think they let me use my own house because they were in a crisis and it was a popular project.

CB At what point did you start thinking of *Cátedra Arte de Conducta* as a work of art?

TB Not the first year, but then I realized I was devoting all my time to it, and it was as though I was performing an institution. Plus, it was a way to connect with the eighties generation, to promote art for the everyday Cuban and not for the art world.

CB From 2005 onward, many artists in Europe and the US turned to pedagogic art projects. In part this was a reaction to relational aesthetics, which had been criticized for an emphasis on mere conviviality, and this resulted in upping the intellectual content. In part it was a response to the standardization of European higher education, particularly after the Bologna Process (1999). It also became an alternative to the financialization of higher education and the problem of student debt. *Cátedra Arte de Conducta* is one of the earliest and longest running pedagogic art projects, but it clearly comes from a completely different social and political framework, disconnected from questions of privatization and art world debates about relational aesthetics.

One of the first questions that people always want to ask about pedagogic art projects—regardless of where they are made—concerns the differences between conventional academia and an artist-run art school. How would you answer this?

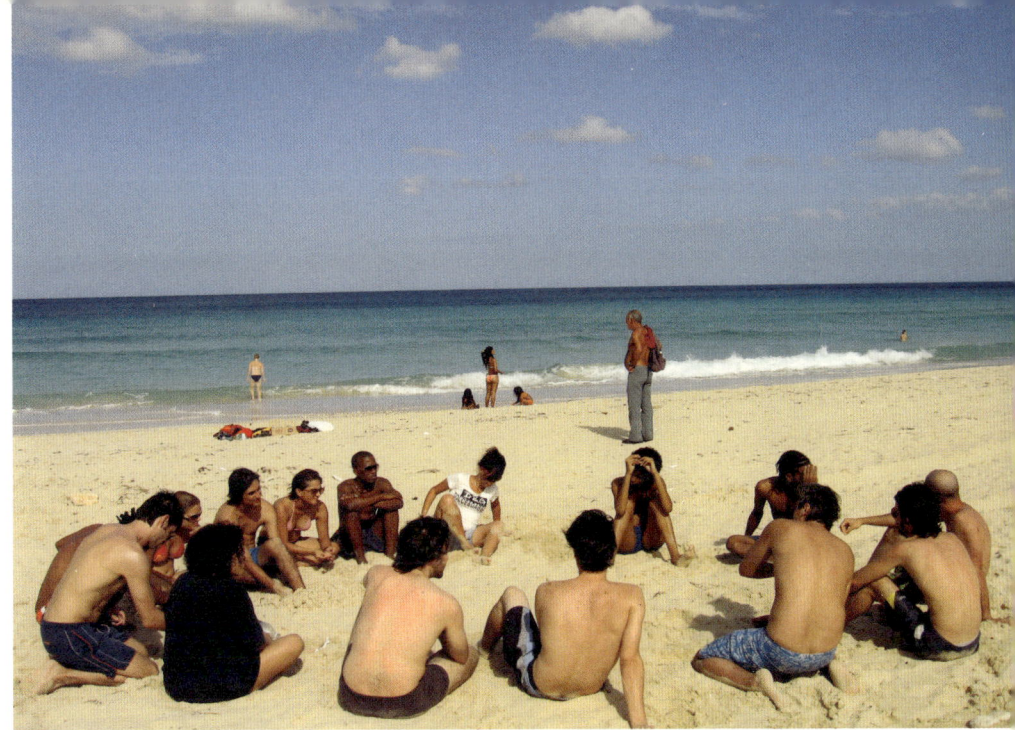

Fig. 6. *Cátedra Arte de Conducta*, Sislej Xhafa Workshop, Havana, 2007.

^{TB} *Cátedra Arte de Conducta* had "participants," not students, and "guests," not teachers, it was a horizontal platform of exchange. It was held in my house and in the streets [Fig. 6]. The syllabus was constructed during the process of teaching and emerged from the needs of people in the project and the work they were producing. Together we decided the lines of investigation, who the visiting lecturers would be, etc. It was organic and self-reflexive—we gradually defined the identity of the project as we went along. We realized that some issues were recurrent, and some systems were useful; the rest kept changing.

In the first year, I did all the workshops myself, and it was very ad hoc, testing the waters. The curator and critic Eugenio Valdés Figueroa helped me a lot because he gave the workshops in criticism. We didn't have any funds, so I redirected the money I was earning as a professor at the University of Chicago to *Cátedra Arte de Conducta*. Later I asked ISA for an assistant.

^{CB} After a few years it became more formalized, with a jury deciding which students entered into the program. Was this bureaucratization something that had to be introduced as the school became more popular?

^{TB} Well, the first year I really wanted to make it a Masters of Fine Arts program. I spent seven months studying all the regulations, working with an art history

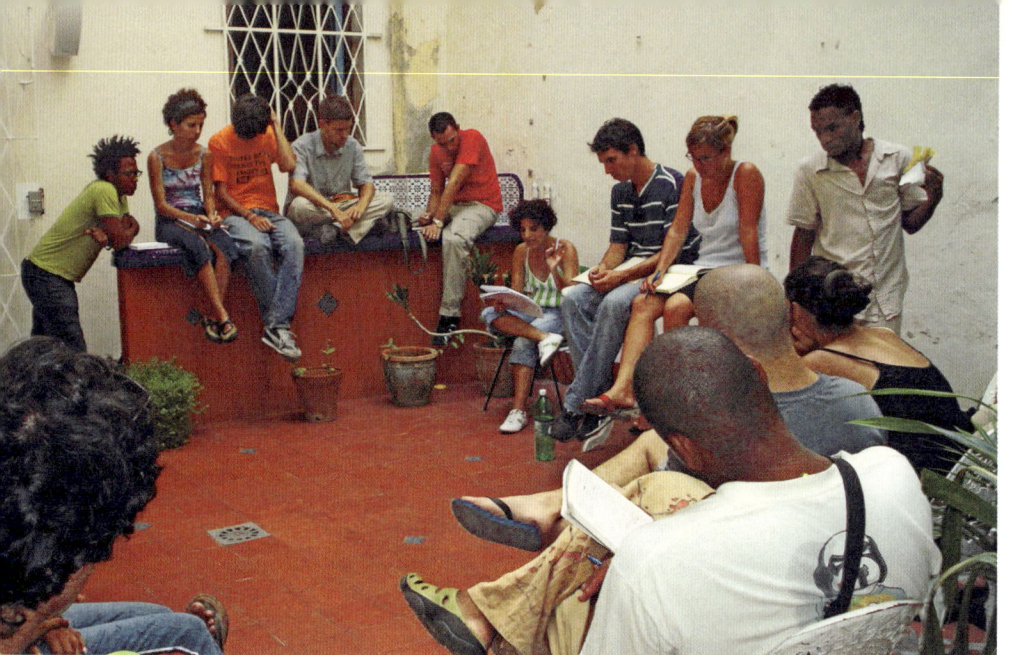

Fig. 7. Headquarters of *Cátedra Arte de Conducta*, 2005.

professor in the school, doing all this paperwork and bureaucracy that I didn't believe in, but I felt would be useful to the participants. And then I thought: no, legitimation should not be about getting a certificate, it should come from doing good work. The jury was a strategy to make people perceive the *Cátedra* as a school; we needed some recognizable structure amid all the experimentation, so that we could be free and unscripted. In fact, we never respected the jury's decisions, and the school was open to everyone [Fig. 7].

CB So tell me about the participants. Who were they?

TB They came from everywhere, not just ISA. We had writers, architects, sociologists, dancers, theater people, a psychologist, art historians. People's girlfriends and boyfriends who ended up becoming artists. Each year it was important to include someone who wasn't trained in art.

CB Did you limit the number of participants you could fit into your house?

TB You know what? It's beautiful when you have fifty people in a place that can only hold twenty. I really feel that there should be other categories by which to value art, like the enthusiasm it generates. So I never imposed limits, because the bigger the conversation, the better—especially because we were confronting the art market and state education. After a while, the *Cátedra* was a clear alternative to both.

CB Tell me about some of the workshops. What kind of topics did you cover?

TB From the beginning we started talking about the idea of using art to solve issues creatively. We invited a mathematics professor who did a workshop on how mathematicians solve problems; he talked about axioms, a form of hypothesis, *if x then y*. Another time, two of the participants, a duo called Celia y Yunior (Celia Irina González Álvarez and Yunior Aguiar Perdomo), were making work with legal contracts, so I invited a lawyer. We worked on intellectual property and its legal formulation. I always encouraged the conversation to go into other disciplines, and into reality. Another class was with a brilliant Latin American journalist from Chicago, Cecilia Vaisman, who taught a class called "How do you Build Truth Through Facts?"—it was so good that we asked her to repeat it the following year and many participants' artworks came out of it.

I also really enjoyed the three workshops by Stan Douglas when he was making *Inconsolable Memories* (2005) in Cuba. He's an amazing video artist, but he taught very basic classes in video editing, because our participants didn't know what they were doing in terms of technique. From the beginning it was clear that we also had to have technical instruction, because I didn't want it to be a school that was so avant-garde that people don't know how to take a good photo.

I realized later, when seeing our names in the credits of Stan Douglas's video, what the school could offer by working alongside an experienced artist. So we did this with several artists: Allora & Calzadilla, Christoph Büchel, Sislej Xhafa, Aníbal López. The other advantage to this method is that the same participants work with several different artists and get to see different ways of working: some artists respond to a situation when they arrive, while others come very prepared.

CB As for the invited faculty, these were artists that you knew already or whose work you liked?

TB I selected artists who represented very different approaches to social and political art. At some point it became more regulated and we organized the semester around an issue. For example, one year the theme was the 1980s.

CB But you were particularly interested in inviting artists from former socialist countries.

TB Yes. I brought two Albanians, one Kosovan, a Romanian, and a Pole. I saw *Intervista (Finding the Words)* (1998) by Anri Sala and that piece seemed very important: we needed to bring that conversation to Cuba. I wanted the participants to see post-socialist problems in other places—so they would have a sense of how to respond when this happens in Cuba. We tried to work with three temporalities: the present (dealing with current urgencies), the past (with material that had been erased), and the future (with potential problems).

CB Is it true to say that the guests were not artists being chosen for the Havana biennials, and were not well known in Cuba at that time?

TB Exactly. When we brought Thomas Hirschhorn to Cuba, nobody knew who he was, so the students were comfortable asking confrontational questions and criticizing him. Remember, this was the time when it was very hard to travel, and there was the assumption that everyone from the outside was automatically a genius, special, amazing, better than us. I wanted the participants to have the same relationship to international artists and intellectuals as was the case during the beginning of the Revolution, when Jean-Paul Sartre and Simone de Beauvoir came to Cuba and were seen as equals.

CB I remember you having a very clear structure for the workshops. Each visiting artist gave a public talk, did numerous critiques with the participants, and gave them an assignment.

TB The structure became a little burdensome at some point, but I wanted them to see how their work was perceived by people from other contexts. So, every time a new visitor came, the participants had to present their work for criticism. I wanted them to understand that if you're too international, nobody cares, because this type of work can be seen everywhere, but if you're too local, people are totally lost and don't get it, so they don't care either.

Because the participants had to talk about their work every other week and hear each other's presentations, they started to know each other's work too well. So this gave rise to two exercises: how can you talk about your work differently without betraying it? And can you present each other's work and bring a new perspective to it?

Can you give concrete examples of the kinds of projects that visiting artists assigned? I taught there at the same time as Sislej Xhafa, who asked students to make actions in a hotel lobby (where Cubans were forbidden from entering), outside the Museum of the Revolution, and on the beach.

TB Artur Żmijewski's assignment for the participants was to remake Dziga Vertov's *Man with a Movie Camera* (1929) as a starting point for documenting other people's everyday lives—going into people's houses, and following them in the street. People had a hard time with this because it seemed too intrusive; remember, this was before smartphones and Facebook / Instagram. But it was a good exercise because they were forced to deal with ethics. Dan Perjovschi asked them to make a newspaper about things that people didn't talk about in public; they could only use images not text. This was very important because there is no alternative media in Cuba. Dora García asked the participants to activate a rumor in Havana; the most successful one was that the Ministry of International Affairs was giving away permits to travel, and allowing permits for businesses. People started calling those ministries to inquire, and both have now become reality!

Exhibiting Arte de Conducta

CB Could you describe some of the projects that you consider most exemplary that have come out of the school—those that you are most proud of?

TB I think one good example is Adrian Melis. He did a piece that involved stealing wood with help from a guy whose job it was to watch over a lumberyard so nobody would steal from it [Fig. 8]. Then with the stolen wood he built a little shed to protect the guard from the weather, because he didn't have any shelter. So I think that's a very good example of the way in which we question legality, and prioritize the direct experience of the subject we are working with. The final work is shown as a video, which is very typical—a lot of participants ended up solving the problem of documentation with

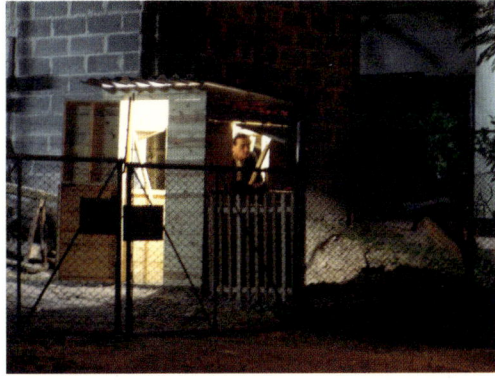

Fig. 8. Adrian Melis, *Vigilia* [*Night Watch*], 2005/2006, still.

video. Because of that, we devoted the first two years to thinking about alternative documentation and ways to transmit information.

Another work is Susana Delahante's *El escándalo de lo real* [*The Scandal of the Real*] (2006–7). She had worked for a long time with the idea of death, staging herself in photographs as a corpse, reproducing suicides or accidents. At some point she decided that she wanted to give life through death, by getting herself impregnated with the semen of a dead man. So she went to the hospital and talked to a man before he died. He agreed, and immediately after he died, she had an artificial insemination and got pregnant. However, she lost her baby through a miscarriage. The whole time she was pregnant, I think it was a month and a half, we were all discussing the ethics and aesthetics of her gesture. At the beginning, a lot of people said "this is not art." That was the first reaction, but then very quickly people started asking if the baby is her artwork, if the medical records were documentation, etc., so I think that's another good example because it made us continually question and debate art's function and limits.

There was another memorable piece called *The Census*, by a duo, Luis Gárciga and Miguel Moya. They called people on the phone asking, *¿Estás en la lucha?* [Are you fighting for it?], without specifying what the fight was for. People came up with responses that revealed what they were really thinking. The final work is a sound piece.

CB Did you exhibit the participants' work?

TB Every semester we had a public exhibition, which lasted only a few hours but was created over five months with a curator-in-residence. I wanted to create a CV for the participants.

CB And this despite your anti-careerist approach!

TB It was a form of legitimation for them after they left the *Cátedra*, because the school was intensively contested. It was also a type of protection: after you've been in an exhibition or a biennial, it's harder for the minister of culture to attack you. And as I told them from the beginning, your career can be used as leverage to do more things against the system. Politically, we were really pushing the participants and the audience, so I had to be responsible. We covered a lot of issues—prostitution, drug dependency, the emptiness of national propaganda, the double currency—that weren't addressed anywhere in public. Because of this responsibility, I didn't make art in Cuba the entire time I was doing this work, because I didn't want them to suffer the consequences of my political art.

CB You mentioned documentation and transmission. You were very careful for the first five or six years not to circulate imagery of the school, and you didn't really talk about the *Cátedra Arte de Conducta* in public or represent it in exhibitions. But when you were invited to participate in the Gwangju Biennial in 2008 you decided to show the project—why did you make this decision?

TB I decided to show it for three reasons. First, the project was mature, and it was an opportunity to test its exposure to an international audience. Second, it was an exercise for the participants. And third, I was invited by Okwui Enwezor, who I had already worked with twice. I didn't have to explain anything to him: he had been to Cuba, he understood how the project ran. He saw the participants' work and immediately understood my cultural gesture and all the roles it was playing—socially, politically, pedagogically.

CB But he also understood the problem of trying to exhibit a project like this?

TB Well, yes. And I told him I didn't know how to do that. So we thought it through together, and the solution was an exhibition inside an exhibition. I don't know if it was successful, to be honest, because it was the first time I tried to show the school. It was out of context, and the energy and urgency was lacking. However, participating in the Gwangju Biennial was good in that it generated a lot of discussion on our return to Cuba, and the students got recognition, which in turn gave them political leverage.

CB When you decided to show *Cátedra Arte de Conducta* again at the Havana Biennial in 2009, it was a completely different setup. You showed the students' work in a self-contained exhibition called *Estado de excepción* [*State of Exception*] at the Galería Habana [Fig. 9]. The exhibition changed every day: at 5 pm a new installation of works opened, and at 9 pm it closed for de-installation. And you carried on this crazy schedule for ten days.

TB I realized that the exhibition in Gwangju lacked the most important element of the *Cátedra*: not the works that were made (although I feel they were excellent) but the energy and the intensity of the 3 am group discussions and the three-hour exhibition we made every semester. So I sat down with Mailyn Machado,

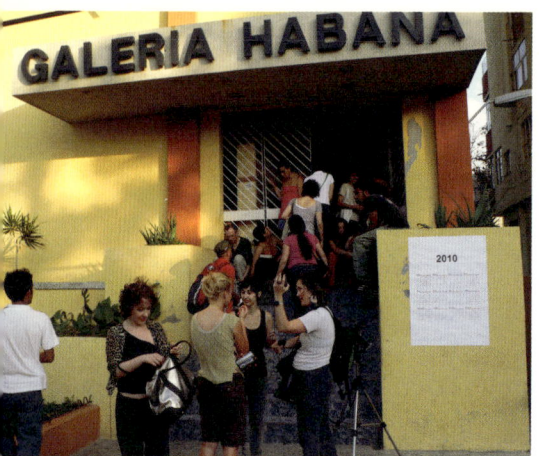
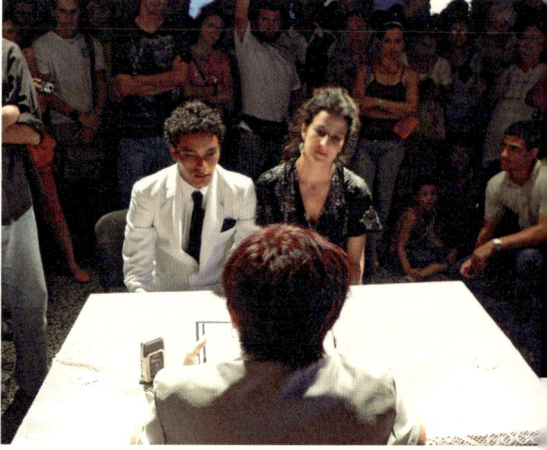

Fig. 9. Facade of Galería Habana and three works included in *Estado de excepción* [*State of Exception*], 2009. From left to right: Núria Güell, *Ayuda humanitaria* [*Humanitarian Aid*]; Makhina Collective, *O'reilly 508*; Carlos Martiel, *Corpus Christi*.

the school's coordinator for the previous three years, and we discussed the main subjects that we had covered over the course of the program: trafficking information, useful art, jurisdiction, etc., and these became the themes of each evening's show.

CB Was this another way to reanimate the spirit of art in Cuba in the 1980s?

TB Maybe it was—unconsciously. It was a way to revitalize the exhibition as an event and to be faithful to the spirit of the school. But it also came out of the fact that I'm a performance artist and always prioritize moments over exhibitions.

CB The other distinctive aspect of this exhibition, apart from its incredible energy, was the way in which the participants' work was exhibited alongside pieces by visiting guests like Thomas Hirschhorn, Sislej Xhafa, Dora García, and Elmgreen & Dragset.

TB This juxtaposition honored our nonhierarchical system and the dialogue we had when the visiting artists came to teach. Many of the artists were showing in Cuba for the first time when they sent works to this exhibition.

CB Why the title, *"Estado de excepción"*?

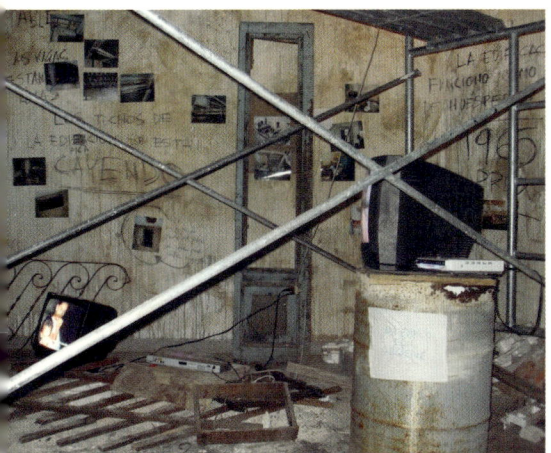
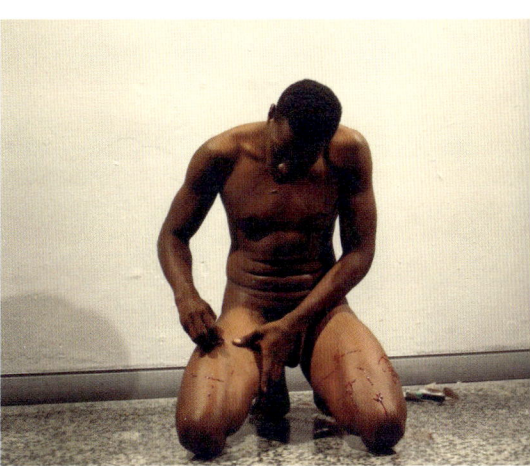

^{TB} Of course it comes from Giorgio Agamben, so it felt like a common language.[4] Cuba is a place in a constant state of exception, and the *Cátedra* was a state of exception in relation to that. Further, the exhibition was a state of the project in exception.

^{CB} But you organized a show every semester, so why was this exceptional?

^{TB} It was the last show of the project, and it was during the Havana Biennial, so the work was seen by a wider audience. The biennial is itself a space of exception where political things can be said in a slightly easier way because of the international visitors and attention. So I think the title acknowledged the frame in which we were exhibiting. It was also a way to acknowledge that the *Cátedra* started as a reaction to the biennial but ended up being part of it; the participants could now have a relationship with the biennial in their own right.

^{CB} I remember at the time of this exhibition that it was a big question for you whether or not to end the school, because the students wanted to carry on, while you wanted to work on different projects.

^{TB} I felt that the project had become too structured and the participants too complacent. It was too easy for them. They were opening their mouths and getting

4. Giorgio Agamben, *State of Exception*, (Chicago: University of Chicago Press), 2005.

fed. That's not education. Another factor was that the Ministry of Culture wanted to co-opt the work by relocating it in ISA and I had to decide whether to betray the project or keep it "pure."

^{CB} So now, looking back on the project, are there things that you would do differently with *Cátedra Arte de Conducta*?

^{TB} One thing to rectify would be documentation: I would have made a book each year. This is my fault as an artist. I created a library in my home and I think that was extremely important—every time I went back to Cuba I carried two bags full of books. But we could have done more with our own publications. I wanted to make books, but I didn't have the resources. But otherwise that's pretty much it; it's one of the projects I'm most proud of, and the work being made by former participants is confirmation that something was right.

^{CB} Do you ever compare *Cátedra Arte de Conducta* to previous experiments in art education—such as Lygia Clark at the Sorbonne in the early 1970s, or Joseph Beuys in Düsseldorf during the same decade, or Luis Camnitzer at SUNY Old Westbury, who has written beautifully on the relationship between art and pedagogy?

^{TB} This was all before the Internet and before artist-led pedagogical projects were valued and known. I only knew about Beuys's project back then. But, to be honest, this piece is more related to a pedagogical tradition in Cuba. Before my project, there were a few attempts to create alternative education. First of all, Elso Padilla, who was my professor in the eighties, had an open studio situation where we had classes in the countryside instead of the school. The other model from the eighties was a group of two young Cuban artists and an art historian (Flavio Garciandía, Consuelo Castañeda, and Osvaldo Sánchez) who took over ISA. Previously it had been in the hands of the Russians, so their intervention was really revolutionary: they started looking at conceptual art instead of socialist realism, and proposed the idea of recuperating national history and traditions, and to situate this within international debates. That was amazing, and I was lucky to be part of both experiments.

Later in the nineties there was René Francisco (Galería DUPP) and Lázaro Saavedra (Grupo Enema), who created their own pedagogical projects.[5] I feel

5. Galería DUPP, which stands for *Desde una Pragmática Pedagogica* ("based on pedagogic pragmatics"), was a collective of fifteen artists, the majority of whom studied at ISA, founded by teacher René Francisco Rodríguez in 1989. Grupo Enema, set up in 2000 by Lázaro Saavedra, used the city as site for performances and interventions.

that my project is also a response to theirs. René Francisco's project had too much interest in self-branding; it seemed very career-oriented, and none of the people who participated in it are friends anymore. Saavedra's was more convivial; they did collective art, and the pieces that came out of it were visceral and really good, but somehow the group imploded. I think it's important to have a strong emotional ecosystem that permits a positive kind of intensity and allows you to be brutally honest with each other. *Cátedra Arte de Conducta* was not a strategy for us to get famous quickly, but a place where we exercised democracy under a dictatorship.

CB So what did you accomplish through the school? I know you're keen on demonstrable outcomes.

TB I'm reluctant to say this myself, but some later texts by Cuban critics said that we managed to change the art conversation in Cuba, from one that was geared toward aspiration and the market to a social and political one. The school recuperated the idea that art coming from Cuba could be international without having to follow international trends. It gave young people a democratic space to be honest with each other, and to feel safe criticizing what was happening in Cuban society and speak their minds publicly. It paved the way for a serious and sustained discussion about the civic responsibility of the artist, which is the central mission of INSTAR (Instituto de Artivismo Hannah Arendt, see page 127).

Generic Capitalism

CB Aside from the school in Havana, you use Arte de Conducta as a term to describe a number of other pieces, like Generic Capitalism (2008–9), a series of two performative interventions that reflect on the nature of contemporary capitalism.

TB I tend to work in series because sometimes I can't grasp an idea completely right away. In the case of Arte de Conducta it's the opposite: I started with the school, which is the main example of Arte de Conducta, and this became a way to develop and understand the idea. Generic Capitalism is a series. One of the works took place in Paris in 2008: an actress is on the balcony of a building, with a megaphone, reading a chapter from *The New Spirit of Capitalism* (1999) by Luc Boltanski and Eve Chiapello. I was trying to find ways in which we can question the left, but this was not such a successful work.

I did another version of *Generic Capitalism* in Chicago in 2009, with

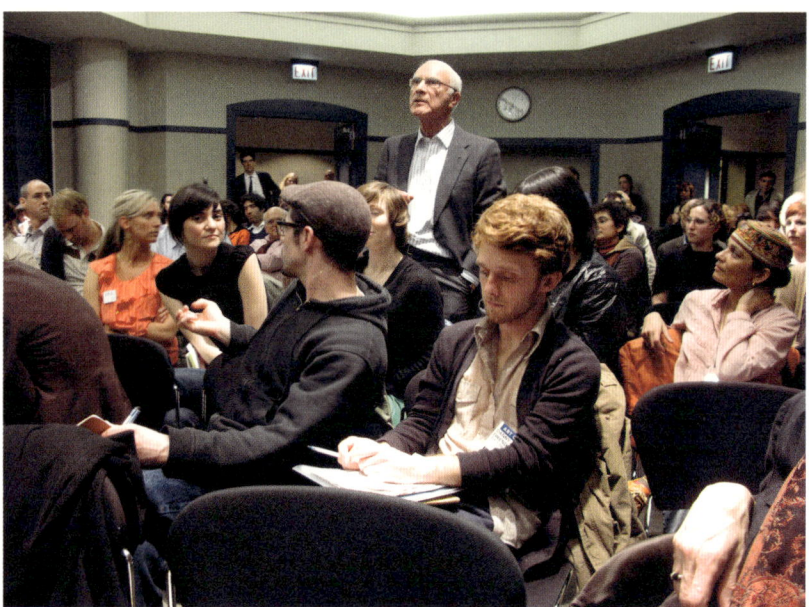

Fig. 10. *Generic Capitalism*, Our Literal Speed Conference, Chicago, 2009.

Bernardine Dohrn and Bill Ayers, two of the most notorious figures of the Students for a Democratic Society (SDS), an activist organization from the 1960s that eventually became The Weather Underground. People called them revolutionaries, which pricked my interest: how does the condition of being a revolutionary change? After being on the FBI's most wanted list for thirty years, they're now mythological figures for those on the left, especially for young people. In 2009, they were university professors in their sixties. It made me wonder: what happened to all that fire and energy on the left?

CB This version of *Generic Capitalism* was in the context of "Our Literal Speed," an ongoing series of conferences that self-consciously play with academic formats.[6] All the contributions are performative or subvert the structure of a scholarly conference in some way. Can you describe what the audience experienced [Fig. 10]?

TB At the beginning, it looked like a regular panel discussion: I was sitting at a table with Dohrn and Ayers when the audience came in. Elsewhere I've used the panel discussion format as a performative device, but here I only asked two questions. Obama had just won the 2008 election and there was a lot of

6. "Our Literal Speed" at the University of Chicago took place April 30–May 2, 2009.

euphoric enthusiasm, especially as we were in his hometown. So I asked them: "What do you do when you share the political beliefs of the person in power? When the person you voted for wins, what's the next step in the fight?" Then I left them alone and they began discussing this question. They're excellent speakers, very motivational. But I had planted three people in the audience and told them to interrupt as soon as they heard something they were uncomfortable with, or with which they didn't agree.

^{CB} These were three students?

^{TB} Yes. Dohrn and Ayers are very intimidating figures to go up against, but the first guy in the audience stood up and, very slowly, started explaining why he disagreed. Then the other guy in the audience interrupted and didn't let them talk. I wanted the audience to experience a shift of power—one in which the lecturers lose control and the audience takes over and becomes the piece.

^{CB} And did that work?

^{TB} It worked so well! At first I couldn't understand why, and the next day I realized it was because the room was full of academics. Of course it would work.

^{CB} How did you bring the piece to an end? This is often a problem when you set up a situation that you hope will unfold unpredictably, because you lose control over the work of art.

^{TB} I didn't have a sense of when it should end. At some point they couldn't take it anymore, and Bill asked my permission to leave, putting me back in the position of directing the event. So then it kind of died naturally. People left the conference feeling that the discussion had been very interesting, but nobody saw it as art. People were very perturbed. They didn't understand the totality as an art piece.

^{CB} I remember at the time how my academic colleagues reported that your work had been a complete failure, because they could only see it as a weak panel discussion, rather than a situation that included the audience. Then in David Joselit's book *After Art* (2013), there is a long discussion of *Generic Capitalism*, which turns out to be central to his thinking about the networks in which images and art circulate, and the uses to which art is put.

TB I really enjoyed the fact that those academics who define contemporary art didn't get it at the time. For me it's a success if, at first, the work doesn't read as art—you negotiate the format (in this case a panel discussion) without seeing it through the frame of art.

CB It seems that undecidability is germane to your idea of Arte de Conducta; people can't always tell whether or not they are in a work of art. For me this goes back to Augusto Boal and his idea of "invisible theatre" in Argentina in the 1970s, as a way to stage political debates in public while avoiding censorship and oppression. Was Boal a point of reference for you?

TB No, unfortunately not. Even though Boal is very well known in Cuba, I don't remember hearing about him at all when I was a student; he was better known in the theater world. I was in an experimental theater group and their points of reference were Eugenio Barba, Jerzy Grotowski, and Robert Wilson. I only found out about Boal in 2011 when I was working on *Immigrant Movement International*; Tom Finkelpearl introduced me to him, and to John Dewey.

Tatlin's Whisper

CB Another important example of Arte de Conducta is Tatlin's Whisper, a series that appropriates and recontextualizes gestures from the realm of media. Is this a Duchampian move, a variant on the readymade?

TB No, it's not Duchampian. You're not taking away the use but enunciating and emphasizing it. It's emotional rather than cerebral. It's about the activation of the citizen. The idea behind the series is that people get anesthetized to news from other places. So I decided to work with an image that represented such news and bring it into people's real experience, so they could no longer be indifferent. The hope is that afterward, people might understand better, on a gut level, what others are going through. I was pursuing empathy instead of sympathy.

CB Number six of this series took place in 2009 during the opening days of the Havana Biennial, at the Centro Wifredo Lam. When people entered the courtyard, they saw a raised stage at one end of the space, in front of a huge, theatrical, mustard-colored velvet curtain. On the stage was a podium with two microphones [Fig. 11].

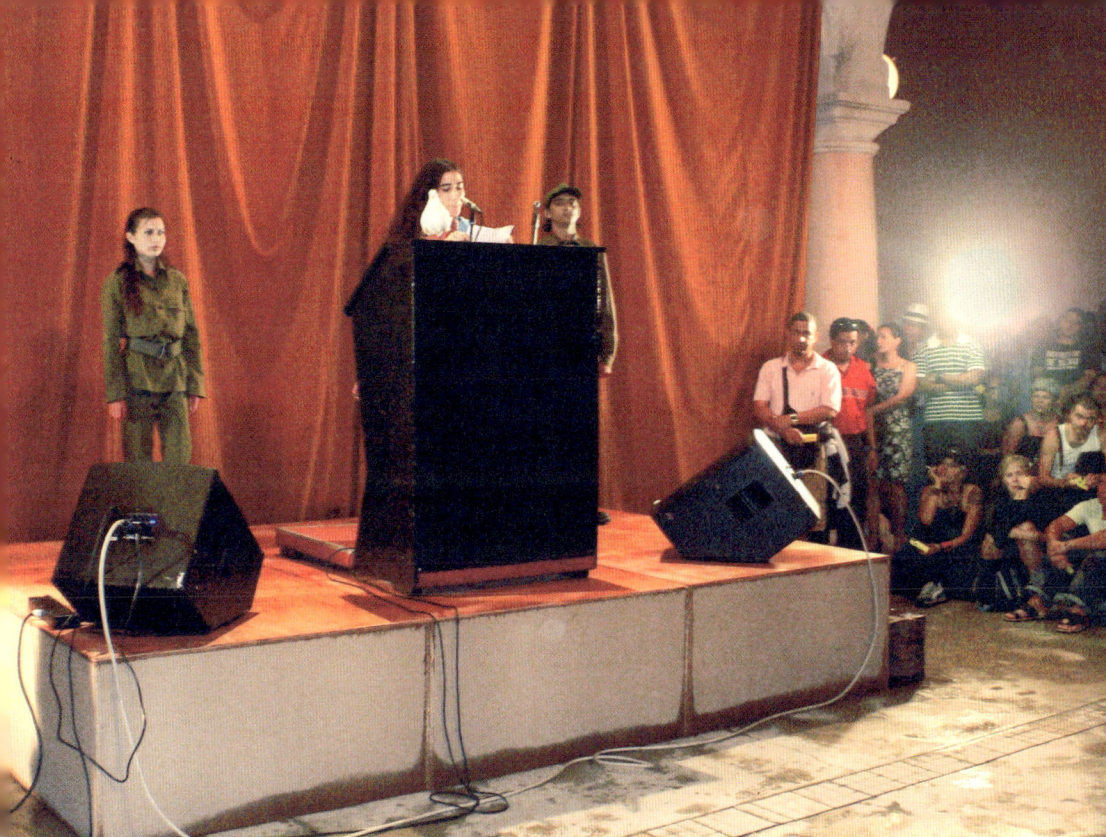

Fig. 11. *Tatlin's Whisper #6 (Havana Version)*, Biennial of Havana, 2009.

TB There was a lot of tension because it was a setup that looked like an official public speech.

CB Because this was your first work in Cuba since 2003, there was a large crowd. Nobody knew what you were going to do. You heightened the atmosphere of anticipation by handing out disposable cameras, which led us to believe that something would happen on stage that was worth photographing.

TB I wanted to add a visual element (the sudden bright lights of the camera flashes) but it soon became clear that it made the audience part of the documentation, the afterlife of the piece. It also put the audience in a responsible mood, they were the witnesses. The work began when Guillermo Gómez-Peña made an announcement to the audience: "Here are 200 cameras for you to take. Anybody who wants to speak will have one minute of free speech to say whatever they want."

CB Then there was a big pause.

^{TB} Exactly. The space of fear.

^{CB} I think maybe three minutes elapsed, but it felt like fifteen.

^{TB} It felt like an hour to me.

^{CB} But for you was it also the fear that that nobody would go up and speak?

^{TB} In a way this would have been OK too: "failing" would reveal what kind of a political moment we were in. But I wanted to push it, and so I planted three people to make sure that something would happen. The first person, Lupe Álvarez, was a very important critic from the nineties who had left the country in 2000. This was the first time she had returned. I saw her a few days beforehand and when I told her about the piece, she wept. So at the performance she came on stage and started crying. I didn't ask her to do this; it felt a little sentimental. Maybe it was real, but symbolically it set a certain tone. It functioned as the moment of trauma, after which everybody else could talk.

^{CB} Then you had Yoani Sánchez, a dissident blogger, who talked about Internet freedoms.

^{TB} To be honest, her speech more or less repeated her blog posts, but her presence—a first in a public space—was a defiant gesture to the government and made the piece much more real. She brought with her a group of young dissident bloggers, and they helped set the tone. She also did a lot of postevent promotion, writing two posts about it, which made the piece very well known among Cubans in general.

The third plant was a critic, Eugenio Valdés, who was living in Brazil. He did something very beautiful: he repeated a phrase that was said after Fidel Castro gave *Palabras a los intelectuales* [Words to the Intellectuals] in 1961, a seminal cultural policy speech. After Fidel had spoken, Virgilio Piñera (my favorite Cuban writer) took the microphone and said, "I am afraid." That's all he did. So Eugenio told this story and then said, "I'm also afraid."

^{CB} What range of positions were represented by the general public who came after these speakers?

^{TB} I think the majority of the people were expressing their dissent, but there were also some people who defended the Revolution. This mix was great—that's

what democracy looks like. My favorite intervention was from the blogger Claudia Cadelo, who said "I hope that one day freedom of speech in Cuba doesn't have to be a performance."

CB We haven't talked about your theatrical framing of this event. The cameras were important because they created a ripple of flashes every time someone went up to the podium. But there were also two people in military dress flanking each speaker, one of whom placed a white dove on the shoulder of whoever was talking.

TB I didn't want the piece to be a "one minute of free speech" piece, which is an exercise people do all over the world. I wanted to relate it to Cuba. In 1959, during Fidel's first speech, a dove landed on his shoulder; everybody thought it signified that he was the chosen one. The idea that anyone (and everyone) can be the chosen one was very important for me. *Tatlin's Whisper* uses very symbolic elements and works with cultural memories; that's why I think people like it so much—it still uses some old strategies.

CB You call them "old strategies" but culture and politics have always operated—and continue to operate—with symbols. You were taking a cultural memory from 1959 and replaying it (even reenacting it) in the present of 2009.

TB The two guards were originally a solution to the problem of how to place a dove on people's shoulders. Later I realized that they had to be dressed in military uniforms to create a conflict in the image. Because if you include the image of military in the performance, it's more difficult for the military or secret police to remove them: it would look as if the military had turned against themselves. Much later I realized that it was a great idea, because the image I was making included both freedom and repression. At the time I didn't understand how much the cameras were also protecting people.

CB What do you mean?

TB Because there was such anxiety about what would happen to people who participated. But if someone had been arrested, two hundred cameras would have documented the event—it was a shield. The success of this piece is that it paralyzed censorship, they didn't know how to stop it.

CB What kind of *conducta* were you manipulating in this piece? It was quite clear with *Generic Capitalism* in Chicago that you were playing with the behavioral conventions of a conference panel discussion but also the rhetorical performances of the old left.

TB Part of my methodology is to put propaganda to the test. When Raúl Castro came to power, he invited Cubans to talk about our situation. This piece did what he asked for and demonstrated that his invitation was another PR stunt. People in Cuba have a very specific behavior toward politics—mostly fear—and a double morality. So, I wanted to work with that individual and collective fear—to put it on display—and to see what happens. But the piece isn't just about exposing the present. It also asks: what if we were already in the future? How do you prepare for the future today? Art can be a rehearsal of reality.

CB I couldn't understand all of the speeches, but the atmosphere was intense with fear and excitement. This is a sensation that I have only ever experienced in political marches, rallies, demonstrations, elections; never in a work of art.

TB The atmosphere you felt was the intensity of discovering for the first time how freedom feels.

Other Conducta Artists

CB Which other artists do you consider to be making Arte de Conducta today?

TB Obviously the participants who went through the school, and some younger artists who are looking at those former participants. Some of the artists who came to teach. But there are other examples: when Santiago Sierra bought the Golden Lion award from Regina José Galindo in 2007, it was such a clear, violent, neocolonial, and neopatriarchal gesture—revealing what so many people expect, that a recognized white European male artist should get the prize, not a young Guatemalan woman, and by any means necessary. Or when Aníbal López mugged a middle-class person at gunpoint in Guatemala and used the money to pay for cocktails at the opening of his exhibition. *El préstamo* [*The Loan*] (2000) was Arte de Conducta—unlike his piece for Documenta 13, when he brought a *sicario* [hit man] to Kassel and people could ask him questions.

CB Why wasn't that piece, *Testimonio* [*Witness*] from 2012 Arte de Conducta?

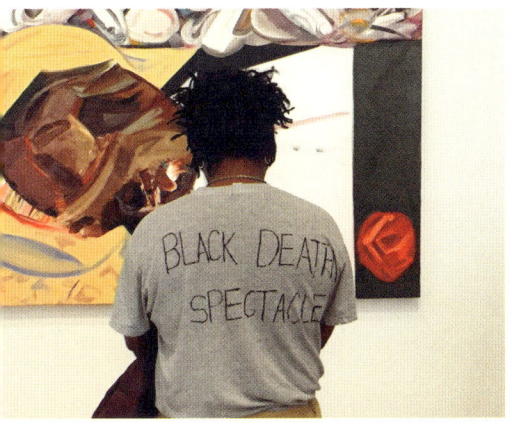

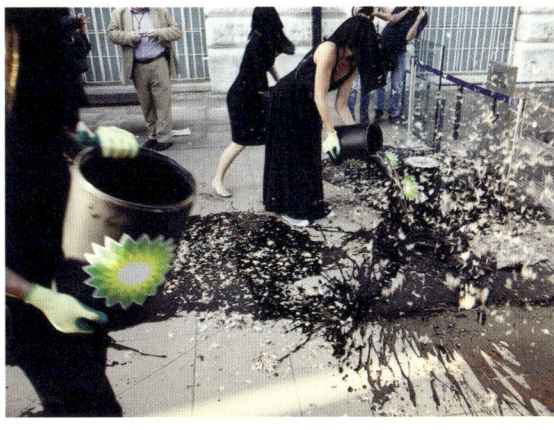

Fig. 12. Parker Bright protesting painting of
Emmett Till by Dana Schutz, Whitney Museum
of American Art, New York, March 2017.

Fig. 13. Liberate Tate, *License to Spill*, Tate
Britain, London, 2010.

TB Because it remained in the realm of representation; it was just an opportunity
for people to access the violence of Central America, but not to be part of
it. You weren't implicated in the way that a rich person was at the opening
while drinking cocktails in front of a big text explaining the premise of *The
Loan*, reminding them what could happen to them as soon as they leave the
exhibition.

CB Anyone working in the US?

TB When curator Nancy Spector responded to the White House's request to bor-
row a work of art from the Guggenheim during the Trump administration by
offering them Maurizio Cattelan's gold toilet *America* (2016)—that was a work
of Arte de Conducta. And it was political timing specific! Or Parker Bright,
the artist/activist who protested Dana Schutz's painting of Emmett Till at the
Whitney Biennial in 2017 by standing in front of it.

CB Why do you think that was Arte de Conducta rather than protest?

TB Let's compare Parker Bright to Liberate Tate, the group that objected to BP oil
sponsorship at Tate. Bright reclaims an image that belongs to a cultural group;
he makes a gesture that reappropriates that history. In the case of Liberate
Tate, they showed us an internal problem in the institution; it had the effect of
increasing awareness (which was great), but it's not necessarily attached to you
individually. Whereas with Bright, regardless of your race, you were implicated.

Because of his physical presence as a black person, with a history in his body, he put everyone in a position of self-questioning, which Schutz's painting didn't [Figs. 12, 13].

CB Finally, why do you think Arte de Conducta is an important strategy for artists today?

TB The world is becoming increasingly authoritarian, and it's important to make art that is legible by people who are not experts.

CB I agree, but what does behavior have to do with that? Why is the *gesture* so central to legibility?

TB Because this is a language everyone understands—it doesn't require any knowledge of art or external references. Behavior is a common language in a society, a collective construction whose meaning is agreed upon; you don't have to start by explaining it.

When *conducta* is translated into English as "behavior" it loses something, because in Spanish the word speaks not just about social behavior but also its transmission (conducting).

CHAPTER TWO
POLITICAL TIMING SPECIFIC ART

CB Political Timing Specific Art ostensibly sounds like a corrective to the concept of site-specific art, a term that has itself changed radically in character since it was first used in the 1960s. What began as a formal approach to installing art—responding to the physical location, gallery, or outdoor site—expanded throughout the eighties and nineties to deal with the specific history or past identity of a location, and even to encompass the communities who inhabit and use the site. This social understanding of site was the contribution of new genre public art, socially engaged art, and social practice.[7] When and how did you arrive at the term Political Timing Specific Art, and do you see it as a response to site specificity?

TB I arrived at the notion of Political Timing Specific Art around 2008, after years of explaining the importance of the political context in which most of my work exists and acquires its meaning. I referred to my work as site-specific for a long time, even as socially engaged practice, but I eventually noticed that people always focused more on the cultural/anthropological dimension than on political/power dynamics, which was my main interest. So I decided to replace site with *political timing*, the medium with which politicians operate, as the material of my work. I'm not interested in making art as an a posteriori political comment, but in using art to intervene in the specific moment when politics are not yet defined, when decisions are being made, and therefore might be changed—especially in situations where citizens don't have agency.

Traditionally, art tends to signal the problem or protest after a decision is made. In Political Timing Specific Art, by contrast, politicians as well as the general public are involved; art becomes a political force to be taken into consideration.

I wanted to go back to the beginning of my work, to the *Tribute to Ana Mendieta* (1986–96) and the newspapers *Memoria de la postguerra I* and *II* [*Postwar Memory*; 1993–94], in which I responded to the specific politics of a particular time [both discussed below]. I began to realize that once the law or political culture changed, an artwork made in response to those circumstances would

---

7. For a definition and discussion of new genre public art, see Suzanne Lacy, *Mapping the Terrain: New Genre Public Art* (Seattle: Bay Press, 1995) and Miwon Kwon, *One Place after Another: Site-Specific Art and Locational Identity* (Cambridge, MA: MIT Press, 2002).

just become a document of that time. So if I wanted my art to be political, it should not only be contextually and culturally specific in its references, but to work within the political timing of the issue I was addressing, and therefore to have political consequences.

CB So you see it as a way of trying to integrate the political specificity of a place into the meaning of the work?

TB It's not only about political issues, but it's about understanding how, under certain circumstances, politics can also define the artistic and the aesthetic. I embrace the fact that my work will not have a stable meaning, because politics works with the perception of ideas as they unfold in real time, and the emotional landscape they generate.

CB So, I guess this insistence on political timeliness has consequences for the longevity of the work, and its ability to be restaged later?

TB Exactly. That is why I advocate redoing, instead of reenactment or reperforming. Political Timing Specific Art is hard to redo if the politics that generated it change. The work has to be adapted to a new political situation or wait until similar conditions to the original reemerge somehow. You might have to reorient a work to address something else that is socially or politically unresolved in order to effectively hit a nerve the way it did the first time around.

Maybe the most important aspect of Political Timing Specific Art is that the piece will only be the way it is in that specific political moment; if it's done before or after it won't have the same consequences. Political Timing Specific Art happens in the space between the artist or public's imaginary of a new political reality and the politicians' version of it.

CB It seems important to you that Political Timing Specific Art results in controversy or media attention. Indeed, you seem to thrive on this attention as proof of your work's potency.

TB The media does play a role since it is respected and feared by politicians; it is the medium they use to communicate and by which we communicate back to them; they use it to generate a narrative that will later become history, and we (the citizens) want to be a part of that narrative. Using the media is necessary to distort their voice and create an alternative narrative. It is important to note, though, that even when the media is interested in the citizen's side of the story (in this case, the artist), they'll often privilege the politicians with whom they have a long-term interest and commitment. But the media is a thirsty beast and you have to be careful not to give in to the sensationalism it craves, and instead use it to generate a message that makes people discuss the problem and not the person behind it.

CB This seems particularly pressing in the light of the current administration in the US, in which manufactured personality clashes are continually deployed to derail media attention away from gravely serious issues; journalists seize on the President's petty tweets, rather than keeping complex political issues to the fore. I know that your thinking about Political Timing Specific Art derives from your experiences inside Cuba and not the US, but it seems telling that contemporary Western politics increasingly uses affect to steer opinion. Does Political Timing Specific Art do the same?

TB The US has a faux-populist political administration, and one of the president's strategies is to use the language of the people, which is Twitter. Social media tends to be synonymous with reacting rather than processing; it has a simplified generic emotional spectrum (like or dislike); it arrives at conclusions from headlines rather than articles. The US president is trying very hard to create a world that doesn't exist in reality. So right now it's actually quite appropriate to use in the North something generated in the global South, because we have already gone through this in our countries.

Precisely because of what is happening in the US, and throughout the world, it's no longer enough to make art as a reaction or a comment. It is time to make art for the *not yet* and the *yet to come*.

CB How do you draw the distinction between Political Timing Specific Art and topicality—in other words, a work that makes a timely comment on current affairs?

TB It's the difference between observation and participation: making a commentary about something or wanting to intervene to change it. Political Timing Specific Art is a difficult working method because it's a full and direct confrontation with power and uses some of the latter's own tools and strategies.

Of course, you can refer to political realities and create public awareness without being political timing specific. But when you make an artwork in which the meaning of the work is defined by a political situation that is unfolding, and when it involves as its material some of the elements generating the political situation; when the artwork becomes a point of reference that is linked with the historical event's evolution and analysis (by politicians, artists, historians, and art historians); when control and consequences of the work are not in the hands of the artist but decided by a government or by those in power; when the work unleashes a chain of political responses or the creation of new policies; when the existence of the artwork alters the way in which political events happen; when people can see in the artwork a space to participate that they can't find in the political situation—then these are factors that render an artwork political timing specific.

Political Timing Specific Art uses the emotional capital generated by current affairs and engages art as a player in the political landscape. Political timing is a window that opens and closes very quickly: it is a space that you have to enter quickly, during a brief moment when political decisions are not yet fixed, implemented, or culturally accepted.

CB This reminds me of Machiavelli, whose treatise on the craft of political power, *The Prince* (1532), puts forward the idea of *occasione*, the opportune moment for political action. It denotes those rare openings in chronological time when those who are savvy can seize and take hold of power. The prince must be willing to use his *virtù* (understood as virtuosity, rather than virtue) as necessity and opportunity dictate, and in ways that are not necessarily moral. The ends justify the means!

TB In Cuba, the government accuses me of being an *opportunist*—in other words, making a comment on something for personal gain and recognition. However, I think I'm being *opportune*—it's not about my personal gain, it's about seizing the moment for a collective endeavor—which often makes life incredibly difficult for me (and the people close to me). I do think that some artists have a special skill for detecting and sensing the right moment in which their actions might have meanings that transcend that moment itself—and that's *occasione*. Political Timing Specific Art does what everyone is thinking about but no one dares say or do.

CB Do you think that the term Political Timing Specific Art can be used to reread not just your own work but other works from art history too? I'm thinking of the Argentinian art-activist project *Tucumán Arde* (1968), many of Hans Haacke's works from the 1980s about corporate sponsorship and apartheid in South Africa, Krzysztof Wodiczko's slide projections about homelessness in the 1980s, even Ai Weiwei's *Citizen's Investigation* into the schoolchildren who perished in the Sichuan earthquake in 2008.

^{TB} Yes, definitely, especially Hans Haacke, because his work changed the way we expect institutions to behave. We could also include, for example, the works that generated the National Endowment for the Arts (NEA) controversies in 1989–90.[8]

^{CB} So then, is Political Timing Specific Art a *strategy* or an *outcome*? The problem with this reading of the NEA Four is that Political Timing Specific Art is determined by its recipients rather than being a deliberate artistic strategy—which you implied earlier when you said that it was a skill (or virtuosity) that the artist brings to bear on a situation. But too often it is completely out of the artist's hands as to whether or not a work of art ignites a political firestorm. Chris Ofili's *The Holy Virgin Mary* (1996) was painted in London and shown there without any controversy; three years later at the Brooklyn Museum of Art, by contrast, it prompted a court case against the museum by then New York City Mayor Rudolph Giuliani. Does this make it Political Timing Specific Art? I don't think so, because Ofili had no intention of intervening in a political debate. Likewise, Maurizio Cattelan's *La Nona Ora* (1999), a sculpture of Pope John Paul II being struck by a meteorite, was made and shown in Italy, but only caused an outcry when it was exhibited in Warsaw in 2000, where it was physically attacked by a right-wing politician.

^{TB} Sometimes artworks that are politically sensitive in one place are not sensitive in another. When we move a work of art from one place to another, it can become political timing specific if it touches on something unresolved. Sometimes artists arrive at this unintentionally—or better, intuitively—and end up touching a nerve that makes the work trigger a political response or consequences.

In the two cases you mention what is interesting is that the controversies were generated on the basis of moral judgments rather than political ones, both of which highlighted the influence of religion on the political landscape in those two societies. But whether a piece is intentionally political timing specific or not is not important, that is always decided by its viewers. What is clear is that works of art that use this method *generate* a political situation: one in which politicians have to intervene, and in the process their "true" political nature is unveiled.

^{CB} So consequences are integral to your definition of Political Timing Specific Art?

8. "NEA Four" refers to four performance artists (Karen Finley, John Fleck, Holly Hughes, and Tim Miller) whose applications for grants from the National Endowment for the Arts were vetoed in 1990 on the basis of subject matter. The controversy led to the end of NEA grants to individuals.

^{TB} Yes, especially when this is a public discussion or a changed law. There were consequences to the NEA Four's work—it changed the laws around arts funding in the US (albeit not in positive ways). Political Timing Specific Art always goes beyond raising awareness of the subject; it creates a shift in the history of the issue.

^{CB} I imagine this has consequences for art criticism.

^{TB} A work that is political timing specific situates itself exactly between art and politics, between aesthetic criteria and political critique. The work can't be analyzed in only one of the two worlds it intervenes in; it can't be studied solely as artistic intention nor as a political intervention. This forces the art critic to learn about the political specificity of a work's place and time, and include a political analysis that goes beyond simply repeating the narrative of the scandal and its consequences (e.g., a trial, a sentence, etc.). Art criticism needs to offer an appropriate account of the political landscape, how it was shaken and challenged, and should speak (like Political Timing Specific Art) simultaneously to an art audience, to political authorities, and to the public interested in this discussion.

^{CB} The pieces I want to discuss in this next chapter fall into two groups. The first comprises works that you made in Cuba, including *Tribute to Ana Mendieta*, *Memoria de la postguerra*, and *Untitled (Havana, 2000)*. The second are the works made outside Cuba: *Trust Workshop / Untitled (Moscow, 2007)* and *Tatlin's Whisper #5*, in London.

Tribute to Ana Mendieta

^{CB} Let's turn to *Tribute to Ana Mendieta* (1986–1996), a body of work spanning a decade in which you remade key pieces by the Cuban-American artist Ana Mendieta, who died in 1985. Many people would read these performances in terms of reenactment, a popular trope in contemporary art in the late 1990s and early 2000s. In the 1980s, however, it was very unusual to be restaging other artists' works.

^{TB} I presented the work as my thesis, and it almost cost me my diploma from ISA. I told the jury that my work was the gesture of redoing somebody else's

⁵⁰

work and reevaluating it in a different context, and they rejected it. After a long discussion they finally gave me my diploma—probably because of my good grades throughout the whole program. The written part of my thesis was titled *Palimpsesto sobre la imagen de Ana Mendieta*, so my intention to overwrite and "resemanticize" an image was clear.

At the time, Mendieta's gallery was not happy about this project; I think they thought that I wanted to profit from it financially and that I was interfering in their construction of Mendieta's legacy. Remember that I started doing the work a few months after her death, so everything was still in formation.

CB How many pieces did you remake? Was it just the performances, or the objects and photographs too?

TB I did maybe seven performances, I can't remember, plus objects and photographs. There was not much information about her in those early days, but I managed to get a hold of a photocopy of her artistic diary / notebook via her niece, Raquel Cecilia Mendieta, who was my professor for one year at ISA. This helped me a lot and gave me access to some of her unfinished ideas, some of which I realized for this project. Every time I was invited to exhibit I presented my own work and one of hers. I pretended that Mendieta, a Cuban artist, was still alive and working; I never claimed her work as my own while the piece was ongoing. Of course, the Cuban art world is very small so I could only do that for so long.

CB You told me that there are only three photographs of these performances. Why didn't you document them?

TB Documentation has never been my strength. I come from a generation that had limited access to cameras and videos in Cuba, and no access to an art market, so I never acquired the habit of documenting. I have always valued direct experience over documentation; and to be completely honest, when I'm doing something, I never think it will transcend that moment, so I never feel the urge to document. But then I always regret it later. I guess I never learn.

In the mid-1990s Mendieta's gallery found out and questioned me. In order to demonstrate that my intentions were not for financial profit, I told them that after I finished my project I would destroy all the work, and I did in 1996. I've always been very proud of that, because I have always seen myself as an immaterial artist whose work lives in people's memory.

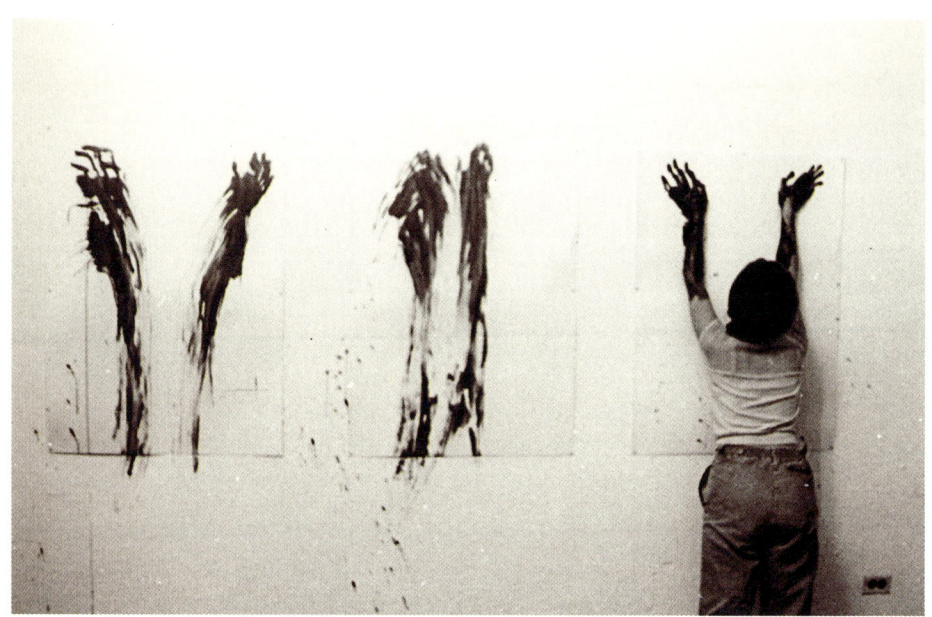

Fig. 14. *No por mucho madrugar, amanece más temprano* [*The sun is not hurried by early risers*], *Tribute to Ana Mendieta* series, 1986–96, Fototeca de Cuba, Havana, 1988.

A year ago I accessed three photos from the project because a photographer named Gonzalo Vidal, very active in Cuba at the time, sent them to me via Facebook. So now I have proof that I really did it!

CB How do you see this work in the context of all the performance reenactments that have taken place since 2000? Many of these were initiated by museums as a new way to exhibit historical performance art. This tendency peaked (and arguably collapsed) with Marina Abramović's reperformance of her own works in the exhibition *The Artist Is Present* at MoMA in 2010, which was when you also reenacted some of your own works for a retrospective at the Neuberger Museum of Art at SUNY Purchase, New York.[9]

TB I never use the word reenactment, I don't like it; it feels too indebted to historical reenactments for tourists, to stimulate a parody of feelings. I always called it *re-hacer*. For me redoing is a way to digest the work and then "vomit" it back out into the world with your own perspective and with the elements that make the work relevant again; it's an editing process, not a pantomime.

9. "Tania Bruguera: On the Political Imaginary" included reenactments of *Studio Study* (1996), *The Burden of Guilt* (1997), *Displacement* (1998–99), *Untitled (Havana, 2000)*, and *Tatlin's Whisper #6* (2009).

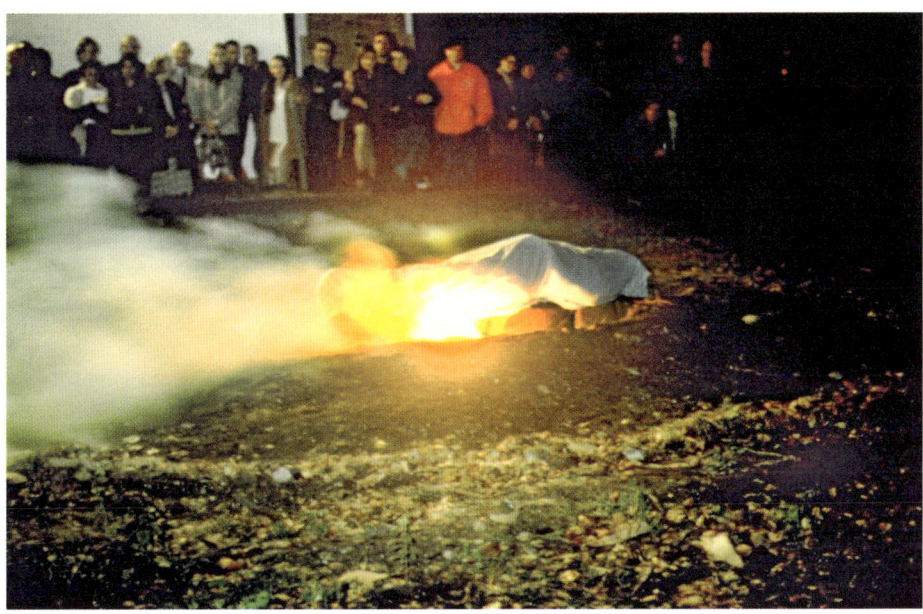

Fig. 15. *Anima* from the Silueta series, *Tribute to Ana Mendieta* series, 1986–96, Institute of International Visual Arts at St. Pancras Church, London, 1996.

My critique of the avalanche of reenactments that happened a few years ago is that they were mostly done as formalist gestures. Other than historical voyeurism, there was no need to do them at all, and they had none of the intensity of the original. Redoing someone else's work needs to be underpinned by a statement, an urgency behind the gesture. It needs to be motivated by a need for that work to exist again; instead of mere nostalgia, there must be urgencies that call for the work to be resituated in the present day and "brought back to life" [Figs. 14, 15].

CB Let's talk about the Political Timing Specific aspect of *Tribute to Ana Mendieta*. Why was it so important to repeat her works in the mid to late 1980s?

TB My original idea was to create an homage to her work, because there were not many female Cuban artist role models at the time (or female role models in general, for that matter). So the Political Timing Specific aspect of *Tribute to Ana Mendieta* was the context: I wanted to reestablish her as an artist who was part of the Cuban cultural landscape in the 1980s, and who had been so influential for Cuban artists. But what caught the attention of the cultural authorities was the fact that I was making an homage to a Cuban who lived outside Cuba, and on top of that, I was inserting her work into the narrative of our national cultural history at a moment when so many Cuban artists were fleeing the country. An entire artistic generation was leaving, and the government made a symbolic effort to erase them, to intervene with our cultural memory. If you were a writer or a musician and you left for Barcelona, Mexico City, or Miami, your books and music were taken out of the stores, removed from libraries, and never mentioned again in classes.

The official line was that people had left for a more comfortable life—as if they were only interested in better food. In fact, many, at least in the visual arts and literature, left Cuba due to the suffocating atmosphere created by censorship, in which no image, no metaphor, no aesthetic strategy could pass the hypersensitive censors, who saw political commentary even where there was none. Angel Delgado, for example, went to jail for six months in 1990 because of a performance in which he defecated on top of the national newspaper. Critics became policemen and policemen became critics. All this emigration demonstrated to younger artists that if they wanted to exist artistically in Cuba, they had to assume a servile position.

As you can imagine, my proposal did not exactly follow the dictated path and generated a modest response amongst critics, at the time only an article by Gerardo Mosquera in *Poliéster* (1995) and by Erena Hernández in *Mujeres* (1992). The project lasted for ten years, so it was not a one-time exhibition that could be erased, but a persistent effort on my part to talk about Ana Mendieta as a Cuban artist. To explain the work, I had to explain the context in which it was created, and official bureaucrats did not like to be reminded of this.

CB Did you remake her work internationally or just in Cuba?

TB Only in Cuba. The work was for and about Cuba, and the target audience was very specific. The gesture was to claim her as part of the country's history and its art history, but also to rescue those who had left the island and been erased by the government (because this was happening to the eighties generation). I installed one of her works once in Spain, and I realized it didn't make much sense there. She was seen as just another Cuban artist in an exhibition—there was no tension over that claim.

CB What caused you to stop this project after a decade? Was this decision also political timing specific?

TB Yes, it was. I decided to finish the work in 1996 for three reasons. Students from the art history department at the Universidad de la Habana started to visit me to gather information about Ana for their dissertations. She had become part of Cuban art history and so my work was done; her integration was no longer a proposal but reality. Secondly, her estate and Galerie Lelong had established her as an important artist and occasioned a strong public reception of her work. This in turn affected the government attitude toward her; she became an example of the "good" way to return to Cuba. Third, when the government lost the support of the Soviet Union, they changed their attitude toward those who had emigrated: instead of erasing them, they were now welcomed back, without apology. The government called those who left *gusanos* [caterpillars], but people on the street would say that they had been transformed into *mariposas* [butterflies]. Mendieta was basically now a butterfly. So the political situation that had shaped and given meaning to my work had completely changed. There was no need for the project to exist anymore; there was no friction. If I had continued doing it, it would have no longer been political timing specific.

CB Don't you think that all acts of reenactment have the capacity to be political timing specific? After all, any meaningful act of appropriation involves a displacement of context in order to acquire new meaning.

TB No, not all acts of reenactment are political timing specific. An important difference is that political timing specific works don't proceed from the past, but from the anticipation of a potential future. So for a reenactment to be political timing specific, it can't take its lead from nostalgia, a desire to trigger memories, or a veneration of the past. To be political timing specific, reenactment needs to directly intervene in and disrupt politics; it can't be *un fin en sí mismo* [an end unto itself].

I have three ways of thinking about reenactment. First, as a pedagogical act, in which the goal is to learn through experiencing it. This is something I advocate when I teach performance, and it is based on the idea that you can only know about performance through redoing it and feeling it, like copying an academic painting to understand composition and technique: learning through doing. In this case it's not political, it is technical, and the newly acquired meaning is embodied. It becomes part of your artistic toolkit, to be deployed at a future moment.

The second type is reenactment for historical research, allowing people to understand what happened decades ago. This kind of reenactment is analytical but also tends to be nostalgic. There is joy in time traveling, in being in someone else's shoes. As the performer or as the audience, you position yourself in another time when certain things were still shocking; the excitement comes from experiencing in person what others can only see in photos or video. You can be part of a new generation that adds to the total history of the work, reinscribing it within your own emotional narrative. It's a voyeuristic experience that can be spoiled if you just try and see it from the present. More than once I've been disappointed to find out how unexciting and boring some of the performances are that we have otherwise only seen through the mythic lens of documentation.

The third type of reenactment uses the original performance as a point of departure but updates the image, the symbols, or the references so it becomes relevant to the present. In this case, what is taken from the original performance is not the final image we are used to seeing through documentation, nor maybe some of the elements (like a bullet or a dead hare), nor the actual action, but the impact and the consequences of the original performance. For this reason, some elements originally used in the performance may need to be changed if they no longer trigger the same emotional response. It means not only taking the spirit but understanding the nerve that the piece touched and working out how that issue translates today. Maybe the original work involved nudity and today that doesn't make anybody blink.

CB What nerve do you think Mendieta touched with her works in the 1970s?

TB I think what her work meant in the US and what it meant in Cuba was different. I think she claimed Cuba as her own and therefore challenged the idea of nationality as a construction within a physical territory. Back then, you could only claim Cuba if you lived there or if you identified as part of the political process; the only way to claim *cubanidad* was politically. Mendieta wasn't in the country and therefore not part of the political process, yet she claimed Cuba as her own. In the US, by contrast, it seems that her work touched on feminist issues (putting the body into Land Art) and Latinx presence in the art world.

Through this project, I came to understand that in Cuba there is no other option than to be political, because that is the filter through which all work will inevitably be seen. Now, with Raúl Castro, everything is seen through the lens of economic benefits; politics are tied up with money, like almost everywhere else.

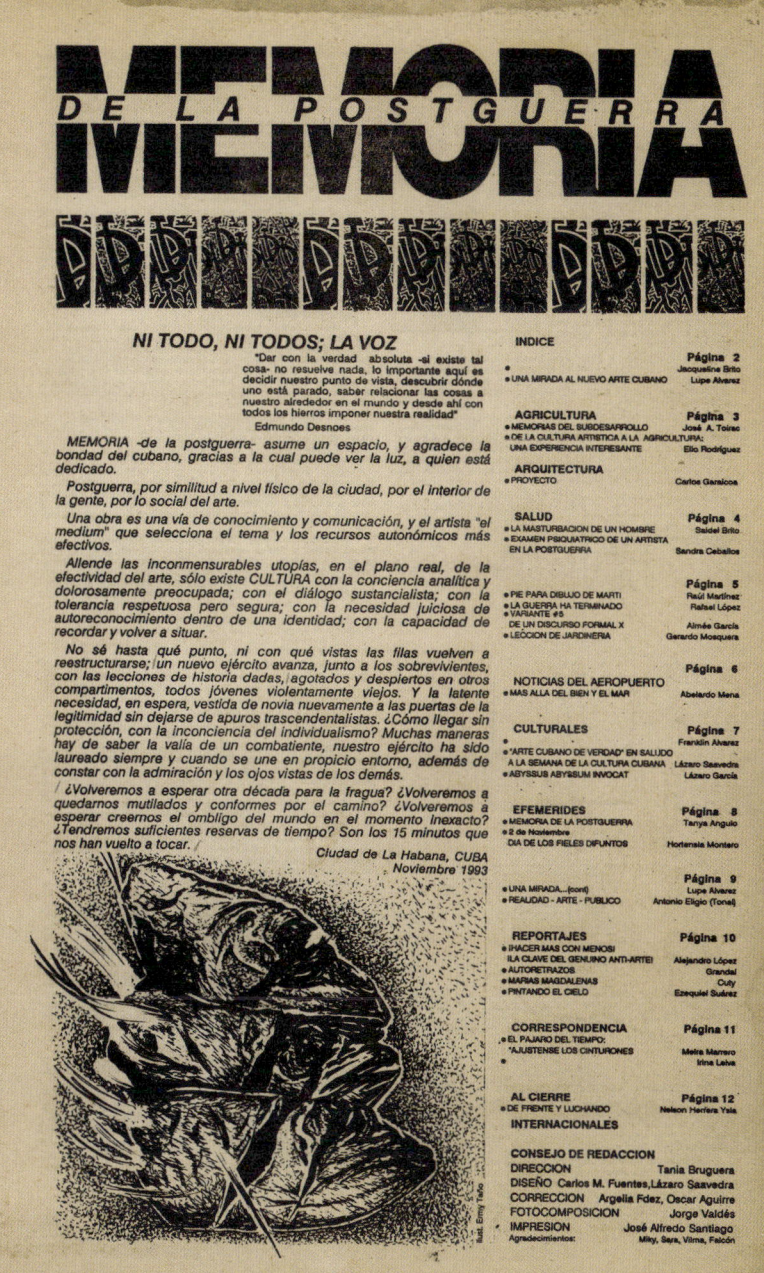

Fig. 16. *Memoria de la postguerra I* [*Postwar Memory I*], 1993.

Memoria de la postguerra

CB In 1993 and 1994 you made two newspapers, *Memoria de la postguerra I* and *II* [*Postwar Memory*], which mimicked the appearance and structure of Cuba's official newspaper, *Granma* [Figs. 16, 17]. What did these newspapers comprise, and how do you perceive them to be political timing specific?

TB In 1991–1992, I felt really empty; the art made during the 1980s in Cuba left a big impact on me, but 90 percent of those artists (many of whom were my friends) left the country and the art landscape changed very quickly. I was too young to be part of the eighties generation; by age and circumstances I belonged to the next generation, but I didn't identify with their artistic aspirations and strategies. The newspaper was an attempt to rescue the spirit of *la generación de los 80* [the generation of the eighties].

The first newspaper included a list, created by curator and art critic, Cristina Vives, of everybody in the visual arts who had left Cuba, over one hundred people. This was important because we knew that people were leaving, but we didn't know how many. The newspaper also served as an exhibition catalogue because I distributed it to visitors at the entrance to a solo show of the same name, *Memoria de la postguerra*, at the Fondo Cubano de Bienes Culturales.

CB But wasn't this period in the early 1990s still characterized by Fidel's rectification of errors policy, which sought to create more dialogue between the official cultural apparatus and Cuban writers and artists?

TB Yes, but artists tried to rectify too much. Artists, writers, philosophers, sociologists, and intellectuals got really excited about having the chance to be involved in the rectification process; it was a unique opportunity to test their expertise and to have a direct and public exchange with power. Intellectuals from many disciplines put together projects that imagined what could be done in Cuba. Artists were invited to be part of shaping cultural policy, but this was all too good to last. Very soon Fidel declared that Gorbachev was an agent of the CIA and that glasnost was a mistake. So the bureaucrats who felt threatened by the space given to intellectuals immediately retaliated, returned to their reactionary positions, and created a general state of censorship in the arts, music, and the university.

On the day the first newspaper came out, I was called to the Council of the Arts by someone who, at one point, had been my professor. It was a soft tap on

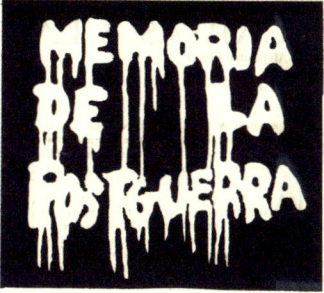

Año I, No.2   **La Habana, CUBA, Junio de 1994**

EL POST-EXILIO Y LA POST-GUERRA

Iván de la Nuez / Juan Pablo Ballester

1. Hay una diferencia radical entre un viaje y un exilio. La experiencia al respecto de los artistas cubanos lo confirma de un modo absoluto. De un viaje el regreso es habitualmente victorioso, con el recuerdo de los buenos tratos, la exaltación de los egos y la sensación maravillosa de haber vivido los 5 minutos de gloria decretados por Andy Warhol. Estos minutos hacían casi tangible el sueño de convertirse en Madonna, Beuys, Harrison Ford o, para variar, Jürgen Habermas. En un exilio, donde los "extraños" - nuevos bárbaros, según la sociología de moda- han llegado para competir por un lugar bajo el sol, los sueños y las posibilidades sufren ligeras variaciones. Las acotaciones del terreno colocan el tope de las aspiraciones en unos paradigmas que se llaman Celia Cruz, Wifredo Lam, Andy García o, para no variar, Guillermo Cabrera Infante. Así, los 5 minutos de gloria de Warhol se nos convierten en 5 minutos de Gloria...Estefan. Y es que los cubanos, como todos los emigrantes, navegan su exilio por los mapas y territorios que se han codificado previamente. Al punto de encontrarse con un mundo de inscripciones que les obliga a vivir en una hiperrealidad delineada por las postales turísticas. El juego que han conseguido estas "marcas tropicales" obedece a unas determinaciones imprecisables. En realidad, nunca sabremos si Cuba vende la imagen que Occidente prescribe, o éste recoge los dictados que la isla convienen. En cualquier caso, lo importante no son las jerarquías del origen del juego, sino el juego mismo.

2. Si bien las circunstancias del viaje han sido experimentadas por muchos artistas de la isla, estos desconocen casi todo lo que implica un exilio (que por cierto, suele ser más complejo que una galería, un catálogo o un anuncio en Art in América). Los guettos de "afuera" son complejos, diversificados y se enlazan con diferentes canales de circulación. La, así llamada, vanguardia cubana de los 80 -que fue algo más que "eso: años...y nada más"- ha arribado a distintos países y, aunque siempre ha morado en los ámbitos prefijados, en cada uno se ha implicado de un modo diferente. México, por ejemplo, funcionó como un guetto cultural que insertaba su producción intelectual en espacios e instituciones dedicadas al "problema cubano". Miami continúa como el espacio por excelencia de la gratificación económica, pasado por el agua, siempre turbia, de la política y por el encuentro con un mundo retro ⁻tan obsesionado con su "cubanidad" como poco acostumbrado a la estética de la plástica cubana de los 80. Mientras en la Europa de Maastrich, inhóspita con los extraños y embelesada con los nacionalismos,

continúa pág. 10

AÑORANZAS POR CUBA

Emilio Ichikawa Morín

A mis amigos, los que están desde México

"Las piedras de la isla parecen que van a salir volando", dice un verso de la poetisa cubana Dulce María Loynaz, dueña de un premio Cervantes de Literatura y, a demás, de un silencio tan hablador como el de Sor Juana. En la isla las cosas son leves, y sus definiciones, a veces, parecen bromas; es decir, les falta gravedad: sus ríos son delgados, sus montañas menudas y sus bosques más próximos a los jardines que a las selvas.

Cristo es roca, y Cristo mismo parece que va a salir disparado Quizás por eso el nuestro, macho y marino, se encuentra en Regla, margen insolentemente izquierdo de la bahía desde donde zarpan los barcos.

Las criaturas de la Isla son como sus piedras y también como su Cristo. Parladoras y rumiantes, circulan un aviso que, a fuerza de repetirse, más parece indicar un sentido destinal que un accidente: irse del país. A pesar de las ficciones de algún propagandista, irse es una ficha recurrente en el juego de cualquier cubano y, conste, aunque duela, uno no acostumbra a irse del lugar donde las cosas le van bien. En buen chuchero: irse es una ficha guardada para cuando el dominó se tranque.

Hasta el idioma quiebra bajo el peso del hábito. Cuando a usted le dicen que fulano se quedó, no le significan que dejó, por ejemplo, una vida bohemia por un nido de hogar o que echó raíces en Escobar, la calle más cálida de la Habana. Nada de eso. Quedarse es dejar, es abandonar, que es también -y eso lo saben quienes se quedaron- la nostalgia por regresar. Nostalgia cada vez menos culpable, pero culpable aún.

El problema radica, para ellos y para nosotros, en que Cuba uno jamás puede irse, sin darse cuenta de que no hay lugar en el mundo para refugiarse de ella.

Esa escapada desgarradora ocurre en diferentes grados. No estar desde Londres, así se sea un escritor de sensibilidad sin par, es de un extrañamiento más intenso que no estar desde Miami. No estar desde México es, por otra parte, una forma bastante peculiar de ausencia. Tal y como fluyen los acontecimientos, México D.F. llegará a ser, sin dudas la tercera ciudad de los cubanos.

Estar y no estar, irse y quedarse, es la tensión que signa a la gente de la isla, de esta isla, y eso se define en cualquier sitio, dentro o fuera. Sin embargo, ese doble signo se potencia, ora en su extremo, ora en el otro, y es esa potenciación la que llega a hacer distinguibles a algunos cubanos entre sí. Es una distinción de acento, no de cualidad; pero, y esto es lo que quiero advertir, es una distinción que existe.

No estar, irse, es una condición posible. De hecho, hay quienes se fueron y el exilio cubano es una realidad, tenga la textura que tenga. No están o están lejos, porque esto de aquí -ahora no es un ente sino un algo-contingente que permuta todos los días. Cambio acelerado que es capaz de pasmar al

continúa pág. 18

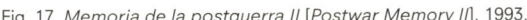

Fig. 17. *Memoria de la postguerra II* [*Postwar Memory II*], 1993.

the shoulder. He said, "As a friend, I recommend you don't do this anymore." I said: Okay, and then I ran to the place where the second edition was being printed and made sure it was finished that same day.

CB So after this warning, how did the second issue of the newspaper come about?

TB It appeared two days later, because it was already on press. This was also political timing specific. As I mentioned, the first issue provided a list of more than one hundred artists who had left the country; this irritated the cultural officials. The second issue was on the subject of migration, because it was the first time that Cubans living inside and outside of Cuba occupied the same "space," albeit a printed one. This was definitely not welcomed by the government and cultural institutions; today, however, it's the norm, and doing it now would not generate any political tension. But then the head of the council accused me of libel. I asked him to prove that the newspaper was not an artwork. When he ran out of aesthetic arguments, he said I was breaking Cuban law regarding printed matter, press circulation, and the use of state resources (he was referring not only to the machines and the ink, but to the worker who printed it), crimes that I could spend fifteen years in jail for.

I realized back in 1994 that the government had started to set in motion capitalist strategies, which were comparatively very mild, but it was clear to me that once such decisions were made, there would be no going back—even if the official propaganda said something different. I wanted to prove that you could buy ideology with money.

CB In other words, you bought the means to disseminate a counter-ideology.

TB This was not something you could imagine in Cuba back then. The image of the country was one of anticorruption, and of loyalty to ideological principles. Fidel famously said that the Revolution and its principles could never be bought, but the Cuban Revolution had long been for sale.

The very first independent newspaper in Cuba after the Revolution was an artwork (produced for very little money), but for people who were not in the arts it was just a newspaper, and they wondered how this could happen. It seemed impossible. My work in general tries to do what seems impossible so that other people can think: if she can do it, why can't I?

CB Why is it called *Memoria de la postguerra*?

TB Because I wanted to compare the physical landscape of Cuba with a postwar landscape. In the 1970s I lived in Lebanon and experienced one of the Israeli invasions of Beirut. I have memories of destroyed buildings after the tanks and bombs—entire sections of the city were devastated. I often passed through Havana and felt a connection with those memories of postwar Lebanon. In Cuba we were at war—an ideological war—and this was the landscape resulting from that war.

I called it *Memoria de la postguerra* because newspapers, unlike books, are about the ephemeral: the news of the day is simultaneously forgotten tomorrow and preserved as historical document. In Cuba there is still a culture of "live today and don't worry about tomorrow." It's hard to find documents that preserve memory, and anyway, most people do not want to remember.

CB Why do you think that is?

TB It's a post-traumatic effect of political abuse. *Memoria de la postguerra* urges us to remember the artistic work of the generation of the eighties, and to remember how the government constantly erased personal and historical memories, pretending that things hadn't happened or were not important, and how they continually changed the meaning of things. Our only defense was to recuperate memory and leave behind traces as mnemonic devices, to remember everything and pass on those memories. Art is a perfect way to do so.

CB How many of the articles in the newspapers did you write?

TB In the first newspaper I only wrote the introduction, in the form of an editorial. The idea was to give space to others. The subject of the issue was the Cuban city as a postwar landscape, and it was written by Cuban artists living on the island.

The second issue was about two Cubas: one inside and one outside of the island. I put the two in dialogue—the artists whom the Cuban government wanted to erase and those who were supposed to forget them—and on top of that, the topic of emigration, its impact, and the resulting two Cubas. In 1994 this was too much for the authorities (it happened before the raft crisis later that year). That second issue led to something that influenced my work and was very painful: being summoned by the Seguridad del Estado [Department of State Security] for interrogation: "Where did you print it? How did you print it? Who gave you the money?"

^{CB} At the time, was it common for artists to be hauled in for questioning in this way?

^{TB} No. That was more typical of the eighties. Ironically, by claiming the memory and audacity of that time, and by bringing those artists' names back to Cuba through the articles in the newspaper, I also brought back the repression that they suffered. So I felt the experience of the 1980s all over again: the freedom, the excitement, the overwhelming energy, but also the restriction and the interrogation. When I talked to other artists from the eighties about their encounters with the state security police, they made it sound ridiculous and laughed about it. Back then, artists had a certain power; they were also all men and there was a spirit of camaraderie among them. I was alone and it was actually my father who brought me in for questioning, that was pretty intense and traumatic.

^{CB} Your *father* brought you in? Perhaps we should mention that he was a diplomat, which is why you were in Lebanon in the 1970s.

^{TB} In 1994 he was the Cuban ambassador to Argentina and he was connected to high power. Later I discovered that he was also an intelligence officer. He returned from Argentina because of this incident; he came to my house and told me to give him all the newspapers. But I was more savvy with the second newspaper, I distributed bundles of them to different people's houses to make sure I could always have some. I told him, "I only have twenty at home, so you can take them all!" (another 480 were already safe). He said, "Let's go and have a *paseo* [trip]." I thought we were going to have lunch, or go to his home; I never imagined that he was going to bring me to a house in Nuevo Vedado, where there were two men from counterintelligence. Not only did they ask me tons of questions, implying accusations that I denied, but they also asked me to collaborate, i.e., become an informer.

It was extremely painful. My father and I already had a very complicated relationship and he totally manipulated me. After that our relationship was broken, I felt completely betrayed and unsure that I could trust anyone again. (Of course, I repressed this for over ten years.) One of the reasons I decided to spend more time outside of Cuba was because of the pressure—also from my father—to collaborate with the regime. I didn't want to, and so my solution, when asked, was to not know anything about anybody. I pretended to be crazy, unreliable. In the process I lost my memories and acquired the discipline of forgetting. I wanted to be seen as a worthless source of information so they would leave me alone. Thank god for my mother, who supported my decision and confronted my father about his pressure. She told me: "Remember that if you work for them once, you can never leave that behind." I was determined not to collaborate, because I was an artist, not a police officer. I was betrayed by my father; having experienced this, I knew I could not do it to anyone else.

So I accepted any and every project outside of Cuba, because the more I was out of the country, the less I knew about what was happening in the art world there, the less likely it was that I could be called in for questioning; so I decided to leave Cuba when I saw the right opportunity. And then of course, they left me alone. Now, however, I'm finally on the list of enemies of the state.

CB Did anything positive come out of this experience?

TB I learned about responsibility to others. For the first issue, my friend David Cordovéz helped me because I needed to rush it through, despite having already been advised not to do it. Remember, back then it was all cut and paste for real, not digital. I was asked to go to the office of the president of the arts council for a "talk"; at the same time, I later learned, David was taken to the police station and interrogated. After that I became painfully aware of the consequences of Political Timing Specific Art and came to the conclusion that I should only do solo performances and not work collectively. When I decided a few years later to return to making work that involved other people, either as participants or as collaborators, I spent more time thinking about how to control the consequences that could affect them than I did making aesthetic decisions.

Another thing I learned in the conversation with the president of the arts council, and again with the state secret police officer, was the government's fear of people working together on something they hadn't approved. They both told me: "You cannot bring all these people together, you cannot use your *poder de convocatoria*" [convocation power]. That phrase stuck in my mind for years. I realized that what they were afraid of was not only the fact that I printed something without permission, but that I was uniting people from inside and outside of Cuba. They didn't want to lose control over that division. I also learned that they were afraid.

CB You returned to the newspaper format ten years later in what I presume was a far less politicized context.

TB It was a solo show in 2003 at the Museo Nacional de Bellas Artes in Havana. That exhibition gave me the opportunity to take artistic revenge for my punishment for the first and second issues of *Memoria de la postguerra*. The third issue was a newspaper with no name and all that was printed was around 150 political slogans of the Revolution from 1959 to 2003. No date. No name. No nothing—just slogans. It was my way of saying that there was no space to talk [Fig. 18].

By this point, I had become internationally recognized and my work had been included in several biennials (including in the international section of the Venice Biennale and at Documenta 11). I've learned to use art events and

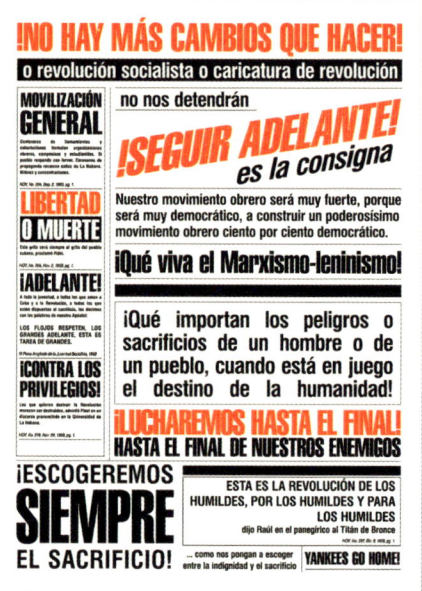

Fig. 18. *Memoria de la postguerra III* [*Postwar Memory III*], 2003.

art institutions to acquire cultural capital to make it possible to do political artwork inside of Cuba. It's sometimes hard for people to understand why I decide to participate in certain art events; this is because I make decisions based on how cultural officials in Cuba will perceive it, and how difficult it makes it for them to discredit me as an artist. Acquiring cultural prestige is my only defense against the Cuban government: the more I have, the more politically risky and transgressive my work can be.

CB Why do you call it a revenge?

TB Because I was publishing again. I waited ten years, but I finally did it. In the paper there were slogans that the government pretended no longer existed, such as *al paredón!* [to the firing squad], a call to execute people who were not revolutionary. Nobody wants to remember that they once shouted this in the streets.

If you're an artist who makes a newspaper when a free press is permitted then it's not political timing specific, even if the content is political. When there's a free press, there's no need for art to open such forbidden social, legal, or political spaces, or for art to show that freedom of speech is possible.

^{CB} But a newspaper as work of art can have different functions in different places, it doesn't have to be in a context of state repression to become politically relevant. Making a cheap, disposable newspaper has its own politics (with a small *p*) in a context where art is a luxury status symbol and an object of financial speculation, and where artistic success is defined in terms of sales to the 1 percent. Think of

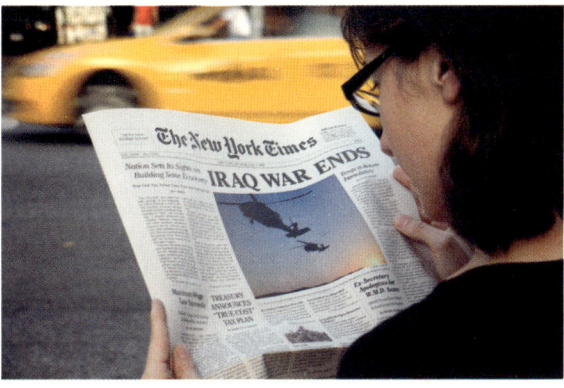

Fig. 19. The Yes Men, *The New York Times Special Edition*, November 12, 2008.

Dan Perjovschi's newspapers, or The Yes Men's parafictional edition of the *New York Times* in 2008, which was distributed in public with the headline "Iraq War Ends," and all the articles contained good news [Fig. 19].

^{TB} The Yes Men's newspaper was political timing specific because it was a moment when the Bush administration was lying and people didn't trust the news. Sure, there were no tangible consequences, but it was a piece very specific to that political moment. If you'd printed it during the Obama administration it wouldn't have worked, because most people trusted him. Now it wouldn't make any sense because we all know everything is fake and the news is cooked.

^{CB} The Yes Men were operating on the borderline that Carrie Lambert-Beatty calls parafictional. But your newspaper had no parafictional qualities.

^{TB} Maybe it was para-real, or hyper-real. In 2004, when we printed the last issue of *Memoria de la postguerra* in Miami, the guy who we asked to print the newspaper was Cuban and he refused, thinking it was pro-Communist! So it is a piece beyond irony.

Untitled (Havana, 2000)

^{CB} Let's talk about *Untitled (Havana, 2000)*—an installation in which viewers enter a dark space, treading on thick layers of sugar cane underfoot. As your eyes adapt to the darkness, you see a flickering light (produced by a black-and-white video

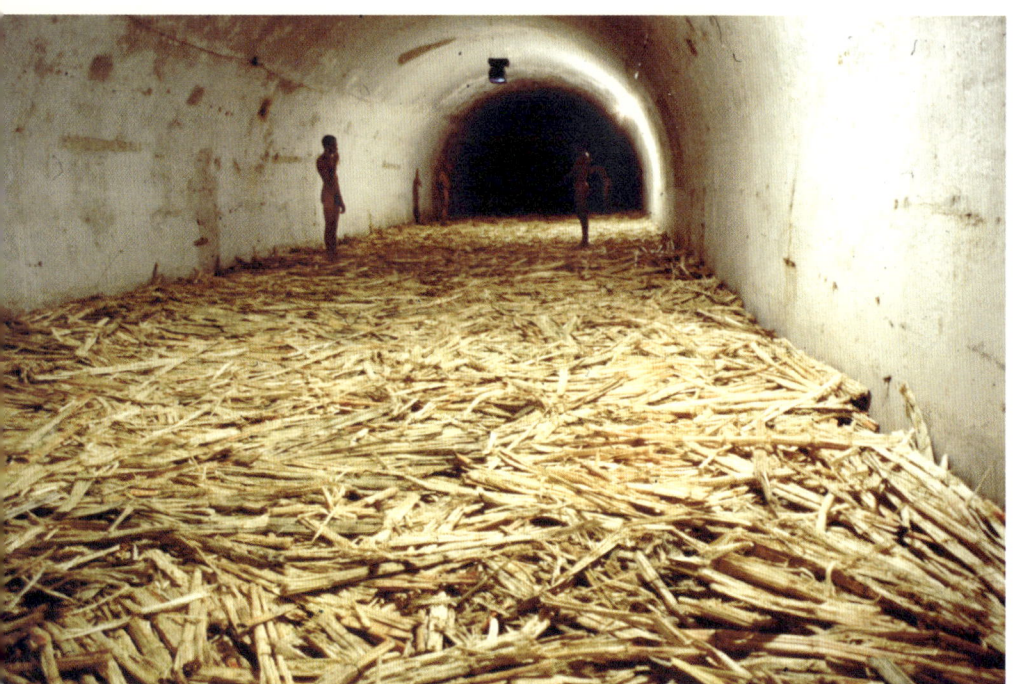

Fig. 20. *Untitled (Havana, 2000)*, Havana Biennial, 2000.

screen) in the middle of the space, and you gradually become aware of a brushing sound. Very slowly, you realize the sound is coming from naked men, rub-
bing their own bodies. Viewers undergo a haptic, sensuous experience that also
becomes social: the texture and smell of the sugar cane underfoot, the glowing
video (showing footage of Fidel Castro), but also unease at our proximity to
the naked performers. For me, the work really reinforced how effectively you
construct and manipulate an experience for the audience [Fig. 20].

TB *Untitled (Havana, 2000)* is one of my favorite works. I think it's the first piece I did
that was not intended for a local Cuban audience, or the government. Instead, it
was a piece about Cuba for foreigners. It was done during the Havana Biennial
when there was a lot of enthusiasm and expectation among Cubans because so
many visitors came (some for the first time) from the US.

CB But your work also included the image of Fidel. Why do you consider it to be
political timing specific?

TB It was questioning the enthusiasm, and it was related to the venue.

^{CB} The fortress, La Cabaña?

^{TB} No, the biennial. Suddenly, people had the chance to come and see Cuban art—or rather, to use art to be able to go see Cuba. That year many North Americans were excited to finally visit the forbidden island they had previously only imagined. The biennial became an excuse for many groups of museum board members and visitors to invade the streets of Havana and artists' studios. But they already had an image of Cuba that wasn't going to be changed by anything they experienced.

^{CB} Why isn't that site specificity?

^{TB} It could have been simply site specific, but the government was so anxious to have the "correct image" in front of these new visitors, and my work didn't help. First they cut off the electricity to the piece, but this also cut the power from the rest of the works that were shown on that side of the Cabaña; some of the artists were foreigners and protested, so the government had to switch the lights back on. Then they closed my work for a few hours after the opening, but there was already a long line of important curators waiting to enter and they had to let them go inside in order to avoid a scandal. Then they called me on the phone the next morning and said, "We know you want to open it again, but do not try." That's why I consider it political timing specific: it forced a reaction from the government. But it also targeted the enamored gaze of US visitors to Cuba. The piece was critiquing their lack of interest in seeing anything other than their preformed romanticized image of the country and iconic leader, instead of the Cubans who were the real vulnerable ones, like the performers in the piece.

^{CB} Earlier you spoke of political timing specific work intervening in a moment when politics are taking shape. This work operates more symbolically than in the realm of direct action, which we could also say of your installations *Poetic Justice* (2003) and *Untitled (Kassel, 2002)*. The appropriated video clips of Fidel Castro are not just clichés for the tourist gaze but have been chosen to represent his populist interactions with children, workers, and so on.

^{TB} Remember that we are looking back at works I made before I created the concept of Political Timing Specific Art! This installation doesn't fit perfectly, whereas now I work more consciously. But *Untitled (Havana, 2000)* was political

⁶⁷

timing specific because it reacted to new political circumstances: the US government was re-evaluating its policy toward Cuba, and vice versa.

For the video, I took a lot of clips from documentaries and randomly combined them together without any editing criteria. Every minute one image repeats: a young Fidel opening his military shirt to show he has no bullet proof vest underneath [Fig. 21]. Other images show Fidel in his pajamas in a TV studio with his kid, pretending he's at home giving an interview—it's totally weird to see this degree of theater! Or Fidel giving a speech in front of a big crowd. But the whole video is silent. When I showed the work again at MoMA in 2018, it was very different. Now he's deceased, he's not in the media all the time. Back in 2000, some people thought I was announcing the death of the leader. In the future we'll see him in a different way and hopefully Cuba will be seen differently; then the installation will be dated and we can see it for its aesthetics.

CB What was the rationale for the naked performers? Are they metaphors for the Cuban population and their ultimate invisibility to the tourists?

TB The work was about vulnerability. The juxtaposition was between the constructed vulnerability of a politician in the media, and that of someone—a "John Doe"—who is vulnerable next to you, in the flesh. The theme of the biennale was *Uno más cerca del otro* [*One Closer to the Other*] and I applied this to the media.[10] At that point I was still very representational in my thinking (how do I symbolize Cuba? sugar cane) but in that piece I discovered the potential of depriving vision over the other senses. I worked with the idea of fear and seduction.

CB Can you explain the choreography of the four performers?

TB There are four gestures that reflect some of the anxieties of Cubans and their automatic commitment to their reality. One of them is a person bowing submissively. But if you're able to see it in the dark, you can see that he keeps looking at you as he bows down, so it's more intense: "I know I have to submit to you, but I'm really not agreeing to it." This appearance of submission is something that happens many times in Cuba. Another is about trying to find something in your mouth, or take something out of your mouth, or stop some-

---

10. Nelson Herrera Ysla's text in the catalogue describes the exhibition's theme as "a return to the world of reality (not boosting the virtual one)" as a counterpoint to globalization. See http://universes-in-universe.de /car/habana/bien7/e-thema.htm.

thing from coming out of your mouth. This speaks to the idea of self-censorship and how so many Cubans decide to shut up; over time that becomes a burden and a double morality and the country we have today. A third gesture is brushing something off or out of the body. The fourth gesture was changed for MoMA, because I didn't like the original one. We replaced it with a gesture that is reminiscent of when the police ask you to put your hands above your head. All of the gestures make a subtle sound and are obsessive.

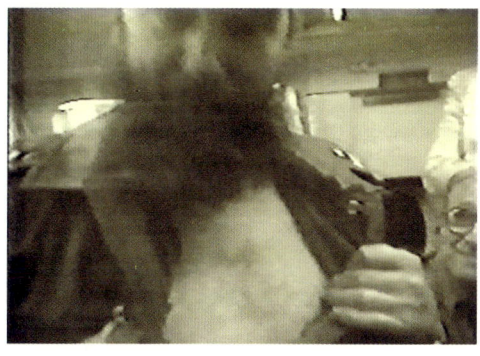

Fig. 21. *Untitled (Havana, 2000)*, video still.

The performers undergo a transformation in the eyes of the audience: at first they don't exist (they are invisible in the dark). When they appear they are like guardians of the video, sustaining it, like atlantes on a building. Then they start to look like slaves; they're not there because they want to be, but because they have to. At the end, they look like broken machines, doing the same gestures over and over.

CB Speaking of MoMA, how did you justify the restaging of this political timing specific work in New York in 2018?

TB I think the US fascination with Cuba is still there, it's irrational and blind, and it prevents Cubans from having a complex dialogue about our reality with them. So in that sense I feel the same conditions persist, because it's basically the same viewer who experiences it. As I said earlier, when redoing a work, I advocate either a very historical restaging of a piece, where you explain the sensibility of the moment it was made, or an update. At MoMA we went for the former and tried to prepare the audience for the installation: when you entered the space there was a large wall text explaining the context, as well as interviews in the brochure. You had to wait in line, which slowed down spectatorship and hopefully made people more receptive. It's important to prepare the audience, because we rely too much on aesthetics as if it's a category that doesn't change, but in fact something that was amazing in 1965 won't necessarily be amazing today.

Some audiences had a deeper relationship with the work—some Cubans who'd been detained in La Cabaña had a very intense reaction; also Venezuelans for whom the work resonated with their current experience of the Maduro regime, especially after the massacre;[11] there were also some people who had the same feelings about the Trump presidency.

CB What I'm struggling to grasp is the relationship between the politics of cultural repression and exile in *Tribute to Ana Mendieta* and *Memoria de la postguerra* and the cultural politics of the Biennial in *Untitled (Havana, 2000)*. Or is this just a difference of degree, not of quality, because every cultural event in Cuba is also a political event?

TB In Cuba they are related, because everything is about the grand narrative of the Revolution. For totalitarian regimes, culture is of great importance, not only as a sophisticated propaganda device to impress those on the outside, but to cultivate an emotional bondage toward the revolutionary project for the people living inside Cuba. Someone in Europe once told me: "You are an ambassador of your country because you are a Cuban artist exhibiting here." Even if I didn't want to play that role, the fact that there was hardly any information about Cuba in the outside world transformed an art opening into an overwhelming Q&A session about the country and its politics. People have the idea that artists in Cuba are part of the propaganda machine and are happy with their government. In the West, by contrast, culture is conceived as separate from state policies and government agendas.

Outside Cuba

CB We've been discussing your works made inside Cuba; now I want to jump ahead a few years to a handful of works you made outside Cuba, around the time you were formulating the idea of Political Timing Specific Art. The first of these is the *Trust Workshop/Untitled (Moscow, 2007)*. This is another highly structured experience for the viewer, who enters a small space and is confronted with a photographer who asks him or her to pose for a portrait with live monkeys or eagles [Fig. 22].

TB Three monkeys, two eagles, and the photographers. The original idea was to put a classified ad in the newspaper announcing "Trust Workshops" for people

11. Bruguera is referring to a period of four months, from April 1 to June 30, 2017, when mass protests erupted all over Venezuela. During that period, there were 6,729 protests and an estimated 163 killed. The protestors, who came to be known as La Resistencia, were primarily students and young professionals in the states of Mérida, Bolívar, and Sucre.

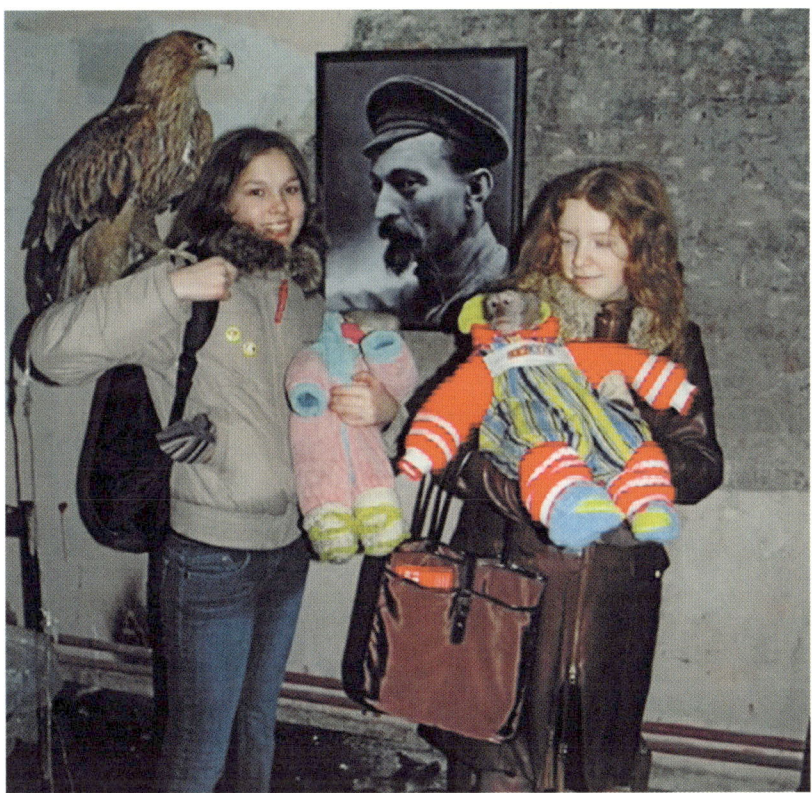

Fig. 22. *Trust Workshop/Untitled (Moscow, 2007)*, Moscow Biennial, 2007.

who didn't trust members of their family, their friends, institutions, or the government; basically, for people who were suffering the consequences of having lived in the Soviet Union. The workshop would be conducted by an ex-KGB agent, but this detail would not be announced. The idea was to repurpose the agent's knowledge, turning a negative outcome from the past into a positive application of psychological techniques used by KGB agents, almost as a reparation for previous damage. In the socialist era, the secret police worked to isolate people and create distrust in order to control them; the idea was to revert this process into one where people could trust again, conducted by those who had caused the problem in the first place.

CB In the end, however, you didn't pursue this option: it was too complicated to work with both Russians and international visitors to the Moscow Biennial. So instead you went for the photo shoot with animals, but retained the theme of (mis)trust. Only when people picked up their portraits later did they realize they had been photographed, with their chosen animal, in front of a portrait of Felix Dzerzhinsky, founder of the first two state security organizations in the Soviet Union, predecessors of the KGB.

TB First of all, I realized that the KGB was still active but under another name. So when we did the open call for a former KGB agent, the people who came were all suspicious: either too young to have been agents during the Soviet era, or they interrogated us about why we were interested in the KGB. So in the end, we couldn't find someone to lead the workshop. Second, it brought up an ethical question about voyeurism. How would we handle the issue of foreign visitors to the workshop—which was so personal, and so internal to Russian history. Would they be watching it? Would we translate it? So I kept the title of the event, because the whole thing became about another type of trust— between the work of art and the viewer.

When you have your photo taken, you think you are having this amazing time with the animals and then when you're given the photograph, you see that the presence of the KGB is still there, not only in the photo but in your life. And yet, of the seventy-six photographs taken during the two-hour opening in Moscow, only one man declined to participate when he saw the photograph of Dzerzhinsky. When you work with political symbolism, you choose an image because you think everybody knows what it means . . . but then it turns out that most people don't even recognize it. That was a big surprise for me, how quickly historical facts are erased or substituted.

CB Is this work political timing specific because of the situation in the mid-2000s— the post-Soviet period giving way to rampant neoliberal privatization, even while the ghosts of the KGB still haunted the country? Putin came to power in 2000 and inaugurated an increasingly authoritarian style of government.

TB Russia was selling itself as the good guys who do not surveil their citizens any-more. But of course that wasn't true. The KGB has just changed its name to the Federal Security Service (FSB). A lot of people from the KGB are still in power, like Putin.

CB You made a version of this piece for the New York performance biennial Performa, and called it *Delayed Patriotism* (2007). How did this work differ?

TB Performa asked me to do the Moscow piece, but it made no sense talking about the KGB in the US. Edward Snowden had yet to become a whistleblower, other-

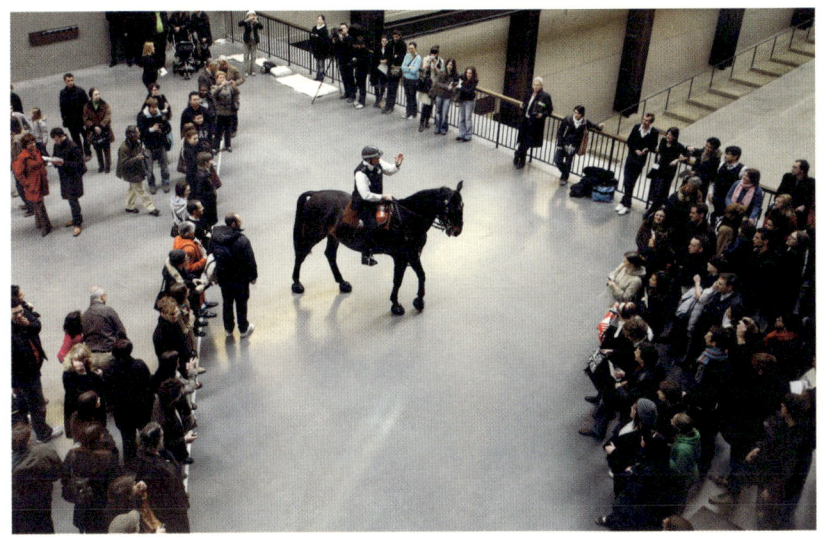

Fig. 23. *Tatlin's Whisper #5*, Tate Modern, London, 2008.

wise I would have done something on the National Security Agency. Instead, I researched people who had been paid by the Central Intelligence Agency (CIA) to go against their own governments, some of whom were installed as presidents in Latin America, Iran, and Africa. So, I supplied viewers with a history that is normally repressed about the US.

CB But the core structure remained the same as in Moscow: viewers were invited to have their photograph taken with an animal. Later they were given a copy of their portrait, but noticed a portrait of one of these "traitors" in the background, together with information about his connection to the CIA. Did anyone notice or recognize the portrait when they walked in?

TB There were only two guys at Performa in New York who didn't want to have their picture taken once they saw the print and understood that it would appear in the image with them.

CB The animals serve as a wonderful distraction; it's a homespun, micro-model of the way in which corporate entertainment distracts us from global inequality.

TB I think it's the only piece I've done where I've consciously used spectacle in the same way that politicians use it, that is, as a diversion so you don't know what's really happening. In the US version, people didn't know who the characters were because they still don't really know the detailed story of CIA involvement in regime change elsewhere. And back then, in the US, people too often chose to be disconnected from the political.

CB I do think this work is site specific, not political timing specific!

TB In Russia it was a current issue, but in the US it was about history, yes. That is why the title is different.

CB Let's briefly talk about the series Tatlin's Whisper, particularly the iteration at Tate Modern, *Tatlin's Whisper #5* (2008). In this piece, two mounted policemen demonstrated a range of crowd control techniques on the audience, who are standing on the bridge of the Turbine Hall [Fig. 23].

TB *Tatlin's Whisper #5* is not political timing specific. Nevertheless, the piece is owned by Tate, and in the contract there is a clause that says it can only be done if there are certain social and political circumstances, for example, a lot of media coverage of protests or terrorism.[12] Then the audience will be in the right psychological mind-set to react to the piece the way they should. So it should be contextualized, but it's not political timing specific.

CB Does the museum decide that context—or you?

TB The museum. When the Guggenheim Museum bought *Tatlin's Whisper #6*, in which I offered Cubans one minute of free speech, we had a big exchange. They wanted to redo the piece in the US. I said there was no way it could be done here; it makes no sense. The only way we could do it again is if people have a chance to say exactly what they think about the art world. And they said no! The other option would be if an authoritarian regime, limiting freedom of expression, should come to pass in the US, which at the time of acquisition wasn't even imaginable. But by the time this book is printed, who knows?!

CB Why is the series called Tatlin's Whisper? Why invoke a Russian constructivist from the 1920s for a series of works that address politicized media images in the 2000s?

12. Point 3.i of the contract specifies that "The work can be shown in places where abrupt social and political events have happened either in their recent history, in the significant history of the place, at the moment when such events are an overwhelming presence in the media or when the tension leading to the conditions for sudden civilian uprise are present."

^{TB} The reference to Vladimir Tatlin addresses the relationship between artists and power at certain historical moments; it also evokes the mandate of art for social change. It addresses the idea of grand utopias that were never accomplished, and the state of the left historically—no longer a loud HURRAH but a quiet whisper.

^{CB} Do you find it difficult to make Political Timing Specific Art outside Cuba? I suspect it's easier to make such work in a repressive context like Cuba than it is in liberal democracies where the market depends upon a freedom of money, movement, and ideas.

^{TB} In Cuba I understand the nuances well; it's easy to know what makes the government tick even after being away a long time. It's harder to navigate other realities and to understand what makes people sensitive politically. For example, I made a piece for a billboard project series in which Trump held a gun (as if intending to commit suicide) with the text "he is just the symptom" and it was censored. People focused more on the issue of suicide rather than gun laws, or a future in which Trump becomes so rejected and broke he would have no other option. It is also difficult to understand why a government imposes certain laws or propaganda. In those circumstances it's harder to be politically specific and emotionally accurate.

And yes, in repressive regimes, where the government micromanages people's lives, it's much easier to locate the trigger for their response than in a context where politics are decentralized and government power is replaced by corporations, business, and layers of cover-up. Political Timing Specific Art is not only possible, but useful, in liberal democracies, but there's a different sense of accountability than when you're dealing directly with the state. It's less about showing repression and more about demanding transparency and ethical accountability.

#YoTambienExijo

^{CB} We should finally address the best example of political timing in your work: *#YoTambienExijo*, an attempt to restage *Tatlin's Whisper #6* on Plaza de la Revolución, on December 30, 2014. So much of your thinking about this term has come about as a result of this.

^{TB} I originally made *Tatlin's Whisper #6* in 2009, one month after the new president,

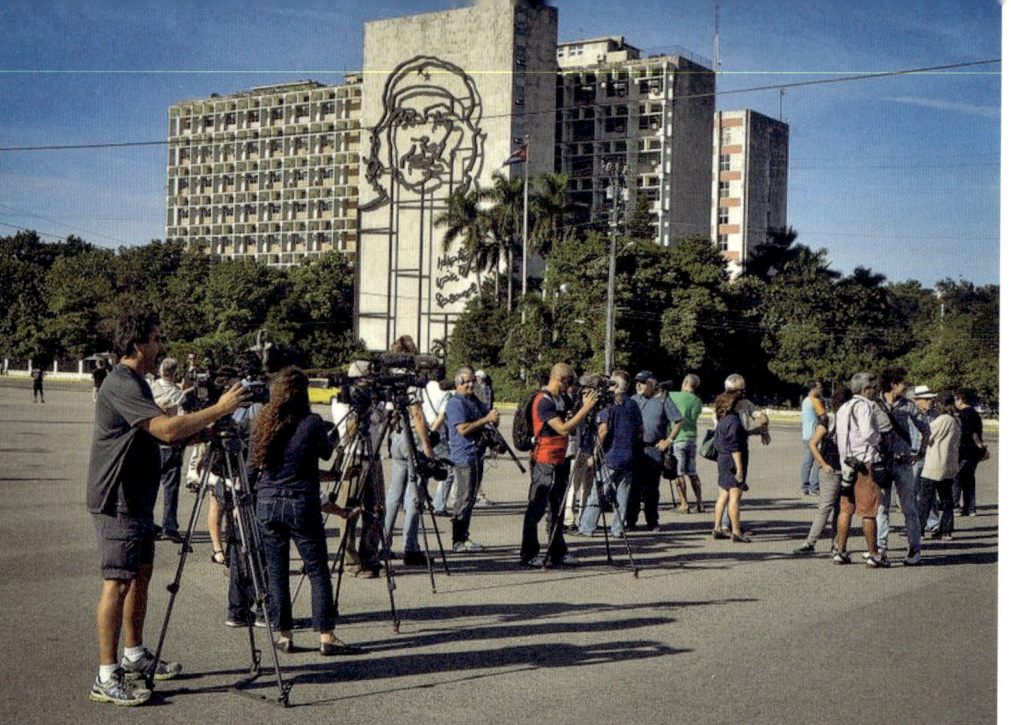

Fig. 24. *#YoTambienExijo*, Havana, 2014.

Raúl Castro, announced that he wanted to hear what everybody was thinking, and to that end he proposed organizing assemblies in workplaces and universities. It was pure theater, whereas *Tatlin's Whisper #6* was an opportunity for people to say what they wanted, without censorship.

In 2014, I tried to stage the same piece shortly after political conditions abruptly changed in Cuba, following the announcement that the country would resume diplomatic relations with the United States. A historical enemy was about to become a friend. My reaction to the announcement was immediate: I wrote an open letter to Raúl Castro, Barack Obama, and Pope Francis, and congratulated them on this historic moment, which Cubans have spent half a century waiting for. I then asked Raúl to explain his vision for the future of Cuba and the legacy of the Revolution in the face of neoliberalism. At the end of the letter, I suggested reinstalling *Tatlin's Whisper #6* in Plaza de la Revolución to let everyone's voices be heard.

In the letter, the reference to *Tatlin's Whisper #6* was a metaphor. But my sister, Deborah Bruguera, and a friend of mine, Clara Astiasarán, posted the letter online, with the hashtag *#YoTambienExijo*, and it went viral on Facebook. Very quickly, people started writing in the comments that it should be done for real. But changing the venue, from an art space to a public square, occasioned a totally different response from the government. It was as if they had been invaded. There was no negotiation. We entered a territory that the government claimed ownership of—even though it's a public square, originally named Plaza Cívica. We were trying to reclaim this civic space [Fig. 24].

On the day when the event was scheduled, the secret police came at 5 am to my apartment and took me into detention, which meant that the piece couldn't even begin. But for me, this still meant that the work was successful. When a piece is political timing specific you are activating elements that are already there and calling in the players. What makes it artistic is the tension between what the situation is and what you want it to be. The outcome of the work is not decided by the artist's desire, but how it unfolds.

CB We'll discuss this work further in chapter 5. But did you ever worry that *#YoTambienExijo* might be political timing specific in the wrong way? In other words, that it might negatively affect diplomatic relations? After all, it could be seen as playing into the hands of Republicans who believe that the US should not engage with Cuba, using the excuse that the government still represses freedom of speech.

TB Yes, the Cuban government claimed that the piece represented US Republican interests in order to turn people—Cubans as well as leftists internationally—against the work, which is an easy way to discredit it. But the work is a criticism from the left. The Cuban government co-opted the meaning of the work, so I had to fight to reclaim my artistic intention and its context.

CHAPTER THREE
ARTE ÚTIL

^{CB} You've defined Arte Útil [Useful Art] in many interviews and on your website, organized an event around this concept at the *Immigrant Movement International* headquarters in 2011, created an Asociación de Arte Útil in 2012, curated the *Museum of Arte Útil* in 2013 at the Van Abbemuseum in Eindhoven [Fig. 25], and created an Escuela de Arte Útil at the Yerba Buena Art Center in San Francisco in 2017 and the Museo Universitario Arte Contemporáneo in Mexico City in 2018. How would you introduce the idea of useful art in the context of this book?

^{TB} Instead of focusing on the production of an object or an experience, Arte Útil generates a process of social implementation. A lot of people understand Arte Útil as an instrumentalization of art, but use is not necessarily instrumentalization. The "usefulness" in Arte Útil is not about improving the efficiency of the existing system, but about imagining an altogether new system. It's a language to test out some sort of parafiction, parareality, or better a "pre-reality." There are three key aspects for me: seeing art as a tool to imagine and build the world differently, re-establishing aesthetics as a system of social transformation, and

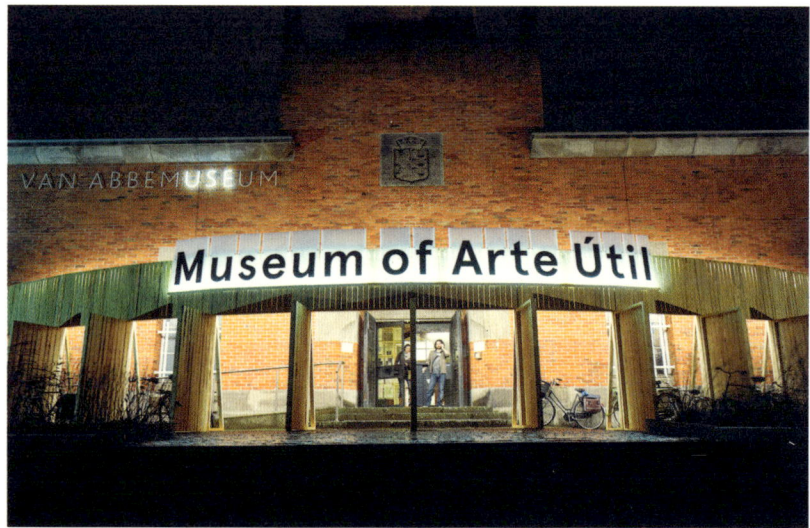

Fig. 25. *Museum of Arte Útil*, Eindhoven, Netherlands, 2013.

introducing art to people through the back door—that is to say, not through art historical validation, but through the benefits it might bring.

CB You often define Arte Útil through the example of plumbing the urinal back into the bathroom. In other words, reactivating Duchamp's *Fountain* (1917), the signal avant-garde gesture that took a mass-produced object out of circulation and placed it into an exhibition context. The re-plumbed urinal feels like the icon or logo of Arte Útil.

TB Yes, it has become that, and people focus on usefulness as a way to disqualify Arte Útil as art only because they still operate under a Duchampian paradigm. But it seems only logical, a century later, to reevaluate Duchamp's gesture and see what it has to offer today. Have we arrived at a point when the only legitimate moves in art are to eliminate the use value of an object and change its context?

The urinal idea dates back to *Untitled (Bogotá, 2009)* (discussed in chapter 5). After that performance, I was attacked by many people in Colombia, so I decided to write a text to put my ideas out there for discussion at a public event a few days later; I ended my statement by saying, "And by the way, the time has come to put the urinal back in the bathroom."

In 2011 artist Teddy Cruz mentioned my idea to Tom Finkelpearl, then director of the Queens Museum of Art, and we installed a urinal—signed "R. Mutt, 1917"—at the museum. So it's in fact an artwork, which I titled *Arte útil* (2011); in 2017 I installed it at the Van Abbemuseum [Fig. 26]. It's actually very Duchampian in the sense that it's funny and it reads simultaneously as a text, an image, and an idea. It's only installed in the men's restroom, so it's also misogynist (like Duchamp! Especially now that Baroness Elsa von Freytag-Loringhoven has been identified as the real author). I think it helps people to grasp the idea of Arte Útil quickly: it's about benefits first, and art second. It's also a prompt to go back to modernism and reconsider the moment when removing usefulness could automatically make anything art. It is an attempt to ask once again: what is art for?

CB But modernism was also a time of useful art—think of Soviet Productivism or the Bauhaus. Yet I don't see Arte Útil as a return to functionalist modernism.

TB Why not? Arte Útil is a prompt to go back and revisit these two movements from 1917: Dada and Soviet Constructivism. This is when the art world cracked and divided into two tendencies. Western art history has defined its canon

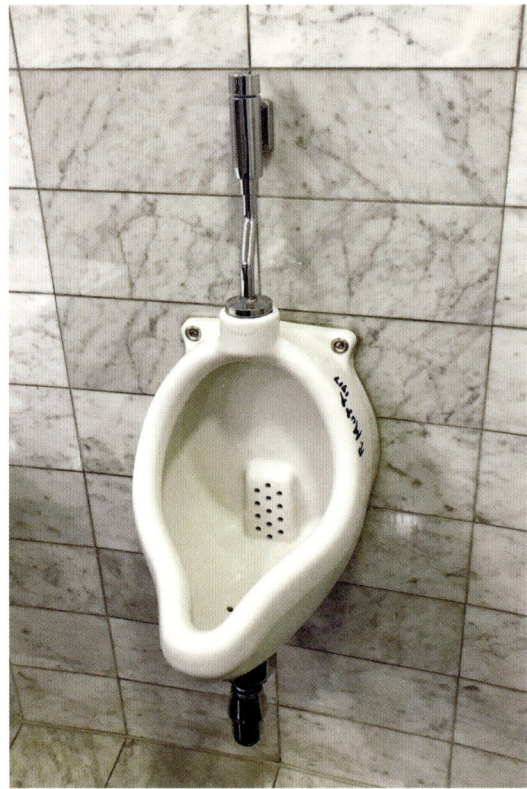

Fig. 26. *Arte útil*, Van Abbemuseum, Eindhoven, 2017.

by following the course of Dada, leaving behind the other avenue of artistic research—in which the outcomes are not just intellectual but also have tangible benefits in the real world. It's not about bringing life to the museum, but bringing the museum into people's lives.

CB I think I'm resistant because there seems to be much less emphasis on design in Arte Útil. Would you agree?

TB Arte Útil isn't about designing objects, but about designing ethics: it's about making something work differently with efficacy; it creates agency. I do in fact claim functionalism as a reference for Arte Útil, especially Soviet functionalism. The Bauhaus too, but I think that they were more focused on object constructions; correct me if I'm wrong.

CB Well, in the 1920s there was the belief in a new abstract language of elementary forms and primary colors that were universally legible and could project a new future society, creating a blueprint for new and better ways to live in the modern world.

TB Yes, but Arte Útil is a mechanism to deal with social injustices and structural inequality. There's also a difference in scale, because Arte Útil doesn't make universal claims. And while the Soviets initially explored the usefulness of art out of enthusiasm, later this became cultural policy and helped consolidate the widespread idea that usefulness in art equals instrumentalization by governments and therefore only autonomous art equals freedom. But the freedom claimed in this autonomy isn't actually so free, because other forces—such as the marketplace—end up determining and legitimizing what is appropriate to say. Arte Útil is an exercise of freedom because it's an anarchist gesture, generated *desde la ciudadanía* [by and from the citizens], it's a subversion of the system.

CB I think your emphasis on the illegal is also an important difference.

TB In Arte Útil we don't do illegal stuff; we work with the concept of *a-legal*, another Spanish word. A-legality is not exactly a loophole, but something that the law has not yet envisioned or regulated. It's what you do before the lawyers figure it out, so it's not actually illegal and you can't be punished for it.

CB Nevertheless, it's fair to say you have a flexible approach to the law.

TB The law is a body of rules that offer general guidelines, but in most cases, it seems to be corrupted by people who have money and access to political lobbyists. So how should the rest of us deal with this? Activists say "only respect laws that are just"—because not all laws are fair or made for the good of all citizens. Moreover, I come from Cuba, where everything is illegal.

CB You need to explain this to me.

TB In Cuba there's such scarcity that you are forced to do illegal things; illegality is the norm. For example, you steal a pen from your workplace so you can give it to your kid so they have one at school. With this insignificant act, you have robbed the state. The only way to survive is to break the law all the time, and it's all kept on file. At some point, whenever the government decides, they can resurrect these actions from the past (everyone has done something), and even invent further illegal actions you supposedly committed. It is a masterful strategy for mass control, making everyone a delinquent. There's a beautiful expression for this: *nunca sabes el pasado que te espera* [you never know the past that awaits you].

CB So let's turn to the past that awaits you in this chapter. We're going to focus on *Immigrant Movement International* and the exhibition *Museum of Arte Útil*, both of which encompass within their frameworks many other examples of Arte Útil. First, though, let's look at the historical context for thinking about art's social utility in Cuba and elsewhere.

Genealogies

CB How does Arte Útil relate to your artistic training and formation in Cuba? In earlier chapters you've referred to Revolutionary cultural policy, which insisted on art for the people, following Marxist directives. To what extent were those policies also focused on art as a tool? And how would you differentiate your approach from this?

TB Those policies (which were supposed to be more humanitarian than Marxist) were about usefulness in the sense that they did not emphasize an individualist practice or artmaking for the market, but instead promoted art for the people. For example, films were never about the director's own point of view but used as consciousness raising. For me, consciousness raising is just the first step. The process of making Arte Útil goes beyond denunciation and is a proposition for change.

CB I wonder if you would also consider ANIR, the Asociación Nacional de Innovadores y Racionalizadores [National Association of Innovators and Rationalizers], as a precedent for Arte Útil? This group, dating back to 1976, found solutions for the lack of technological products on the island, and basically institutionalized the need to be ingenious as a result of poverty and scarcity. The mind-set is one of *resolver* [finding a solution].

TB ANIR is the organization that best defines the Cuban Revolution, but Arte Útil isn't just about solving problems; it's an opportunity to articulate how we want the world to function—socially, economically, politically. ANIR sustains the status quo instead of challenging and subverting it like Arte Útil [Fig. 27].

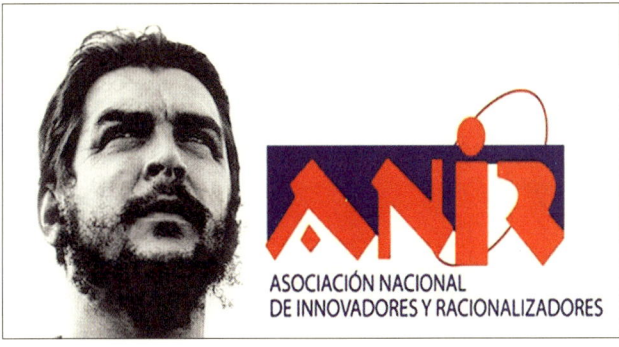

Fig. 27. Logo of Asociación Nacional de Innovadores y Racionalizadores [National Association of Innovators and Rationalisers] (ANIR).

^{CB} At what point did you start to use the term Arte Útil to define aspects of your practice?

^{TB} I started using it in 2003, when I set up *Cátedra Arte de Conducta*. At that point I was so disenchanted with art that I wanted to find another way of working. In Cuban society, at that time, everything had to be useful. You didn't do things for "pleasure."

^{CB} But that's not true of other Cuban artists of your generation, or of many of the older generation either. They're not making works that are useful. The most successful artists make paintings, sculptures, installations. . . .

^{TB} Historically, there was a strong imperative to make art for the people, but since 2000 the market has gained traction in Cuba and the focus has shifted. But I think that seeing art as a social tool is the one thing Cuba can offer the international art world, and it makes a direct connection back to Constructivism. Right now, in Cuba, usefulness has been supplanted by utilitarianism.

^{CB} You mean the *resolver* attitude of ANIR?

^{TB} More like a double morality—it's not usefulness, it's expediency. Because in Cuba, a lot of people don't believe in something but do it so they can get something else, you know what I mean? For example, they have to join the communist party in order to get a job.

^{CB} To what extent is demonstrable change a part of your definition of Arte Útil? Is it important to prove what art actually accomplishes, or is it sufficient to articulate an idea, a way of thinking differently about the world?

^{TB} Only what it actually accomplishes. If it's only about aspiring to accomplish, it's not Arte Útil, it's just art, it's a dream—whereas Arte Útil is about implementation.

^{CB} Can you give me an example?

^{TB} A certain type of artwork shows you the problem. A second type of artwork shows you the problem and makes an argument for or against the problem. A third type of artwork shows you a problem, makes a case, points out the causes and consequences. All of these are processes where art functions as awareness. Arte Útil is a fourth type of artwork, one that takes all of that information into consideration and proposes to intervene in the problem, to find a solution. It's not enough just to show that a problem exists or to point out an opinion; art can also show us another way to do things.

^{CB} I have two responses to this taxonomy. Firstly, what happens to questions of representation and metaphor? In chapter 2 you spoke of the importance of using immediately recognizable gestures in order to communicate to non-specialist audiences. Although you claim to be attached to the "art" part of Arte Útil, it seems as if you want to reject all the things that art does very well—creating powerful symbols, and influencing systems of representation and perception—in favor of pragmatic action and demonstrable outcomes.

^{TB} In Arte Útil, the symbolic and the metaphorical lie in the benefits it generates; it symbolizes what could be done without waiting for the government. You can change public perception through a gesture of Arte Útil, but it goes beyond that. For example, Núria Güell (one of the participants in *Cátedra Arte de Conducta*) realized that the law for trespassing in Spain was defined as literally breaking the locks to get into a house. So during the financial crisis, when people were losing their homes because they defaulted on their mortgage payments, she hired an evicted bricklayer to remove the doors of foreclosed houses so that people could re-enter their own homes without breaking the law (*Intervención #1*, 2012). She then presented the removed doors as art objects at an exhibition. It's a very clear gesture in opposition to the banks, and challenges the fatalist perception that nothing can be done. This is why I call this kind of work *desde la ciudadanía*, a citizen initiative.

^{CB} My second question about your taxonomy is that we are once again back at the question of impact evaluation and how to prove a work of art's contribution to

social change. Doesn't the complexity and ambiguity of a work of art get lost if the emphasis is simply on achieving concrete results?

TB No, presenting Arte Útil in terms of its benefit first doesn't mean that the work isn't complex or doesn't have other elements to contribute, either as critique or engagement. It can be seen from the perspective of institutional critique, or even as challenging traditional activism. As an artist, I'm interested in challenging the idea that art is only art when it is removed from use. When we see that something isn't working, we're compelled to find another way to make it work, through Arte Útil.

And haven't we always been able to measure art—through virtuosity of technique, affect generated, subsequent influence, sales, or more recently, number of "likes"? When it comes to Arte Útil, there is always a friction because the viewer needs to simultaneously draw on criteria that includes other specializations as well as art.

CB So Arte Útil is, for you, a way of thinking creatively to find solutions to social problems. But the term "art" has a lot of historical baggage that I feel you pretend not to be invested in. If you're so insistent upon moving away from the domain of representation and the symbolic, why do you still need to retain an attachment to art?

TB I will defend art until the end because it is a very specific space of tolerance in society, where you can shuffle established power. Art gives people permission to imagine and do things they might not dare otherwise and offers an enhanced experience of reality.

CB Some would say that's precisely where visual art is at its most impotent, because it serves as an escape valve for social dissatisfactions. Art becomes a compensatory space where we can say and think what is impossible elsewhere in society. And so the status quo remains the same.

TB Exactly, representation is not enough. Arte Útil doesn't escape reality but becomes immersed in parts of reality. What makes it different is that it also takes into account responsibility. It's about trying to make a different reality, to subvert the status quo, to return power to citizens. Remember when Beuys said that everyone can be an artist? Well, maybe every artist can be a civically engaged *ciudadano*, a responsible citizen.

^{CB} All the same, social practice in the US has often played the role of compensating for defunded public services.

^{TB} Arte Útil enters the system like a virus, rather than compensating for what's missing. Sometimes it looks like social practice, but the mechanism is different. People overlook the criticality in Arte Útil: it's about exposing contradictions and injustices in the entire system, rather than finding short-term solutions. Arte Útil also differs from social practice in the feelings it provokes. You're not left with a sense of self-satisfaction (or what I call the "Mother Teresa effect"). The reaction tends to be a combination of "Wow, I didn't know you could do that!" and "How dare they!" There's a level of unexpectedness, of structural transgression; social practice seems to be focused on participants, whereas Arte Útil is focused on systems of power and eliminating their abuse.

^{CB} How do you view the role of collaboration in Arte Útil?

^{TB} It is collaborative, nonhierarchical, and cross-disciplinary. The challenge is to make sure that art is an equal player at the table.

^{CB} Yes, but if you're the instigator, you're clearly the most important figure in the collaboration.

^{TB} I call this role "the initiator"—but at a certain point the idea will not belong to you, and because so much work has been done by others and the benefit it generates is important—it doesn't matter who initiated it.

The value resides in the implementation. For example, I initiated *Immigrant Movement International*, and people in the art world acknowledge that. But in the local context, that is not important, and today it runs on its own.

^{CB} I think you're being far too utopian! If the participants were doing something inappropriate to the project, which you spent years formulating, you would step in and reclaim authorial control, putting them on the right track. And nobody represents *Immigrant Movement International* at art conferences and biennials apart from you.

^{TB} This isn't true. In fact, Arte Útil can't work within authorial dynamics. The members of the project represent themselves, and they have talked about the project at various art events.

Immigrant Movement International

^{CB} So let's dive into *Immigrant Movement International* (IMI) from 2011. Does it remain your best example of Arte Útil? I remember you told me around 2010 that the goal of IMI was to have a viable political party promoting the interests of immigrants, but this isn't exactly how it played out.

^{TB} Making a viable political party couldn't happen because of the funding structures of its sponsors, Creative Time and Queens Museum. Nonprofit organizations in the US can't endorse a candidate or a political position. The only thing they can do is educate the public about issues, so the goal of IMI changed to a movement, rather than a political party. In fact this is more suited to the US social structure: things change here because of movements not parties. But we kept the idea of trying to present immigrants as political subjects with full agency to decide their own political future.

^{CB} Why did you choose to base *Immigrant Movement International* in Corona, Queens?

^{TB} I wanted to have a second partner that could balance Creative Time; one that was already in a neighborhood doing social projects. Tom Finkelpearl, director of Queens Museum at the time, was very proactive within the community. Queens has the most diverse range of languages and ethnicities in all of New York City, some say the whole world—apparently 138 different languages and dialects are spoken there. Corona is specifically more Latino, with a population mainly from Ecuador and Mexico, with some Colombians and Salvadorians. The fact that I am Cuban and was doing *Immigrant Movement International* was somewhat paradoxical for them, because at the time Cubans had special immigration status (after being here a year and a day, you automatically got residency). So there tends to be a lack of solidarity between Cubans and other Latin Americans because of this disparity in legal status. On the other hand, because many of the locals were Latin American, they knew about the influence of the Cuban Revolution in their own countries and had an idea (sometimes idealized) of its importance.

^{CB} And in terms of demonstrable outcomes, what did *Immigrant Movement International* accomplish?

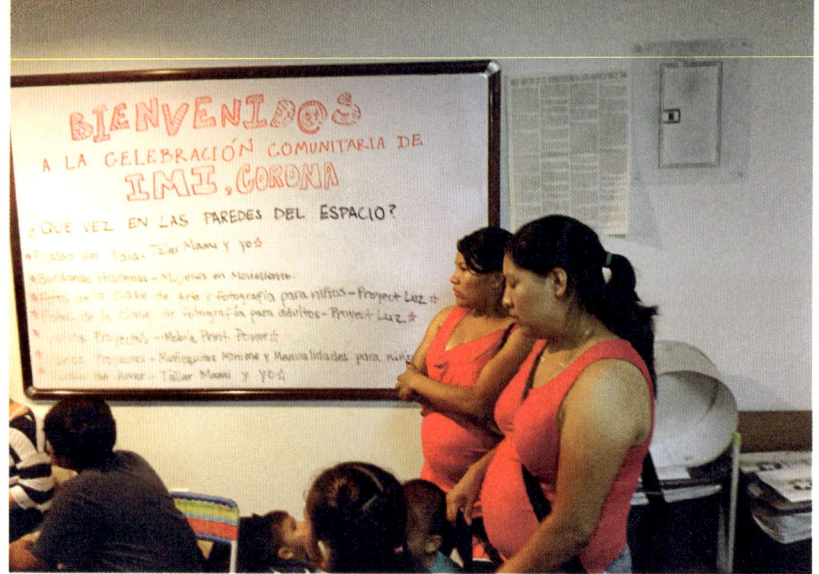

Fig. 28. *Immigrant Movement International*, Queens, New York, 2014.

TB We didn't set out to work with a predefined community but created different cells that operated in different ways. One group that formed through the project is the *mujeres en movimiento* [women in movement], which focused on undocumented mothers—because back then, the immigration discussion was more focused on the male workforce. These women entered the political discussion; with their pressure, for example, one elected official in Queens had to resign because of a racist comment. We also got papers for four people through a U-visa, which can occur when you help the police pursue a crime; in this case it was domestic violence.

For children, we collaborated with percussionist Álvaro Rodas on *El Sistema*; they got musical instruments and classes for free.[13] The classical music orchestra became really good over time; four of those students are now studying at Juilliard and two of them received full scholarships from Ivy League schools. Many of them are the first in their family to go to college. We also fought for the rights of children in that area to be safe in the streets.

For men, we coordinated with OSHA (Occupational Safety and Health Administration) to provide hundreds of people with a certificate that's required to work in construction. We did all of this for free; usually it would cost around one thousand dollars per person. We also held workshops to help ten people pass the US naturalization test. We helped get people out of prison because we located people who were supposedly "missing." Some were deported; we couldn't stop that. But we did a lot of preventative work. We created a safe

13. El Sistema is a publicly funded, voluntary sector music education program, founded in Venezuela in 1975. See https://elsistemausa.org/about/.

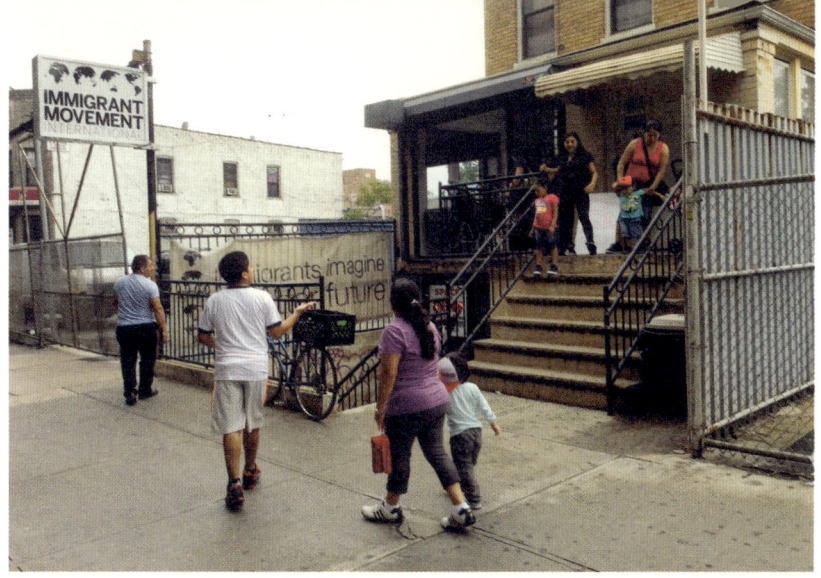

Fig. 29. *Immigrant Movement International*, Queens, New York, 2014.

space for the community. We had lawyers available for free every week. We took some kids out of detention on the Mexico-US border by sponsoring them. What I like about *Immigrant Movement International* is that everything we set up is still running [Figs. 28, 29].

CB So we could say that *Immigrant Movement International* ended up functioning as an advocacy organization, not a political party. Did you anticipate this was going to happen?

TB When we found out that nonprofits can't support a political candidate or party, we changed tack—doing everything prior to a political mission, like educating, energizing, organizing, and preparing. One of the tactics of the project was to reproduce things that people can recognize, like community centers. So it is partly a community center, and partly a place where you can reevaluate your contribution as an immigrant to the US, all through art. It also brought the Queens Museum into the community, rather than inviting the neighborhood into the museum, which is what it had been doing. It's not so much institutional critique as institutional activism.

CB You set up *Immigrant Movement International* in 2011, the same year as the Arab Spring and Occupy Wall Street. How did *Immigrant Movement International* relate to Occupy, and later to the DREAM Act, Obama's signature legislation that allowed some undocumented minors to live legally in the US?

^{TB} We tried to get *Immigrant Movement International* participants to join Occupy, but it was very hard because they were working to sustain their families, which was eye-opening in terms of the privilege of those who can protest. *Immigrant Movement International* joined some protests at Occupy, but our population was very vulnerable to detention, so it was mainly the staff and those who had papers. It was important to bring immigrant issues to the larger platform of Occupy; they held some strategic meetings in the IMI space, for example. One May Day, we went onto the subway and did an action, engaging people in conversation about immigration, but I don't think it really worked.

The DREAM Act was much easier in terms of mobilizing people, because the subject was much closer to the project. It led to a legal focus on the DREAMers, and opened up a new cell that became more active in the project—the teenagers. We had a group that organized a mobile print shop with the kids, making T-shirts and protest signs. It was clear that those kids who had gone to *Immigrant Movement International* with their parents now wanted to do things on their own.

^{CB} How do you think *Immigrant Movement International* was perceived?

^{TB} Immigrant organizations felt threatened ("we don't want this artist who knows nothing about immigration or politics . . ."). Funding for this kind of work, at that time, was almost nonexistent; artists weren't as engaged in the issue of immigration, the refugee crisis or politics / activism as they are now. But even though I felt we were misunderstood, it was important to keep going. So *Immigrant Movement International* actually developed a secondary mission: to make sure that activist organizations valued the contributions of artists, that artists understood the importance of being political, and that art institutions pushed the limits of being politically involved. Since the 2016 election of Trump, all three of these have changed in the direction we were aiming for.

^{CB} You worked hard to promote the idea of Arte Útil, both in the art world and in Queens. One of the first events at *Immigrant Movement International* was a big workshop introducing the idea to community organizers, activists, and locals. You invited artists including Mel Chin, Rick Lowe, Not an Alternative, and Pase Usted to present their work to a mixed crowd, and I remember the reaction being quite tough. The artists all felt that they were engaged in the real world (rather than the art world), but the community organizers complained that the artists were too arty and insufficiently committed to realizing sustained change. What kind of impact do you think that event had?

TB I think that first event was very good for building bridges, understanding what was missing, and making our working methodology very clear. A year and a half later, we decided to create a residency program for Arte Útil artists. We did an open call and then showed the proposals to the community, who chose which project they wanted. By mistake, the person preparing the PowerPoint included a work that wasn't Arte Útil. Everyone spotted it. So that was a good test! People had clearly understood what Arte Útil was. It is interesting how clear Arte Útil is for those who benefit from it, but not for those in the arts.

CB It's funny, I think of you as a supporter of Arte Útil more than practicing it yourself.

TB Yes, I know. I'm not the best Arte Útil artist. But I believe in it a lot.

CB A perennial problem with social practice is how to retreat from a project. How did you negotiate this with *Immigrant Movement International*?

TB How you leave a project is as important as how you enter it. You want to leave people with a desire to have more, and hopefully to do their own version. Once it was clear that *Immigrant Movement International* had reached some kind of maturity—the structure was in place, the ecosystem was ready—we decided to have a transition period and create a school of art and activism for the participants, so they could understand the core of the project from a different perspective and slowly take over. They visited Thomas Hirschhorn's *Gramsci Monument* in the Bronx and Suzanne Lacy's *Between the Door and the Street* in Brooklyn (both 2013), so they became more aware of practices that are similar to *Immigrant Movement International*. We created a council of twelve people—some from the school, some from Queens Museum, some who are professors from the workshops. They now run the project. The transition process took one year.

Museum of Arte Útil

CB Now I want to turn to the *Museum of Arte Útil*, which you organized at the Van Abbemuseum in Eindhoven in December 2013. What was at stake for you? Was this another attempt to institutionalize the type of art in which you're invested—just as *Cátedra Arte de Conducta* sought to institutionalize (and replicate) your brand of politicized performance art?

I did the *Museum of Arte Útil* as a tactical step. First of all, the Van Abbemuseum's team was really great (Nick Aikens, Charles Esche, Annie Fletcher) and invested in the question of what art is. This was an opportunity to develop and test the concept of Arte Útil with them. Secondly, I thought that penetrating this kind of museum would have a long-term effect on the way in which it operates and the art it shows. And while it's a contradiction to institutionalize Arte Útil, I wanted to give it legitimacy in order to open up the discussion with more people and focus on institutional responsibility. A side effect of this exhibition is this counter-history that we produced, which is now in an online archive (www .arteutil.org/projects/).

You were placed in the position of curating other artists' works, which you've only done before with your students. At the Van Abbemuseum you were showing projects by your peers, as well as researching and generating an archive of Arte Útil. What are the main challenges of presenting Arte Útil in a museum?

Aside from the usual challenges of showing socially engaged art in a museum (decontextualization, legibility, resolving form, etc.), there was the personal challenge of inviting other artists to be part of something that is defined by my terminology and repositioning of art history, but without them feeling threatened or exploited!

The other challenge was to show what Arte Útil is, so that people could understand that there's a tradition and a history to this way of working, and that I'm not making it up. We eventually narrowed the exhibition down to the questions, "Does Arte Útil exist?" and "If so, since when?" We looked for case studies going back to the nineteenth century. The idea of art as "useless" is a twentieth-century idea. Prior to that, art was always used by the church or aristocracy, so we looked for ways in which art has been used by citizens.

How did viewers encounter the show—was there a twist on the usual means of visiting the exhibition?

When you entered the museum, you had two options at the ticket desk: either to become a "user" or a "spectator." If you decided to be a user, you could enter the museum for free, and you were expected to engage in activating the works on display. If you chose to be a spectator, you paid and just looked at the show. Everyone received an exhibition guide, which was a lexicon of usership, because I wanted people to encounter the work not in terms of the artist, year, country, etc., but through the conceptual operations that unified the show.

The first gallery was a DIY section, where you had access to censored books (a work by Bik Van der Pol) and an instructional manual and workshops on how to steal (by Yomango). Subsequent galleries covered institutional repurposing, a-legality, and reforming capital. There was the "room of controversy," which included projects by Renzo Martens, Theaster Gates, and IRWIN, where sometimes the use was unintentional on the artist's part or they brought ethical issues; each of the works was presented for public debate, to determine whether or not they were Arte Útil. We also had a room on art for legislative change, with projects by Laurie Jo Reynolds, Jeanne van Heeswijk, and Augusto Boal [Fig. 30].

At the center of the exhibition was the archive of Arte Útil: 250 plus placards with information on each project, which you could take off a wooden structure and walk around with, or carry to one of the galleries for comparison with the installed work [Fig. 31].

CB Even though the lexicon was a point of entry, the exhibition (especially the archive) seemed more concerned with amassing data.

TB It was an information design strategy. We wanted to make things accessible quickly, because the best way to understand Arte Útil is through a brief verbal description rather than a visual engagement. We also wanted to show a lot of work, to demonstrate the range of its history. To be honest, the archive is more of an index at this point, but it's the best way of understanding what Arte Útil is.

CB I was surprised to see that each placard had a line explaining a project's "beneficial outcomes." This made me jumpy, as it was too close to the neoliberal instrumentalization of art for "demonstrable outcomes."

TB The difference is that Arte Útil is neither created nor evaluated by institutions but how people identify its benefits. Also, Arte Útil doesn't measure results by numbers, but by how systems are subverted. When properly done, Arte Útil is not liked by neoliberals. I think it is a bit hypocritical when people claim the purity of art's "uselessness" when in fact art today is constantly used and misused—for example, when it is seen as an investment. This difference has a lot to do with class, because Arte Útil is a citizen-generated art.

We are working on a second version of the archive, more of a resource for art historians as well as activists. We will select a handful of works to translate into toolkits, to be implemented by others in similar situations.

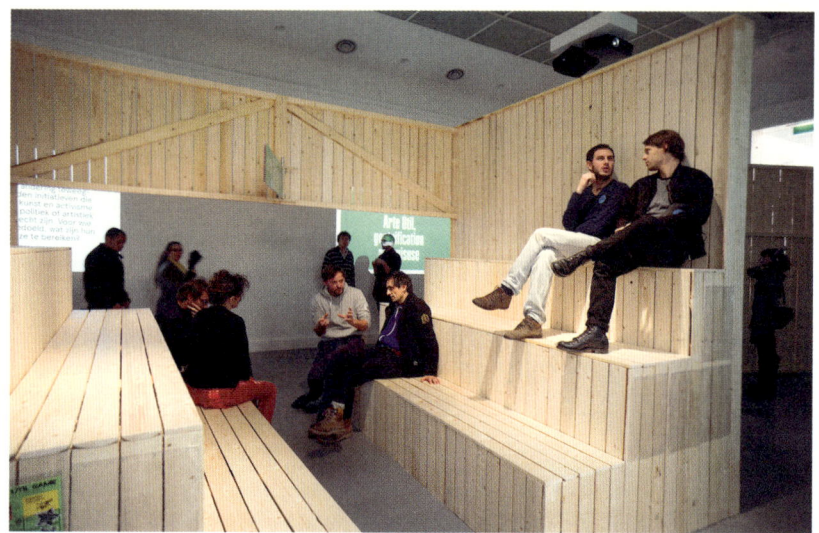

Fig. 30. *Museum of Arte Útil*, Room of Controversies, Van Abbemuseum, Eindhoven, Netherlands, 2013.

CB Doesn't the idea of the iterable score go against your commitment to political timing specificity?

TB Yes, but these are two different things. Political Timing Specific Art tries to intervene in a specific moment, whereas Arte Útil usually addresses systemic problems that have been around for a long time. In both cases, there is a specific response to an urgency, but Arte Útil offers tools that can be reused and adapted. The strategies that work in one place might not necessarily work in another. For example, one of the works depends on Austrian immigration law; others are in places where the law has since changed. So it's not like Hans-Ulrich Obrist's collection of scores, *Do It* (1993–); these are not recipes but ways to provide reference points, which is different. It's about understanding what resources you can draw upon at certain social and political moments—a spectrum of solutions to common problems that might inspire you with ideas for change.

CB What was the history of Arte Útil that you uncovered in the research for this exhibition?

TB We found quite a bit of philosophical and theoretical information. In terms of art, we found Pino Poggi, an Italian artist who created *arte utile* in 1965. You directed me to Eduardo Costa in Argentina, who devised the term "useful art" when he was living in New York in 1969. Juan O'Gorman wrote a lecture

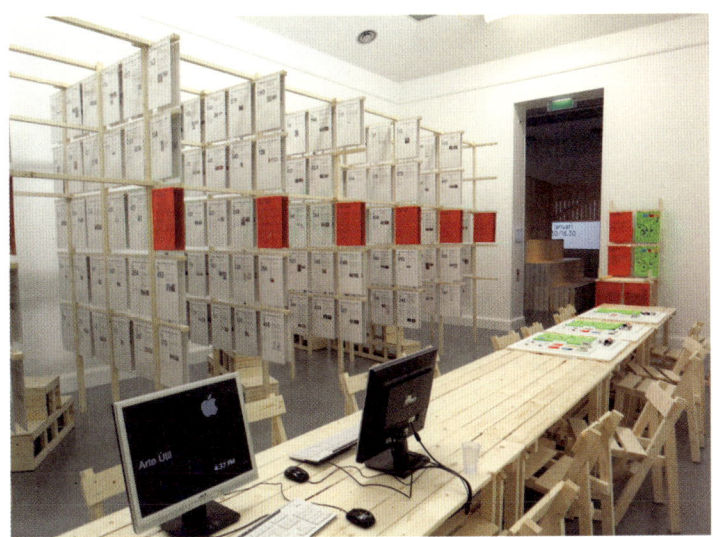

Fig. 31. *Museum of Arte Útil*, library, Van Abbemuseum, Eindhoven, 2013.

about Arte Útil in 1934. And me. Four people in different places and times who, unaware of each other, came up with the exact same name and idea. All of us might also have been ahead of ourselves in the sense that we saw a phenomenon but had trouble implementing it in our own work. I wish I had a year off to research further, as I'm sure there are other precedents too.

CB What are the main changes from the nineteenth century to now?

TB For many years Arte Útil only existed in a propositional format. Neither institutions nor the law were ready to take on these projects, many of which look utopian and were ahead of their time. For example, in 1870 the writer, social scientist, and feminist Melusina Fay Peirce proposed *Cooperative Housekeeping* to reduce the burden of housework. Women across the class divide would carry out common tasks of cooking, sewing, and laundry, etc. She realized the scheme with fifteen to twenty women in her own home, and elaborated the project in an article, but it wasn't taken up elsewhere. Today, we see fully implemented projects, such as an ongoing collaboration between Marisa Morán Jahn (Studio REV-) and the National Domestic Workers Alliance to change the laws around domestic work. The strategy and visibility of their app, artifacts, paper toolkits, and mobile studios (Nanny Van and CareForce One) have led to eight states passing a Domestic Workers Bill of Rights.

CB When did you begin to see this change from proposal to implementation?

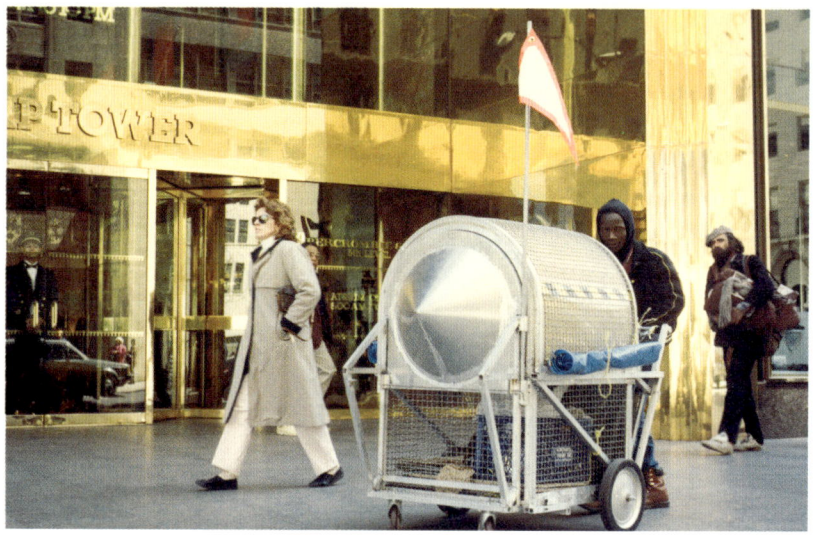

Fig. 32. Krzysztof Wodiczko, *Homeless Vehicle Project*, 1988–89.

TB In the 1990s. In fact, the change is from *proposal* to *prototype* and then to *imple-mentation* (by the way, this same pattern is also what tends to happen to you as an artist working in public space). Prototypes are by people who actually realize a project, but can't make it more broadly accessible, such as Krzysztof Wodiczko's *Homeless Vehicle Project* (1988–89) [Fig. 32]. Implementation, by contrast, goes beyond the artist. An example is Antanas Mockus, mayor of Bogotá. In 2001 he implemented *Women's Night*, a curfew for men, in which they had to stay at home and look after the children, while women could go out and enjoy a safe time in the city.

CB So you mapped these, plus other examples of Arte Útil. Did you find them peaking at certain historical moments?

TB Yes. In the twentieth century, they peak in the seventies and in the nineties.

CB So one is a post-'68 moment, and the other is a post-'89 moment. Why do you think that is?

TB This is totally speculative, but the sixties and seventies were about social aware-ness and protest, when people no longer had any faith in government or institu-tions. People wanted to change the world, but their tools and symbols were no longer adequate. As a result, some artists began to do what we call institutional

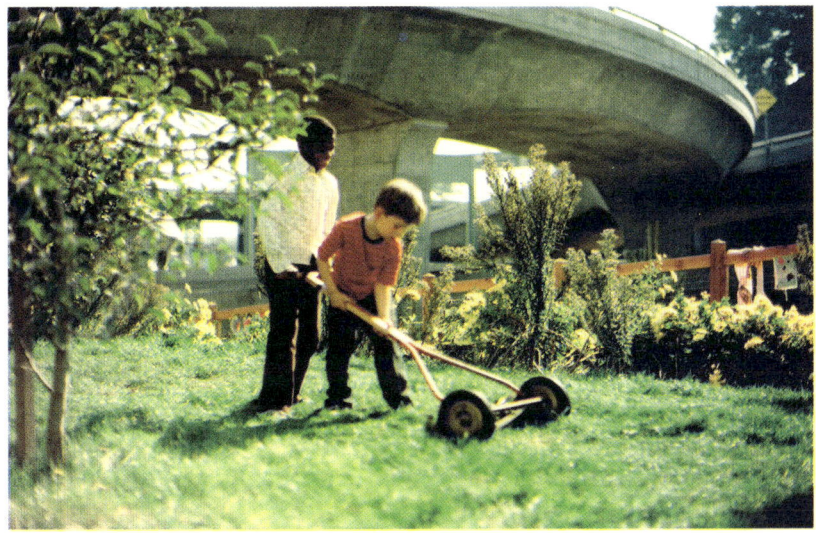

Fig. 33. Bonnie Ora Sherk, *Crossroads Community (the farm): Boys Mowing the Lawn Next to the Freeway*, 1976, video still.

critique today; others began to propose alternatives, like Bonnie Sherk's farm under a freeway, that we now call Arte Útil [Fig. 33].

CB And post-'89?

TB Maybe the economic crisis after the financial crashes of 1987 and 1993, which muted the art market, enabled artists to refocus on the social? The fall of communism in 1989–91 is complicated, and plays out differently in the East and West. In the West, it reminded people that states (and ideological paradigms) can collapse very quickly. In former socialist countries it led to a resurgence of individualism. It's surprising there's so little socially engaged art in these countries after 1989. Artur Żmijewski's *Applied Art Manifesto* (2007) is an important exception.

Criticism

CB One criticism I have of Arte Útil, which I've already touched upon, is your insistence upon "benefits." Using art as a tool for social change is one thing, but you seem to be fixated on art as amelioration and direct change for the good. Can you imagine Arte Útil being in the service of what initially appears to be "the bad?"

^{TB} Of course! But Arte Útil is not about making everyone happy; it disrupts the balance of power and bypasses the status quo. It's not about having concrete, tangible change. It's the friction between how you want society to function and what can be attainable through small, precise interventions. Also, what is art for social change if it doesn't change anything, if it doesn't benefit people's lives?

^{CB} Another critique of Arte Útil is that it is too focused on Western traditions, rather than looking to non-Western and indigenous examples that intertwine politics, spirituality, and everyday life.

^{TB} But Western traditions are precisely Arte Útil's target—it is, above all, a reaction to Western art history, which is neocolonial, patriarchal, hierarchical, deeply embedded in money and privilege, and has a self-referentiality that can't tolerate other traditions, only assimilate them to its own regime. It is important that Western art history recognizes that there is another art history, and we have to prove it with as many case studies as possible.

But this doesn't mean that there are no cases of indigenous Arte Útil. We had twenty-one advisors from various continents and artistic backgrounds when we were researching for the archive, and we incorporated a lot of projects from non-Western traditions. The Yirrkala bark paintings in Australia, for example, were used in courts to prove that the indigenous Yolngu people owned the land and it couldn't be mined by the government. There's also Carla Fernández's Taller Flora in Mexico, which visits indigenous communities and patents their clothing designs, so that the fashion world has to pay to use them.

^{CB} That example also makes me want to question the whole idea of doing work *for* another person, community, or class. There is the danger of which Walter Benjamin spoke in the 1930s: the artist as intellectual who speaks on behalf of those less privileged than him/herself. How do you position yourself here as an Arte Útil artist? After all, you are from a relatively privileged position within Cuban society, and as an artist in the US you have many more freedoms than your participants. How do you avoid the problem of ideological patronage in a project like *Immigrant Movement International*, for example?

^{TB} In Arte Útil we don't do work *for*, but work *with*—meaning that we don't speak on behalf of other people or make decisions for them. You don't decide the problem before you get there; instead, the urgency emerges organically from the group. As an artist, you bring your knowledge and your tools, but also your privilege, which has to be not only shared but handed over to the participants.

You are used by them (you don't use them). You remove yourself and let them take the lead.

Arte Útil is the hardest of all these concepts to "sell" because it's the one that most challenges the history of Western art and culture as we know it. Recognizing Arte Útil means acknowledging that we have lost something along the way.

CHAPTER FOUR
EST-ÉTICA

CB This chapter addresses a relatively recent concept in your theoretical armature: the neologism Est-Ética, which denotes art under the sign of ethics, rather than aesthetics. The first usage I can find of this term is the Pakistani artist Iqbal Geoffrey who developed a theory of "aesthETHICS" in 1958. While the importance of ethics in socially engaged art was put forward by Suzi Gablik in the 1980s and Suzanne Lacy in the 1990s, and more recently by writers such as Grant Kester and Shannon Jackson, there hasn't been a commonly used term to address this impulse in contemporary art. On your website, you describe Est-Ética as a proposition:

> . . . to see aesthetics as the construction and implementation of a functioning new ethical ecosystem, displacing the understanding of aesthetics from a visual exercise into an ethical one. In Est-Ética the aesthetic shock presents itself after an ethical shock. It is the realization that what was previously thought impossible to change in society could, indeed, be changed. It is not a system of representation, but of presentation and assertion of the possibilities of social change.

Maybe we should start by asking why you understand ethics to be central to art. After all, there is a tradition of avant-garde thinking that sees art as exempt from questions of morality. More recently, I've argued against the tendency to approve only of art aspiring to "do good," and the idea that a work of art is good when everyone is happy, because it tends to result in banal assumptions about what people find pleasing.

TB Ethics and morality are two different things. Morality is a consensus about certain rights and wrongs that have been made for you by society, and to which you're expected to conform. It implies a judgment by others. Ethics, by contrast, is a philosophical landscape in which *you* propose an individually determined relationship with others; it doesn't have to be what society says is "good" or "appropriate." Est-Ética involves sharing an ethical proposition and provoking a response in which ethics acquires an aesthetic quality.

Est-Ética is the capacity to do something with the energy generated by the work of art. It asserts that ethics can have an aesthetic effect; it's about analyzing, questioning, and pursuing the transformative beauty of ethics. I'll tell you why: I realized that an ethical proposition can have a bigger emotional impact and longer-term resonance for me than a work of art in the traditional sense. It gives me the same "transcendent" experience that many people still expect to have from art. Maybe creating visual images is less interesting than creating new ethical paradigms?

CB But isn't it true that what you're incorporating into "the aesthetic" concerns questions of what is good or bad, right or wrong?

TB No, it's about putting the viewer in front of an ethical dilemma, which you have to decide for yourself. Some of the work might not be fully legal, and is what I call a-legal.[14] And this is why it's different. This is why just *looking* at the work of art is insufficient. Est-Ética is an invitation to act.

CB A work that is a-legal might nevertheless be revealing a reality or practice that is not (yet) acknowledged as such by the law, occupying the side of truth telling.

TB The legal aspect is not indispensable but contributes to bringing the domain of ethics into the world of aesthetic response. How can you challenge people's sense of who they are in the world, and how they interact with others? And how can we substitute what we have traditionally called aesthetic "shock" in front of a work of art, with an ethical "shock"? Can an ethical shock be considered of aesthetic value?

CB This reminds me of the artist Mel Chin when he speaks about rethinking beauty in environmental terms, such as a land without pollution.

TB Est-Etica is not about having an aspirational moment, but about a direct confrontation with decision making, and this is precisely what makes it ethical.

CB You've often cited Strike Debt's *Rolling Jubilee* (2012–) as a preeminent example of Est-Ética. Can you say why?

TB *Rolling Jubilee*'s debt-relief action creates a new ethical path that can be followed by others. They understood how debt is sold for pennies on the financial market, and so they raise money to buy up people's debt and liberate debtors at random [Fig. 34]. It inverts the pattern of profitability, while showing us how the system works (and therefore how we can break it). The gesture is also

14. A-legal denotes a status that hasn't yet been subject to legal framing; it would probably be illegal, but authorities have not yet articulated this in law. Bruguera discusses a-legality in chapter 3.

incredibly humane and selfless, as you don't know who will be liberated from debt. It doesn't just benefit people but is a transgression against the system. For me this is what good art does: it makes me question reality and proposes another way to live and behave. It is both critical—a way to subvert institutions and social reality—and extremely beautiful. It also has a symbolic

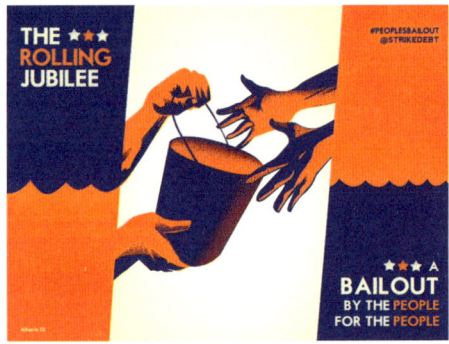

Fig. 34. Joe Alterio, People's Bailout graphic for Strike Debt's *Rolling Jubilee*, 2012.

dimension by creating an analogy between contemporary debt and the history of slavery.

CB So can I clarify: is Est-Ética a question of spectatorship—that is, something that is triggered in the viewer—or does it pertain to the artist's intentions behind, and production of, a work of art?

TB I think the viewers' response to these ethical gestures is what constitutes the artwork. But, of course, this is an aftereffect that is not by chance, but design. It's also a matter of scale: when a project shrinks to human scale, you realize how a problem that appeared to be impossibly oppressive can actually be solved. It is a beautiful moment when ethics are revealed because of a social shift. And Est-Ética gives you an option: you can do it too—because the scale is small, and because authorship is not a problem. For example, if other people set up a *Rolling Jubilee* elsewhere, the organizers in New York wouldn't be upset; they'd see it as a measure of success.

CB I'm not sure I buy the idea that Est-Ética is located solely in the audience's reaction. The artwork has its own ethical orientation, regardless of the viewer's response. Let's try to deal with this via some examples.

Untitled (Bogotá, 2009)

CB There are two pieces from 2009 that I think we can talk about in relationship to Est-Ética. The first, *Untitled (Bogotá, 2009)*, isn't a well-known work in the Anglophone world, although it triggered large online debates in Spanish and has a degree of notoriety in Latin America. Can you describe it?

TB I was invited by New York University to the Hemispheric Institute of Performance and Politics, and I wasn't sure what I was going to do there. I only knew that I wanted this piece to be part of my Untitled series, which concerns the political imaginary of places by and for people who don't live there. The series asks people to negotiate the friction between an inside experience and external projections. One thing I do when I work outside Cuba is to try and find what I can relate to emotionally—either in terms of my own personal history or debates I've had about certain issues, which I then explore in that new place.

Colombia's history is very different from Cuba's. The only thing I could relate to was the guerrilla movement, which was in part financed by the Cuban government under Fidel Castro. Che Guevara, for example, was a *guerrillero* and is seen as a hero by many, but people tend to reject the Fuerzas Armadas Revolucionarias de Colombia (FARC) as assassins. So my starting point was why guerrillas are no longer called heroes. What constitutes a hero today? Is the term still politically relevant? Is it even possible today?

CB To this end, you organized a panel discussion about heroism at the Facultad de Bellas Artes at the Universidad Nacional in Bogotá. How was it framed?

TB It was framed around those questions: What makes somebody a hero? Do we have the right conditions for a hero to appear today?

CB And who were the participants in the panel discussion?

TB A member of the paramilitary, a mercenary usually paid by the government to confront the FARC; a member of Los Desplazados, a government project to bring people out of the zone of conflict and into the city (although once they arrive there is no support); a relative of a *desaparecido* (someone who has been "disappeared"); and a member of the FARC. This is the only piece I've done with archetypes.

CB And you chaired the discussion?

TB No, but we talked beforehand, to make sure they would cover the key ideas without overlapping. I tried to make sure they weren't going to say the same old thing, which they did anyway, and showed how the conversation remains locked into the same arguments.

CB You need a strong chairperson in order to control that kind of discussion.

TB I choreograph to a certain level, but the people I work with always have the freedom to be themselves. In a way a lot of my work is an internal critique of the left, and in the end it was better that the panelists did the same old boring thing, and very passionately. After a while, when the audience was getting bored, I arranged for a woman to come out into the audience with a tray of twenty lines of pure cocaine [Fig. 35].
    She had a bodyguard—a tall, strong guy who looked like he was part of the audience. She started offering around the tray, and people started consuming it.

CB Twenty lines is not that much. How many people were in the audience?

TB Hundreds. But we had four trays, so it was eighty lines, which were all consumed. We stopped at the fifth tray because the energy was too intense.

CB And what was the reaction?

TB It immediately polarized people. Because I don't use cocaine, I needed somebody to test it before it was given to the audience—and now these same people refused because they were among colleagues at the university. Some people walked out in disgust. And then there were people who seized the opportunity for a good time.

CB One student in the audience, Lina María Herrera, wrote about her experience of the work in *El Tiempo*. She wondered if the public reaction reflected the true reality of Colombia, where "some people kill each other for drugs, while others consume drugs, others are indifferent, and others make fun."[15] But I assume all

15. ". . . la realidad del pueblo colombiano: mientras unos se matan por la droga, otros consumen, otros siguen indiferente a esta, y otros se burlan." Lina María Herrera, "Esa vieja está loca," dijeron personas en performance de cubana que ofreció bandejas con cocaína, *El Tiempo*, September 11, 2009, http://www.eltiempo .com/archivo/documento/CMS-6075888.

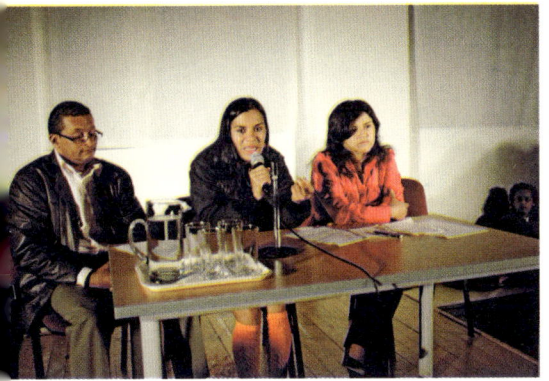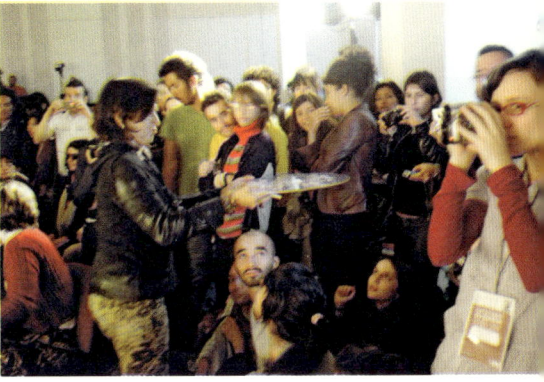

Fig. 35. *Untitled (Bogotá, 2009)*, Universidad Nacional de Colombia, Bogotá, 2009.

these reactions took place quietly because everyone was listening to the panel discussion?

TB Well, they were not listening to the panel, as it was nothing new, and they were tired of such discussions. Instead, they watched the tray and people's responses. There was no scandal at that point, because they were forced to make a personal decision.

But even before the performance started there was tension. One of the tensions revolved around me, because I wasn't very clear about what I was going to do. Another tension was that Latin America is very sensitive to North American interventions, because of their history. This was a New York University event, but they were charging fifty dollars to enter the whole festival, including students of the university where the festival was being held. So a lot of students got mad and decided to make fake festival passes, which I totally supported.

In response I made two queues to enter the piece: one for people who had tickets to the event (including those with fake passes), and one for people who didn't. So the space where the performance was happening was half people from Colombia and half international visitors. This created a further tension between those who felt implicated when taking cocaine and those who didn't. For the international visitors, the project was shocking, but they were not at risk. But for the local audience it was a matter of public shame.

CB Why was that? I know that some people denounced your work as a cheap and superficial stunt.

TB People tend to diminish what makes them look bad; this piece also brought to the fore the fact that not all artworks take the same time to digest. Works with ethical dilemmas might need some time and distance. The piece triggered critique ("What right do you have to tell us about our sensitive issues?") and questions about the limits of site-specific art (the "parachute" model of the artist). Certain places in the world have problems that affect everybody else, and everybody has to deal with it because the problem is global and implicates all of us, but some feel more ownership than others. All the places where I do the Untitled series have that in common.

CB So do you think the intervention failed in that respect, because people defaulted to their usual positions rather than rethinking them?

TB I don't think it failed. The piece is strong because it shows the insufficiency of the panelists' discourse (which was the general character of the debate in Colombia at that time) versus the appeal of consuming cocaine—the very product at the center of the conflict in that country. But the whole piece really began when people started to freely and frantically debate right after it was over. To be totally honest, I didn't plan that. It generated so much conversation about who has a right to speak about what and where. In my mind this is mainly an Arte de Conducta piece, because people's reactions and behavior became the material of the work.

CB But I am sure the question of ethics has been put to you before in relation to this piece and others like it. Not just offering the audience an illegal drug, but using people as the medium of your work—as when you invite people to panel discussions in bad faith.

TB I didn't invite them in bad faith. The panelists were collaborators: they knew all the elements of the piece, including the cocaine; they understood the message, and they were prepared for the uncertainty of the outcome. They also helped me out of the building when the police arrived. A lot of people have said that my work could be seen as a social experiment, and I'm fine with that. But this isn't the Milgram experiment, dividing people into prisoners and guards; in my work things aren't black and white.

But people have double standards. When the government experiments on us, people accept or ignore it; but when an artist does, it's a debacle. The ministers of Education and Culture called to put me in prison, instead of addressing the situation under discussion and their responsibility toward it. The Cuban government denounced me as non-Cuban, but a few years later I discovered that they were at that time already negotiating the peace accord between the Colombian government and the FARC.

CB It was the audience's own decision to take a line of cocaine or not.

TB Exactly. Nobody was forced. People were free to stop the work at any moment, but nobody did. I think they were angry at themselves for allowing this to happen and not saying something at the time. Everyone waited for someone else to speak up.

CB So in this work, Est-Ética seems to be an artistic strategy (i.e., testing people's relationship to honesty, the law, etc., by introducing a controversial substance), but is also part of the audience's response—would you agree?

TB This work is not the clearest example of Est-Ética; I think it's a very clear example of Arte de Conducta—and maybe that's why you are focusing on the project generating an ethical discussion about hypocrisy, responsibility, and etiquette. Est-Ética triggers the viewer by the ethical dilemma presented to them, but it is not a discussion or debate. The meaning of the work is not located in people's reaction (as in Arte de Conducta), where you understand who you are through the work. In Arte de Conducta people see themselves through the artwork; in Est-Ética they see the system.

Self-Sabotage

CB The second work from 2009 that I want to discuss is *Self-Sabotage*, the most difficult piece that I've seen you perform. It involves Russian roulette: you sit at a table and load blanks and a bullet into a gun. You then read a lecture about the duties of a political artist and at the end of each section you pause, hold up a gun to your head, and fire.

TB It's the hardest work for me, but a lot of people still remember it.

CB Well, it traumatized many of us who saw it in Venice [Fig. 36].

TB Why shouldn't art instigate trauma? The one thing I didn't calculate was people's emotional reaction. I thought I was just going to make a point, illustrate

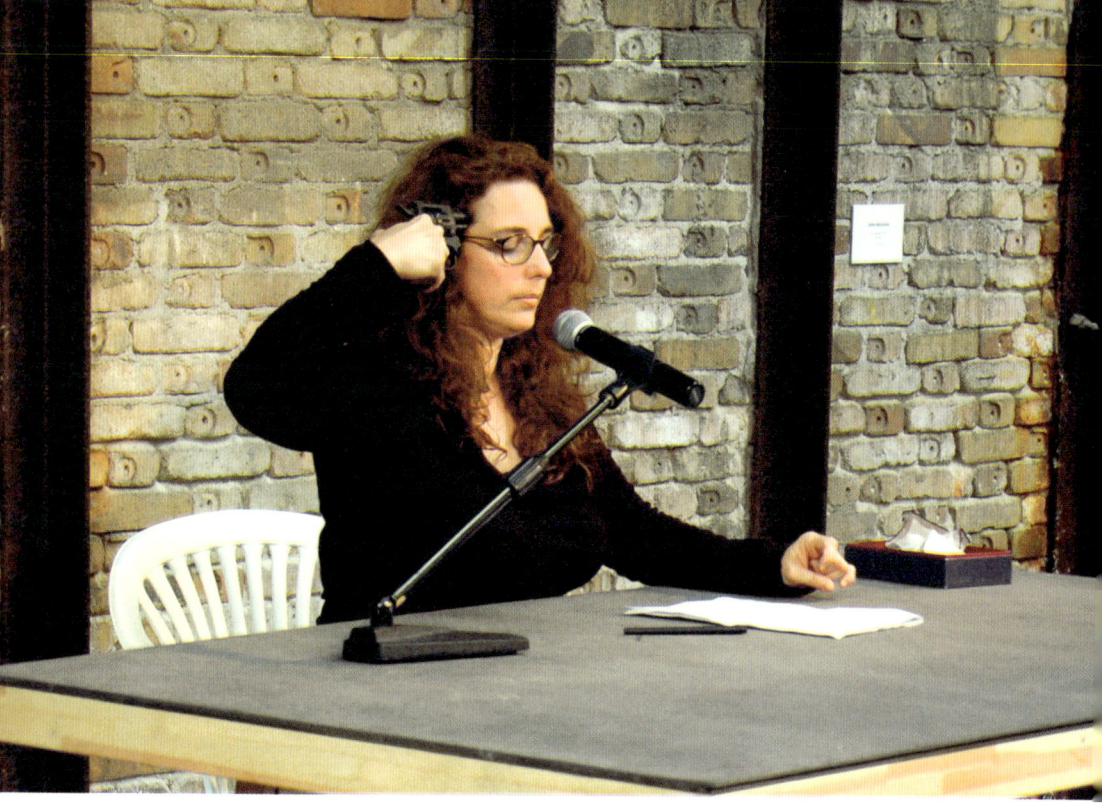

Fig. 36. *Self-Sabotage*, 53rd Venice Biennale, 2009.

an idea. I didn't realize that once I took out the gun, people would stop hearing what I was saying and go straight to their own relationship with self-inflicted violence. I thought that since I was referring to the history of performance art, the art world audience would be equipped to deal with this. When I'm preparing a piece, I spend a lot of time thinking through all the possible reactions, more than the actual "look" of the work. But I miscalculated this in Venice.

^{CB} You did the piece twice, once in Paris and once in Venice. How did they differ?

^{TB} At the Jeu de Paume, the performance followed a talk by the art historian Lisette Lagnado as part of a conference on culture as a survival strategy. In Paris people were also shocked, but it wasn't widely advertised or discussed, so a few people knew me, but I didn't have a personal connection to anyone in the audience. The feedback was more of a conceptual critique—does the piece work? It wasn't an emotional response. Doing it in Venice without the context of a conference, and with some of my friends in the audience, made it more intense. I wanted to make a political point, but the Biennale is a circus and turns everything into entertainment.

^{CB} And a lot of old friends were in Venice. For me, there was no Est-Ética anywhere in that work. I can't inscribe my response to watching that piece within any ethical or aesthetic framework. I couldn't believe you were risking your life.

^{TB} But you were the one who suggested I do this piece in Venice! Maybe it's different to hear about an artwork than to be part of it.

^{CB} I don't remember telling you to do it! But to go back to *Rolling Jubilee*: in that example, Est-Ética refers to a pleasure and delight in an artist's ingenuity and subversion of the social order. It's positive rather than nihilist. How do you explain the extremity of the difference between this and *Self-Sabotage*?

^{TB} I need to clarify that this piece is Arte de Conducta more than anything else. There are two ways to deal with Est-Ética: one using positive energy, the other with negative energy. With the former, you're doing work about something people already agree on, there's less friction and more sense of pleasure at the end because it resolves in a satisfactory manner. The negative energy is when you talk about something that people prefer not to think about, or are ignoring, or don't even know yet. And the result might not be satisfying. I work a lot with negative energy; for me it's more productive, but it's harder.

^{CB} For me, *Self-Sabotage* was almost too intense to rationalize.

^{TB} But again, people can take more or less time to digest different works. I'm sorry. Seeing you crying really stopped me. I don't feel any need or desire to do that piece again!

^{CB} It made me rethink the history of works that go to extreme places of self-harm, like the actionists Bob Flanagan or Rudolf Schwarzkogler. We look at their works with historical objectivity now, but how did their friends and relatives respond? Do certain works go beyond a capacity to aestheticize? They problematize aesthetic distanciation. You can be moved to tears by a work of art, but that is quite different from crying when you see somebody risking their life before your eyes. In Venice I recall Alfredo Jaar begging you to stop.

^{TB} Yes, but Hans Haacke turned the ethical dilemma back on me and asked, "How can you inflict this on us?"

I always have a double reference in my work: a political one and an art historical one. *Self-Sabotage* is a reference to actionist history, which I've also referenced in *L'Accord de Marseille* (2006, discussed below). These are the two pieces in which I've made a very clear statement about what I think performance, body, and political art are about.

I probably have a different relationship to death from most people in the audience. I'm not afraid of death. If I die tomorrow, I will die very happily because I did everything I thought I could do, professionally speaking. I'm ready. That's why I was able to go to Israel during the conflict in 2014 to research a project. It's also why I did *#YoTambienExijo*, which I always connect to *Self-Sabotage*, because it was artistic and political suicide in Cuba.

In Cuba, the relationship to death and sacrifice is very different. It's even part of our national anthem: *No temáis una muerte gloriosa / Que morir por la patria es vivir* [Do not fear a glorious death / Because to die for the motherland is to live]. All my life I heard the slogan *Patria o muerte*, motherland or death. Everybody you are supposed to worship in Cuba is dead.

CB I can't believe you're accounting for this work in terms of your ideological indoctrination! A willingness to self-sacrifice and to be a hero, even in the name of art. As one museum curator said to me the next day, what good is a dead political artist?

TB Nobody is indispensable, and the text of *Self-Sabotage* concerns a willingness to lose it all for what you believe in.

CB You are such a contradictory combination of romantic avant-gardist and pragmatic problem solver.

TB [laughs] I agree! They are not unrelated . . .

L'Accord de Marseille

CB Let's turn to *L'Accord de Marseille* (2006), which comprises a legal contract with the artist Jota Castro. When one of you dies, the other can make a performance with the corpse of the deceased [Fig. 37].

TB The piece is one of very few collaborations I have done. It's a statement about what the category of performance art can cope with. Whoever dies first donates their body to the other person to do a performance with. It's interesting because

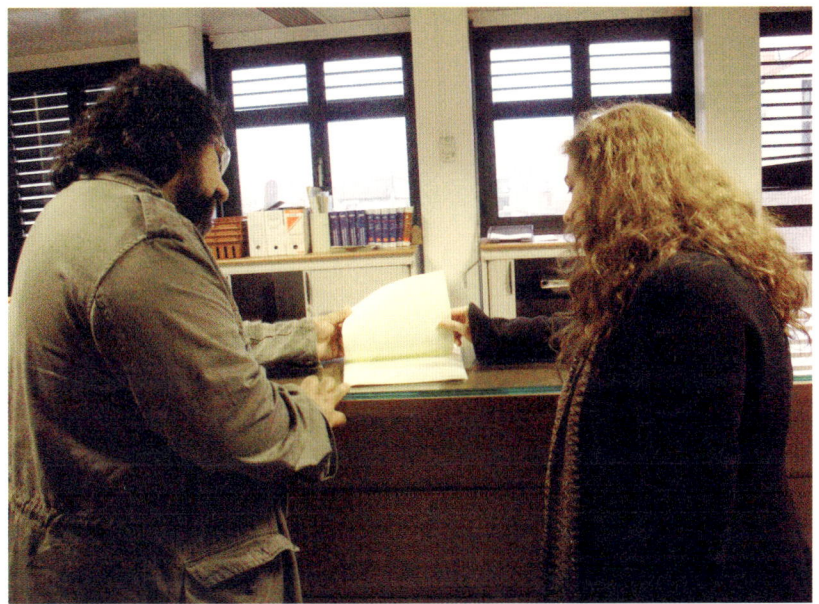

Fig. 37. *L'Accord de Marseille* [*The Marseille Agreement*], France, 2006. Collaborator: Jorge Luis (Jota) Castro.

supposedly performance art is about life, an experience of the live. But this will be a performance with a dead body who previously was a performer. I really like that. And I also like the idea that you don't know where the art is: in the proposal, the legal document, the performance that someday might happen?

CB Do you feel that you will actually go through with this piece, and that you won't change your mind at some point?

TB No, we're still up for it. When we made the statement, we agreed that every two or three years we would check in with each other to see if we wanted to change or add something. We talk once in a while, but we haven't changed anything.

CB This is a piece that is very close to transgressing the limits of what our society finds acceptable as art.

TB Isn't that what art is supposed to do? Jota told me, "You can do whatever you want with me," and I said to him, "I'm going to give you instructions when I'm close to death. I'm going to give you clear guidelines; I don't want you to do whatever you want."

^{CB} Have you actually thought about what this would comprise?

^{TB} No, I haven't yet. I should, probably.

Touched by Discipline

^{CB} *Touched by Discipline* (2010) involves deception. You canceled an exhibition and gave a press conference saying that you'd received a message from God. How did this come about?

^{TB} This is one of my favorite pieces. The whole idea started when I was in Italy, teaching at Università Iuav di Venezia, back in 2006. While I was there I heard various lectures, and one of the talks I attended, by chance, was by the president of the Pontifical Council for Culture, who was planning a Vatican Pavilion for the Biennale. The idea was not to show works about the Virgin or Christ, but to show art that expressed spiritual beliefs. I was really shocked at the idea that the Vatican would have a pavilion in Venice, because one thing I appreciate in contemporary art is that the church has not interfered in it for some time. What happens if the church starts commissioning work and intervening in what artists are doing?

^{CB} Is this worse than a Russian oligarch commissioning work for his penthouse?

^{TB} Or a government instrumentalizing art . . . It's all a step backward. When has art ever been completely free and autonomous? This is a fun question to ask artists who don't like political art or Arte Útil, but who are nevertheless "used" in other ways. In fact, art has only been free at very few moments.

Hearing the intentions of the Vatican had such an impact on me that I wanted to make an action related to this. A few years later I was invited to make a piece for a festival at MADRE museum in Naples. I began talking to the two curators, Eugenio Viola and Adriana Rispoli, and said that I wanted to announce a fake project which would then be canceled before the opening, and I would hold a press conference about this situation.

^{CB} So how did the vision of the Pope come into this?

^{TB} During the press conference I announced that I had decided not to make a work of art because I'd had a vision: Pope John Paul II spoke to me and had a

¹¹²

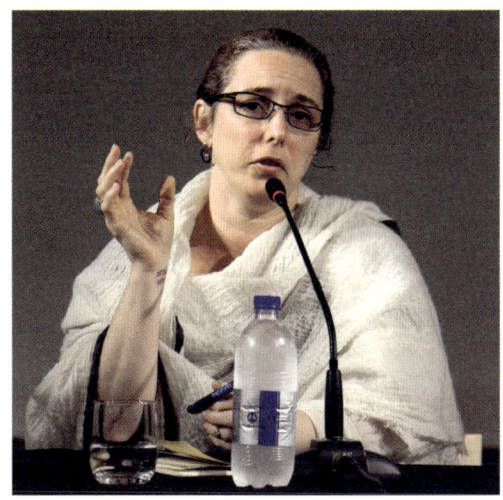

Fig. 38. *Touched by Discipline*, MADRE, Naples, Italy, 2010.

message that he wanted me to deliver to the people, and the message was more important than doing an art piece. I humbly delivered the message [Fig. 38].

CB You described how you were walking back to your hotel in Pontevedra late one night and were half asleep, tired from doing workshops all day. You became aware of a voice speaking to you: the recent volcanos in Iceland and Guatemala, and the Deepwater Horizon oil spill, were not by chance but messages from God: signals that people should focus less on money, give more love, and focus on what was important. And so how did this speech play out at the press conference?

TB A lot of people thought it was true. Some people thought it was the best performance they'd ever seen. At the time I was making work with academic/lecture formats, such as the panel discussions *Untitled (Bogotá, 2009)* and *Generic Capitalism*; this time it took the form of a press conference.

CB And how did you feel doing the speech? Did you rehearse beforehand?

TB No, I don't rehearse. I can't rehearse. This is very perverse, but I wanted to catch the attention of the Vatican—because I wanted them to use me as one of the three cases to justify John Paul II's sainthood. But I'm not Catholic, and they only accept miracles from Catholics. A religious website was interested in covering it, but was warned that I do controversial pieces, so it didn't work out. Afterward, I did *The Francis Effect* (2014) at the Guggenheim, New York, which I think of as the second part of this work.

CB How does Est-Ética function in *Touched by Discipline*? Even I was fooled by it! I had no idea how to account for it, as you're the most unlikely convert to Catholicism, let alone vehicle for a message from God.

TB Anyone can be a messenger from God, Claire! [laughs] At the time, I was really struggling with the fact that the audience for art is really limited. Whereas doing a piece with this "message" was a way to reach a different audience. And it did, for a bit. I didn't think about it in terms of deception. The idea of faith is all about the idea of trust, no? For me, this piece is about faith, and you have to have faith in art, right?

The Francis Effect

TB *The Francis Effect* (2014) is different from the other works we've discussed, because the dilemma is located in just one person, the Pope, whom we ask to make an ethical gesture. In it, I ask the current Pope, Francis, to give Vatican citizenship to undocumented immigrants and refugees in the world regardless of their religious beliefs [Figs. 39, 40].

CB You stood outside the Guggenheim Museum in New York every day during the summer of 2014, canvassing for signatures of support.

TB Yes, when you saw me there I looked like a real canvasser. I wore a blue T-shirt with the *Immigrant Movement International* logo on it, I had a bag and clipboard with the logo, and I talked to people all day. From 9 am to 6 pm, with a one-hour break for lunch. On Saturdays, it was 9 am to 8 pm. For a total of four months, the duration of the concurrent exhibition *Under the Same Sun*.

CB And how many signatures did you get?

TB We got over fourteen thousand at the Guggenheim; now it's over twenty thousand and growing. A traditional way to start a campaign is to make a petition with signatures and then bring it to a politician. I really like the fact that this piece addresses the political function of the Vatican, which has a history of intervention in world affairs that is often overlooked.

CB I suspect that the piece is also about the popular image of Pope Francis as the "good pope," and perhaps poking fun at this. Is it a satire about the desires and expectations surrounding him?

TB It's not a satire; I'm testing propaganda. I made the piece almost immediately after Pope Francis was elected in 2013, when people were enthusiastic about him, but he was still an unknown quantity. A lot of people whom I agree with socially and politically are really fascinated by Pope Francis. They think he's recovered the church's political consciousness. He's doing great PR for the Catholic church, but he banned Léon Ferrari's exhibition at Centro Cultural Recoleta [Buenos Aires] in 2004, and was also accused of handing over priests to the dictatorship in the 1970s. But now he's adopted a new persona.

So I'm not poking fun—I've been impressed by the unusual changes in the church. But I believe they could do much more. The piece is also about how immigrants and refugees need papers, not charity.

CB In a way, you're asking Pope Francis to be a-legal, and use the unresolved loopholes of Vatican law to change millions of people's lives.

TB Yes. The Vatican is a city that's also a state, and treated like a country (they have

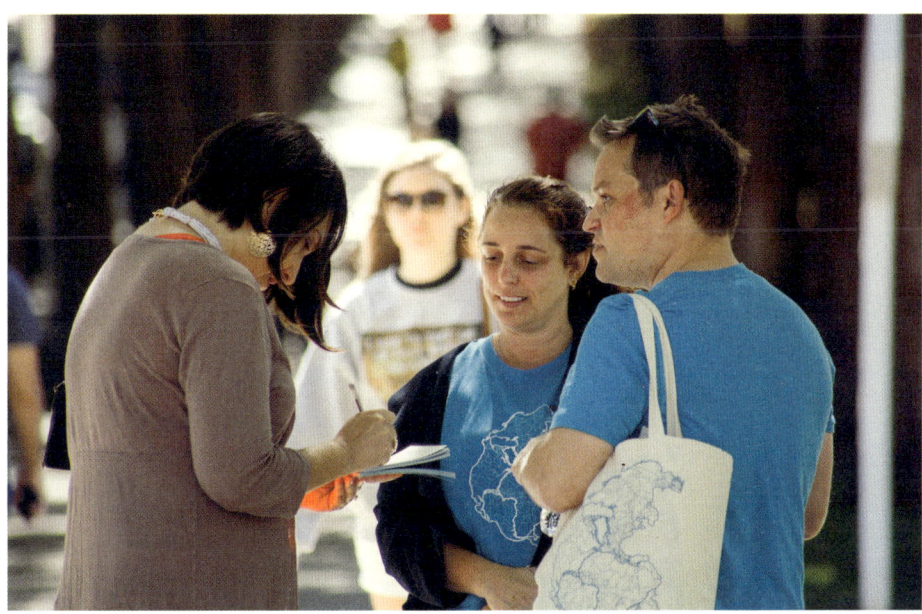

Fig. 39. *The Francis Effect*, Solomon R. Guggenheim Museum, New York, 2014.

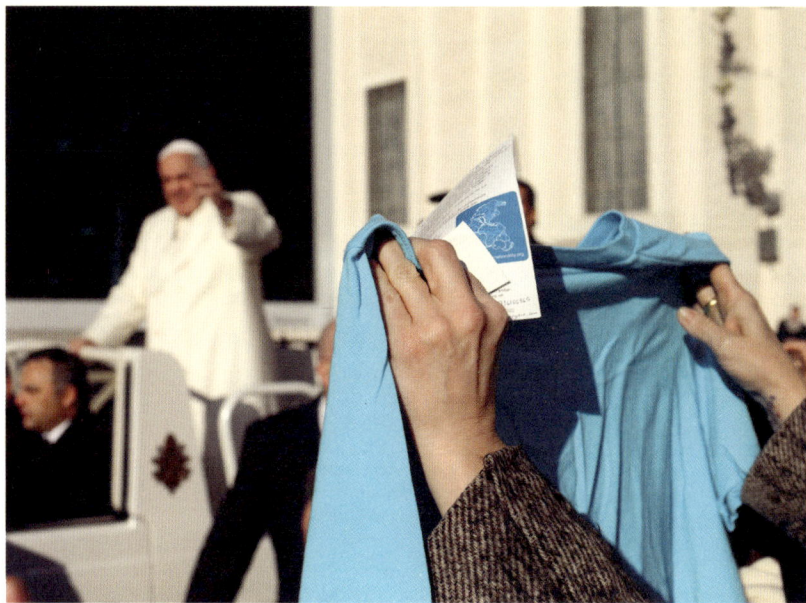

Fig. 40. *The Francis Effect*, Vatican City, Rome, 2014.

a representative at the United Nations). The Vatican already feels a-legal, so why not ask the Pope to make an a-legal gesture?

CB Tell me about the range of responses that you got from people when canvassing for their signatures.

TB One thing I like about the piece is that the idea speaks to so many different people. People who are super religious are very moved by the gesture—by calling on the church to do its duty to protect the vulnerable. I encountered some people who didn't want to sign because they wanted to know *which* immigrants and refugees we were advocating for. Two people from the Vatican looked at the piece but didn't participate because they couldn't.

People's responses also depended on what was happening in the news. For example, when the newspapers reported a surge in unaccompanied children arriving to the US border from El Salvador, Guatemala, and Honduras, a lot of people were willing to sign—thinking of those kids—and so that week I got twelve hundred signatures.

CB So where did this piece end up? You were aiming for ten thousand signatures and far exceeded this. What happens next?

TB The idea is to let the Pope know that we have this project. We want to give it to him in person, in the company of undocumented immigrants and refugees, and open up the conversation about the Vatican's role in solving this problem. Why charity instead of political action? In a way, it is a completely crazy bureaucratic problem: there are around 60 million people in the world who need citizenship papers. But with the power of the Pope, it's not unfeasible.

CB I've deliberately steered the conversation around these works that form a very clear contrast to *Rolling Jubilee*, perhaps in order to draw out the point that—like Arte Útil—you're maybe a better theorist of this strategy than you are a practitioner. Would you agree?

TB With Arte Útil, yes; with Est-Ética, no. I've had fewer opportunities to make Arte Útil, which is a genre, than Est-Ética, which is a method that can be used in any kind of work. The pieces we just talked about might not call for a systemic rethinking of the financial industry, like *Rolling Jubilee,* but they're directed at your personal relationship to certain ethical subjects. I'm interested in hitting people's nerves on a personal level, putting them in a position where they have to react, perhaps against their own ethical principles.

CB But as you said earlier, that's more characteristic of Arte de Conducta. So maybe Est-Ética remains to be fully elaborated in your work.

CHAPTER FIVE
ARTIVISM

CB Artist-activists started using the English portmanteau term *artivism* in the 2000s, but it didn't enter an academic framework until later that decade, when it was used to discuss the oppositional politics of work made by artists of color under conditions of oppression.[16] You've recently taken up this term to describe your work with the Instituto de Artivismo Hannah Arendt (INSTAR) that you established in Havana in 2016. How does your concept of Artivism differ?

TB There are aspects of this in my understanding of Artivism, which comes from a search for social justice as well as the activist position of defending art as an agent of social change. But there are also important differences. Activism simply cannot exist in Cuba: the government has created a system by which every expression of dissent can only be manifest through official organizations assigned to deal with the issue (youth problems, women's rights, worker's unions, etc.). For example, the *Federación de Mujeres Cubanas* is an organization that helps women represent themselves before the government, but it is also part of the government and is silent when confronted with injustices against women. The upshot is that only the government can initiate social and political change.

We can see how easily this delegitimizes anything that could be called activism. In 2010 a group of black Cuban artists got together and organized an exhibition called *Queloides*, which was the first exhibition consciously dedicated to black issues. But the artists weren't affiliated with an official organization because there is no organization in Cuba that deals with race, which means there is no such issue in Cuba. So the artists were accused of importing problems from other places, like the US. The government has totally predetermined what issues can be discussed: if they deny that racism exists on the island, then it doesn't exist, despite the reality.

So Artivism has an important role in Cuba: it's a way to make power dynamics more manageable. In Cuba, the situation is always completely disproportionate. The *Brigadas de Respuesta Rápida* [Rapid Response Brigades], for example, is a team of people that is sent to the home of an activist to create the impression that their neighbors are angry and complaining about them. This generates an

---

16. See for example Chela Sandoval and Guisela Latorre's essay "Chicano/a Artivism" (2007) and M. K. Asante's book *It's Bigger than Hip-Hop* (2009).

all-consuming fear in citizens. Most of the time it results in self-censorship; you just internalize the police's position. Whereas INSTAR uses Artivism to bring issues back to a human scale so they can be seen and handled differently. We arrive at self-empowerment through civic education, and create alternative uses of public space so that art thereby becomes a form of resistance.

CB You studied in Chicago, which has a strong tradition of artist-activists. In retrospect, how formative was the city for your approach to Artivism?

TB Chicago is an amazing place to be a political artist. It has a long and beautiful tradition of socially engaged art. I always say that living in Chicago completed my formation as a political artist. I took a class with Gregg Bordowitz at the School of the Art Institute and he taught us about ACT UP (AIDS Coalition to Unleash Power). I immediately had a sense of recognition. Until that moment I had always seen artists in the US separating their work from their activism, but with ACT UP each public demonstration was a performance. But, to be honest, it took me some time to embrace activism—I had to deal with all the prejudices against activism in Cuba first.

CB So even though Artivism is informed by your time in Chicago (1999–2009), you didn't begin using the word until relatively recently to describe your own work?

TB As soon as I left Chicago, I realized that I missed the activist conversation there. It was probably around the time that I started doing *Immigrant Movement International* that I began using the term Artivism. People were confused about whether I was doing art or activism, and I had to keep saying: we are doing both.

CB Why do you think artists here are so keen to separate their art from their activism?

TB In the US the market determines what is valuable, and it's controlled by (and serves) the wealthy. No one from that social class is going to support activist work, because it's fundamentally against them. The result is that activist art always gets categorized as bad art, until twenty years later, when it's no longer urgent or uncomfortable and can be reframed in terms of nostalgia or studied as a formal strategy. Look at the Guerrilla Girls.

But this branding of activist art as bad art can also be found whenever those in power want to diminish the claims of a work. Aesthetics gets mobilized as a way to disqualify dissent. This is why I'm so keen to rescue and reclaim aesthetics as a category that includes political context.

CB Why merge these two terms, art and activism? Surely activism is stronger if more committed to its cause, and art is stronger if it transcends a short-term activist agenda. Don't both terms get weakened through being conjoined? What's accomplished by putting them together?

TB For me, Artivism is the language of the contemporary public sphere; it's about staging a social urgency within the public domain, using new strategies and creative language. Traditional activism tends to rely on what has previously worked, and anchors it in a clear political lineage; this is why people keep going on marches, holding placards or putting a fist in the air. But those in power have already developed counter-activist strategies for this kind of protest (e.g., politicians don't show up to their office when there's a protest, or they claim that demonstrators are paid).

Instead of defaulting to the usual forms, Artivism can catch the target of your protest unaware, and freeze them, because the action is unexpected and they don't know how to react to it. This temporal delay is crucial to the efficacy of Artivism. By the time your target has understood what you've done, and found a way to respond, you've already reached a much larger audience (and even people who want to join your cause).

It took me a long time to be an activist because I received a traditional art education, although I always felt that art was never enough. For example, I came to know Group Material by studying Félix González-Torres; he is usually shown as a pure formalist, and his activism was whitewashed after his death. But I sometimes feel nervous calling myself an activist because of the high estimation that I have for activists. I feel more comfortable with artivist.

CB Can Artivism ever be as efficacious as conventional activism that pushes for legislative change? Or does it invite a different measure of success—such as media attention?

TB Art is a very powerful tool. It's prefigurative: it lets you live in the future while you're still in the present. It lets you try things out in safety. It also reminds you of your humanity, which is something that activists remind us of continually. Artists have a talent for taking something inside their heads and realizing it in the world.

Artivist works—like Arte de Conducta, Political Timing Specific Art, Arte Útil, and Est-Ética—should have a double ontology and contribute simultaneously to art and the other domain it touches. For me, this is the measure of success. Artivism is also a preemptive art: an art of the "what if?" and the "yet to come." It's not reactive, it's strategic.

^{CB} In the West we often talk about activist art. But in China and Cuba, and other places with repressive regimes, we talk about dissidence. What's the difference between dissidence and activism? Is there a discourse of activism in Cuba, or just one of dissidence?

^{TB} Activism is exercising your civic responsibility in public, in countries where that is allowed. A dissident does exactly the same activity in a country where people have no right to do that, in public *or* in private. It's a classification issue that has nothing to do with *what* you do, but *who* decides what it is that you're doing. Remember how quickly dissent became unpatriotic in the US after 9/11? I always liked this quote by Vaclav Havel in *The Power of the Powerless*: "You do not become a 'dissident' just because you decide one day to take up this most unusual career. You are thrown into it by your personal sense of responsibility, combined with a complex set of external circumstances. You are cast out of the existing structures and placed in a position of conflict with them. It begins as an attempt to do your work well, and ends with being branded an enemy of society."[17]

There's a perception that dissidence is about general principles (e.g., freedom of speech) whereas activism is about your own personal relationship to a social justice issue (disability rights, evictions, racism, etc.). This distinction is usually made as a way to discredit dissidents' relationship to the issues they're fighting for, but in fact they are the same thing: both are citizen's demands to their government.

Because they live in repressive regimes, dissidents often act individually, which makes them easier to control. In Cuba the full government apparatus can be immediately mobilized against them. The government may also claim that they are being paid by a foreign country or an organization outside of the country, collaborating with the enemy, thereby delegitimizing the activist's activities and declaring the government as the victim. People have been conditioned to steer clear of those labeled as dissidents, which makes it difficult to create movements or growth.

17. Václav Havel, *The Power of the Powerless* (New York: Routledge, 1985).

#YoTambienExijo

CB In chapter 2 we discussed your attempt to restage *Tatlin's Whisper #6* (2009) in Plaza de la Revolución. As a result of what ensued, this became a new piece, *#YoTambienExijo* [I also demand]. It was named after an online platform for the promotion of civil liberties that was set up by your sister, Deborah Bruguera, and joined later by art historians Clara Astiasarán, Valia Garzón, and Miguel Lara, in response to the letter you wrote to Raúl Castro, Pope Francis, and Barack Obama [Fig. 41]. #YoTambienExijo refers to the aborted action on Plaza de la Revolución and a durational reading of Hannah Arendt's *The Origins of Totalitarianism* five months later. How do you frame this work as Artivism?

TB It uses the tools of activism, but it also resides in people's imagination, like art. I was the person to initiate it, but it was quickly (and passionately) taken over by others. For example, #undiaparacuba (a day for Cuba) was a twenty-four-hour online version of the piece, comprising one-minute recordings of Cubans saying what they thought about or wanted for the country; in other places, people started staging the piece to talk about their own local problems. It introduced a different idea of what art can do, even for dissidents—who started calling themselves performers rather than demonstrators. The final piece happened in people's imagination because it didn't happen as protest, it happened as art. I tried to use the same operation as the government, but in reverse: claiming all the activists were artists, not dissidents.

CB #YoTambienExijo is an activist gesture claiming freedom of speech, but readers might be less aware of the extent to which you frame this work as a performance. You refer to the Cuban government as your audience and coauthor. But would you call this a collaboration?

TB The word collaboration in Cuba is very loaded, because being a collaborator means to inform on people and betray your friends, family, and values for the government. That's why I find it hard to call this work a collaboration! So I say "coauthorship" because we were both able to give meaning to the piece and challenge who generated it. Normally you choose your collaborator, but in this case it was a forced coauthorship, a struggle with the government who strove to control its meaning.

I was also fighting for the genre of the work, so there was an aesthetic tension. For me it was a performance (an ongoing event, changeable and

OPEN LETTER TO RAUL, OBAMA AND POPE FRANCIS #YOTAMBIENEXIJO

Dear Raúl, querido Obama, dear Pope Francis,

First let me offer congratulations, because politicians are expected to make history and today, December 17th, 2014, has been a historic day.

You have made history by proposing that the embargo/blockade become empty words. With the restoration of diplomatic relations, you have transformed the meaning of fifty-three years of policies defined by one side (the United States) and used by the other (Cuba) to ideologically guide the daily lives of Cubans everywhere. I wonder if this gesture is not also a proposal to kill ideology itself? Cuba is finally seeing itself, not from the perspective of death, but of life. But, I wonder, what will that life be and who will have the right to that new life?

Very well then, Raúl:

As a Cuban, today I call for the right to know what is being planned with our lives and, as part of this new phase, for the establishment of a politically transparent process in which we will all be able to participate, and to have the right to hold different opinions without punishment.When it comes time to reconsider what has defined who we are, that it not include the same intolerance and indifference which has so far accompanied changes in Cuba-a process in which acquiescence is the only option.

As a Cuban, today I demand there be no more privileges or social inequalities. The Cuban Revolution distributed privileges to those in government or deemed trustworthy (read: loyal) by the government. This has not changed. Privilege created the social inequalities under which we have always lived, inequalities which were then rationalized as a revolutionary meritocracy and are now being transformed into a reliable entrepreneurial class. I demand that the emotional and tangible rights of those who cannot participate in this new phase-those at the bottom-be protected.

As a Cuban, today I demand that we not be defined by the financial markets nor by how useful we can be to government. I call for equality for the Cuban who, due to the blockade/embargo, spent his life working in a factory only to come home a proud worker's hero but now has no place in a world of foreign investments and can only hope to receive a pension defined by the standards of socialist times, not by today's market economy. What is the plan, Raul, to avoid the same mistakes made by the countries from the former socialist camp? To avoid returning to the Cuba of 1958? How do we repair the emotional abuse the Cuban people have endured through the politics of recent years? How do we ensure there is social and material justice? How do we guarantee we will not become a colony, that we won't have to accept our new providers without question-às happened first with the Soviet Union and then with Venezuela?

As a Cuban, today I call for the right of peaceful protest in the streets to support or denounce any government decision without fear of reprisal. I call for the legal right to establish associations and political parties with platforms that differ from that of the ruling party. I call for the decriminalization of civic activism, civil society, and of those with different points of view. I demand that the legitimacy of political parties born of the popular will be recognized. I call for direct elections in which all political parties are allowed to participate, and for ideological discrepancies to be resolved with debate and not via acts of repudiation.

As a Cuban, today I demand the right to be a political being-not merely an economic entities or symbolic exchange to make history.

As a Cuban, Raúl, today I want to know the vision for the nation we are building.

As an artist, Raul, I propose you today to exhibit "Tatlin's Whisper #6" at the Plaza de la Revolución (Revolution Square). Let's open the microphones and let all voices be heard. Let's not offer just the clatter of coins to fulfill our lives. Let's turn on the microphones. Let's learn together to make something of our dreams.

Today I'd like to I propose that Cubans take to the streets wherever they may be on December 30th to celebrate, not the end of a blockade/embargo, but the beginning of our civil rights.

Let's make sure it's the Cuban people who will benefit from this new historic moment. Our homeland is what hurts us.

Tania Bruguera
Vatican City, December 17, 2014

Fig. 41. Open Letter, *#YoTambienExijo*, 2014.

responsive), but one in which I removed any objective index by which it could be recognized as art. For the government, by contrast, it was theater—a play following a set script. They knew what they were saying was not true—as if they were performing a character in a play. In turn, they tried to force me to be a character I was not. This is a strategy they have deployed since the 1960s, so they weren't even being creative—I knew what the moves were going to be! At one point I even said to my interrogator: I want the flexibility and openness of a performance, but you are trying to do a traditional theater play with the same text, the same characters, the same situation, over and over again—and that is the source of our tension.

One of the reasons I recorded myself reading Hannah Arendt's *The Origins of Totalitarianism* was because I wanted to make sure that if they accused me of sabotaging the Biennial, I could prove that I hadn't [Fig. 42]. And sure enough, they accused me, bang on script: when I went to a friend's opening at the Museo Nacional de Bellas Artes, they charged me with sabotaging another venue of

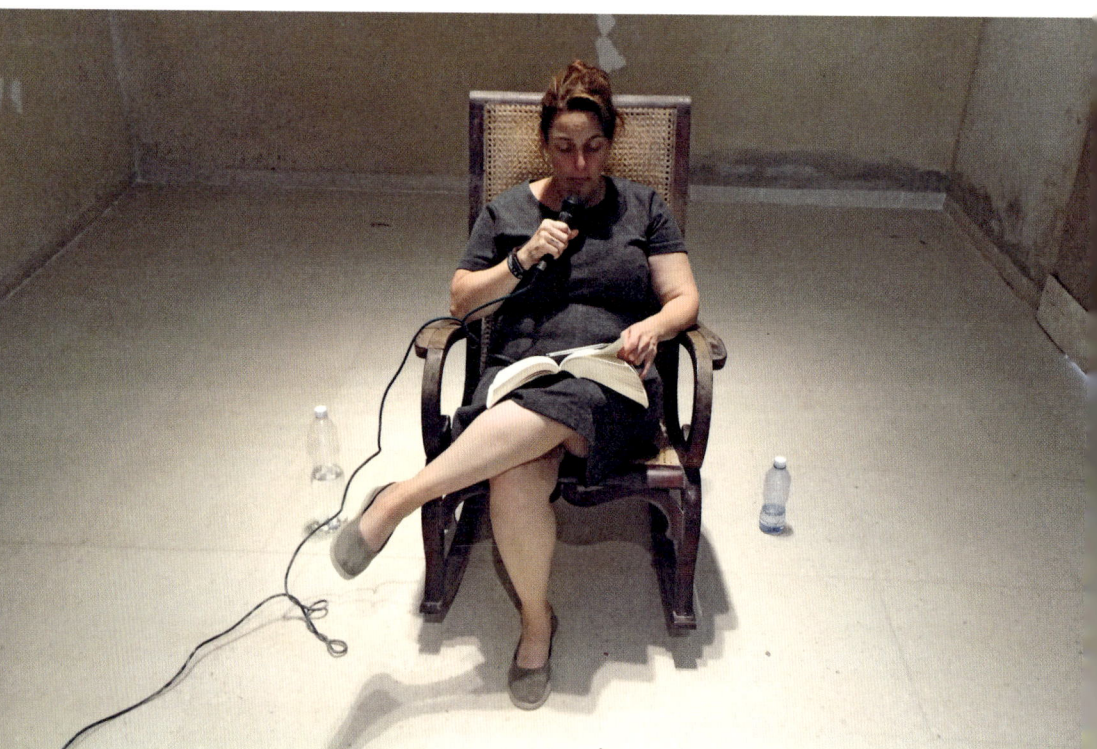

Fig. 42. *Donde tus ideas se convierten en acciones cívicas (100 horas lectura* Los orígenes del totalitarismo) [*Where your ideas become civic actions (100 hours reading* The Origins of Totalitarianism)], Havana, 2015.

the Biennial two days earlier. But I had four days of self-surveillance to prove otherwise!

CB Listening to you speak about #YoTambienExijo, I am struck by how the narrative changes from a collective fight for freedom of speech to a personal narrative about your arrests and interrogations. How do you reconcile this slippage?

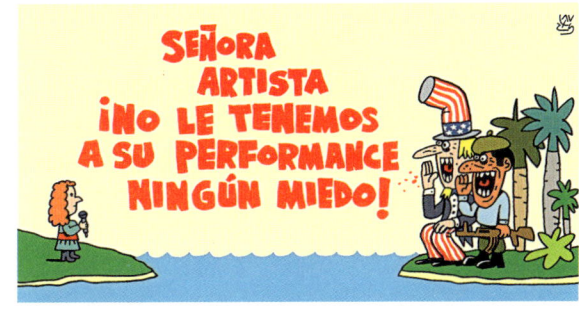

Fig. 43. Alen Lauzán, *Señora Artista* [*Madame Artist*], 2014.

TB The piece had an analog presence as well as a digital one: the analog part took place in Havana, and the digital took place outside of Cuba and on social media; one was live and a direct experience, the other a mediated one. As you mentioned, my primary audience and coauthor was the Cuban government. But the secondary audience was outside of Cuba.

The discussion the piece generated in Cuba focused on freedom of expression, restrictions on the public sphere, dealing with citizens' fears, and revealing the true nature of the government. Outside of Cuba it focused mainly on the role of the artist and how political art can be. But to be honest, in both places it quickly degenerated into a discussion about me personally, because it's always easier to attack an individual than to deal with structural injustice. This has happened over and over again with activists in Cuba. And it is a huge struggle to bring the issues back into the conversation. Also, I came up against the fact that social media is about personalities, and things quickly become personalized attacks.

For example, cartoons about me appeared online: *"Señora artista no le tenemos a su performance ningun miedo!"* [Miss Artist, we are absolutely not afraid of your performance!], which refers to the billboard outside the US embassy, embedded in everyone's consciousness: *Señores imperialistas, no les tenemos absolutamente ningún miedo!"* [Imperialist gentlemen, we have absolutely no fear of you!] [Fig. 43]. Or *"No, Yoelkis, Tania la Guerrillera no es artista plastica!"* [No, Yoelkis (a student), Tania the guerrilla fighter is not a visual artist!], after Tania the Guerrilla, a Cuban hero who died fighting alongside Che Guevra (and who, incidentally, I'm named after). These cartoons were an attempt at a character assassination through mockery. Artivism uses humor in a different way; the comic relief is after and not before. It's not about making fun of someone or an issue, but laughter because you've managed to deconstruct them in a public way—the king knows he is naked as well as the people.

So there's a dichotomy in *#YoTambienExijo*: there is an authorial position that is used in a very traditional way, which is representational and passive for the audience; there is also a position that is not authorial at all, and is, in fact, a collective struggle for form and meaning.

CB An irony that I enjoyed about *#YoTambienExijo* was that it forced you to reverse your usual attitude toward art. Like many artivists, you are often in denial about the art component of your work—as if it is something to be ashamed of, perhaps because in the US, at least, art has become a status symbol or a financial investment rather than an existential urgency. But during this piece, you had to defend your gesture as art.

TB It's not about being ashamed of making art, but about priorities. Outside of Cuba I'm trying to bring the conversation about art outside of the art world circle. But in Cuba, art is a defense mechanism: what you can't do as a citizen, you can do as an artist, and I want to push this as far as possible. The government declared that I wasn't an artist anymore—which on one level made me happy, because I subscribe to Allan Kaprow's idea that you need to leave art to be an artist (or in his words, an un-artist). As an artist, I want to do something that's hard to negotiate and see as art, because I'm interested in rethinking the function of art. But tactically this wasn't good, because if you're not an artist, you're a traitor to *la patria* [the motherland], and so they can apply capital laws. This was the first time in my life I was fighting to be called an artist!

The piece is also about the tension we now have in Cuba with the traditional left. The international left didn't want to intervene in Cuba, because it doesn't help their case in their own countries to recognize that Cuba has flaws, and that the issues are complex. But for me it was important that the left saw the painful reality of what is happening in Cuba and come into the conversation with us. If they don't do this now, it will be too late. As with other former socialist countries, Cuba could easily turn to the extreme right.

One by-product of the project was being able to demonstrate to others that art really can be an effective way to do political work. Now *Las Damas de Blanco* [The Ladies in White, relatives of imprisoned dissidents in Cuba] have called some of their actions performances from time to time. As a result of *#YoTambienExijo,* performance art is generally now much more widely known in Cuba.

Instituto de Artivismo Hannah Arendt (INSTAR)

^{CB} How did *#YoTambienExijo* lead to INSTAR?

^{TB} During 2015 there were so many interrogations, two to three per week, for hours and hours. After more than thirty interrogation sessions in which they used fear to distort my mind, I realized that the best response to such political violence is knowledge and civic education. For this to be effective, it has to be a sustained, continuous effort. That's why I inaugurated an institute for art and activism, named after Hannah Arendt.

^{CB} I'm curious to know why you chose Hannah Arendt? Which texts of hers were you drawn to, and why?

^{TB} Originally the first text I was drawn to was *The Promise of Politics* (2005), which I read in 2010. I liked the first chapter, about the relation between philosophers and politics, and the difference between Socrates and Plato—one thought philosophy was about history, and one thought philosophy was to be used in the political sphere. I thought, I can swap philosopher for artist here—and it works perfectly.

^{CB} Yes, but why did Arendt become the model for INSTAR?

^{TB} When I was brought in for questioning about *Tatlin's Whisper #6*, my interrogator had to read up on Tatlin. In Cuba you have a memory-based education, and it really seemed like she had memorized the first paragraph of the Wikipedia entry on Tatlin: where he was born, what he did, that he supported the Revolution, etc. At that moment I realized that the government had to learn something in order to criticize what I was doing. So I thought it was a great idea to use Hannah Arendt, because they'll have to read at least two pages to have something to say to me at the next interrogation. So it was a strategic move. Arendt was a woman who didn't cease to criticize what she found politically incoherent: her own people, capitalism, socialism. She made philosophy unavoidably political.

^{CB} I get confused over the transition from *#YoTambienExijo* to INSTAR. When you

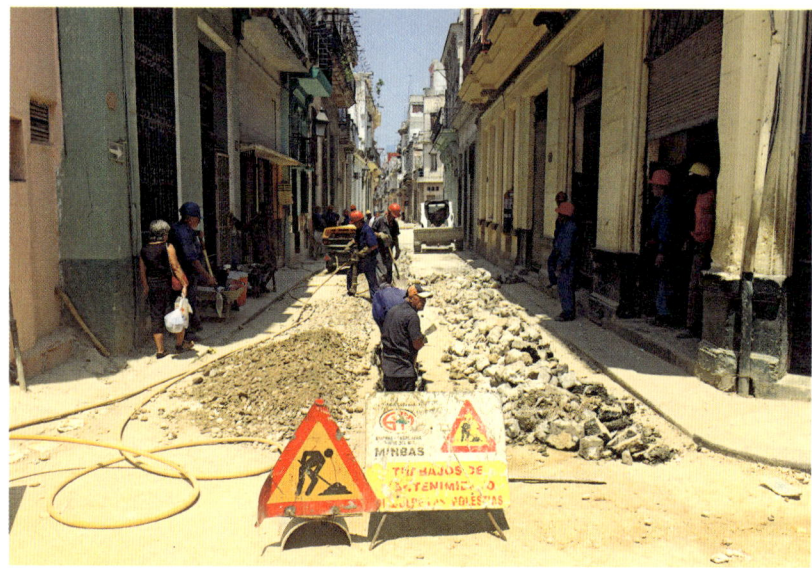

Fig. 44. Government response to *Donde tus ideas se convierten en acciones cívicas* (*100 horas lectura* Los orígenes del totalitarismo) [*Where your ideas become civic actions* (*100 hours reading* The Origins of Totalitarianism)], Havana, 2015.

started the nonstop reading of Arendt's *The Origins of Totalitarianism* (1951) in your house, this was part of *#YoTambienExijo* or an anticipation of INSTAR?

TB It was the conclusion of *#YoTambienExijo* and the prologue to INSTAR; it is a transitional piece. I had to navigate the law carefully to find out how I could do this. The authorities couldn't stop me because it was in my own home, but a speaker amplified my voice onto the street. So the government got a team of workers with jackhammers to open up a big hole on the street where I live. It wasn't very subtle: they drilled a huge hole right in front of my house. But this gave me two pleasures. First, the workers had to stop to eat at lunchtime; at that point I read the section on collaboration with police, so they had to listen. Even if I was confined to the house, the sound that I broadcast spread freely through the street. Secondly, I've always tried to use the language of those in power to do my work; now they were using *my* language—performance—to communicate back to me and the public, through this performance of repairing the road [Fig. 44].

CB Like *Cátedra Arte de Conducta*, INSTAR is based in your house in Habana Vieja. What's the significance of using your own private property for these publicly oriented institutions?

^{TB} It's the only way you can do anything in Cuba, because public space is highly regulated and inaccessible. Gathering people together and discussing ideas in a noninstitutional site is not permitted. Fidel said, *la calle es de los revolucionarios* [the street belongs to the revolutionaries]—but only the government gets to decide who is revolutionary.

^{CB} But isn't it paradoxical that you have to begin the fight for public space from within your own home?

^{TB} It's paradoxical that you can only be a citizen in your own home! The training is inside, but its manifestations are outside—because of course people leave and go out into the city.

^{CB} What is the structure of the institution?

^{TB} INSTAR can be seen as the second part of *Cátedra Arte de Conducta*. It has three elements that I call "wish–think–do." It has a wish-tank to conduct surveys and workshops with the public—not just artists, but everyone. We want to know what kind of society and governance people want. We've done two so far; one was like a social project, giving money to families whose homes were destroyed by Hurricane Matthew. The other was the work of an artist, José Ernesto Alonso, who did a survey about what people think about government services (including education and health). At the end of the survey he made individual T-shirts with the results—they said "I am in favor" and the percentage number, but didn't specify what it referred to. I was in favor 39%.

Then there's a think-tank, in which we bring experts together with the people to see how these visions can become reality, on a small scale, of course. So far we've had Critical Art Ensemble, Brian Holmes, Greg Sholette and Olga Kopenkina, Joanna Warsza and Florian Malzacher, Jonas Staal, and Iliana Fokianaki, among others. They all did one-week workshops, which is still the *Cátedra Arte de Conducta* model. I've also invited people from Cuba, like the historian Rafael Almanza and the poet Rafael Alcides, both of whom are marginalized figures there.

Finally, there's the do-tank, where artists and activists come in and explain how this can happen. We've hosted actions and projects that develop out of the discussion. For example, we did a five-hour marathon of workshops, organized by Florian, around the theme of people's work. We use the space to project films and show theater pieces that have been censored. INSTAR is a space to put theory into action.

CB And how's it all going? Does it feel different from your other long-term projects?

TB You know, I feel much more creative with INSTAR than I did with *Cátedra Arte de Conducta* because there I was responsible for the participants. At INSTAR, people have already made a commitment and know what they're getting into. It's about collective creation, not individual ideas; it's completely horizontal and decisions are by consensus.

CB What would you say is the main goal of INSTAR, and how do you measure its success?

TB This is a long-term project so I'm not eager to start evaluating, but success will be measured by trying to implement civic solutions. I'm proceeding slowly, because one of the main goals is for Cubans to lose their fear, and this has to be carefully nurtured. People need to see that they can think about doing something small, and can indeed accomplish it. For us it's important at INSTAR to change the internal narrative, which is: the government doesn't let you do anything. We say, *a pesar de ellos lo hacemos* [in spite of them, we do it]. We shift things so that *we're* steering the conversation. For example, one day the police were interrogating me at 3 pm—but at the same time, about thirty people were in my house watching a censored play by Lynn Cruz called *Los enemigos del pueblo* (The Enemies of the People). They thought they had me, but in spite of them, we carried on. Likewise, Greg Sholette was told by the immigration authorities that he could never enter my house again, so we held his remaining workshops in the public park and at other people's houses.

Art and Activism

CB Earlier you cited ACT UP as an important precedent for your thinking about artivism. How do you think art and activism has changed since that moment in the 1980s and 1990s? What has Occupy Wall Street done to the artivist landscape?

TB Occupy Wall Street (OWS) was an important moment for me. I think in the beginning, some artists didn't know how to be part of OWS and even proposed a biennial in Zuccotti Park, the *Occupennial*. This was ridiculous because artists who were part of the movement understood that art should not be above or separated from the activist work, but to the contrary: they needed to work with activists to find creative solutions, to use art as a tool. I have always said that Arte

Útil is an art made by citizens, and that was demonstrated here. At OWS you could see two types of use for art: the more traditional one (T-shirts, posters, buttons, etc.) and at the same time an Arte Útil one (e.g., Not an Alternative, who work with the homeless). Projects like *Rolling Jubilee* came later, out of the working groups, and seem to be the appropriate art coming out of OWS. Now artist-activists are finding solutions that lead to implementation.

Today there's a different political urgency in the US, and a lot of things are at risk that we took for granted; the situation affects us all. A lot of people in the arts are more willing to take social and political risks, and people accept the fact that there are artists trying to do this work. Ten years ago, you had to fight the prejudice against political artists; today, Hank Willis Thomas's artist-run super PAC is highly celebrated in the art world.[18]

Another change is that activists are more willing to collaborate with artists: one could say that before OWS activists distrusted artists in general; now they see some of them as allies. Ten years ago I was telling everybody that we needed to update the aesthetics of protest and dissent. And now activists are more willing to try different things; instead of a banner, they are open to the performative, for example. Facebook and Twitter have really allowed activists to be more creative. It's important to have an image that is appealing, emotionally charged, and at the same time not alienating. Activists are looking for that viral content—and to be viral there has to be a very specific balance between affect, information, and visuality that has a lot to do with art.

Occupy helped artists to rethink why they were doing art, and for whom, and to legitimize their practice in front of activists by integrating themselves as equal players.

Truth or Dare

CB Earlier we mentioned that your father was a diplomat. He was also a politician, close to Fidel Castro. Do you see what you're doing as a continuation of his service to the country by other means? Or is it a reaction to his loyalty?

TB In our house, when I was growing up, we discussed politics a lot. My father was absent because of politics. My parents divorced because of politics. In Cuba you cannot escape politics, because the government considers the private space to be a public domain and thus their concern. But I dislike the fact that every time

18. Hank Willis Thomas and Eric Gottesman cofounded For Freedoms in 2016 and organize what they call the first artist-run super PAC (political action committee).

I do art that is uncomfortable for people in Cuba, critics always try to frame it in terms of a psychological relationship with my father. So I have an intense reaction to push back at this question, because I resist this banalization of my research and motivations for making political art. On the other hand, I do have to recognize that it did give me a lot of leverage at the beginning; I was able to use my privilege to push the boundaries of what can be done politically with art, and I allowed myself to have dreams in a place where people had stopped dreaming, because their only desire was to leave the country. Then my father died, and this was good for my work because it freed me. During an inter-rogation in 2015 they told me that my father would be mad at me. They even brought me to his tomb at the cemetery to make me repent, or appear as if I worked for them as they filmed an "intimate" moment. But they didn't know that in the last conversation we had before he died, he said that despite of all our disagreements, he was proud of me and implied that I should carry on. It also makes me frustrated that people neglect the great influence my mom had on me. She is the one who taught me to be independent, free, and rebellious.

Also remember that I studied art in Cuba starting at twelve. When I was studying, there was a mandate that artists should make art for the people, not for themselves. It was perceived very badly if you just wanted to be rich or famous—and anyway, both were impossible. Now that's all changed: there's a market in Cuba, the government brings buses of foreigners to the Instituto Superior de Arte to buy student work, and people are more cynical about how to use art for their personal advantage. There's a general disillusionment with the idea of art as a social good (which is typical of ex-socialist countries). The Cuban government thinks that what I do is against them, but I am actually a loyal revolutionary artist. The problem is that the government is no longer revolutionary. For them what matters is being loyal to a brand ("the revolu-tion"); for me it's confronting injustices and trying to change them. I am testing the script I was taught at school—"do it for the people"—but those who taught it can no longer hear the message.

CB I'd like to ask you about feminism. There is very little reference to gender poli-tics in your work. Does sexual difference have no role in your political out-look? Are questions of gender (and identity more broadly) not relevant to your thinking?

TB I am a feminist, pro-queer, pro-trans . . . I am a feminist in terms of my pro-duction and the politics in my studio and my collaborations. In Cuba I was bullied as a female artist: there were a lot of male artists and professors who either wanted to sleep with me, or diminish what I did because I was a woman, or wanted to make clear that I could never be at their level. I never slept with them, and I overcame my insecurities about my art, and worked harder than anyone. That was an intense time, but it was also good training—perhaps that's why I can resist government bullying! There's always been a false rejection of feminism in Cuba, because the government claims that feminism isn't necessary because we are socialists and all inequalities are covered. So it took me a long time to understand that I am a feminist in action, and I think my art is feminist simply because I am a woman trying to enter the art world—which is a world of men—and succeed. But feminism is not the subject of the work; it's the politics in the work. It's the same with sexuality: I'm bisexual, and that's never in the work. My work is always about unsolved problems and things I cannot understand, but feminism and gender are not unresolved issues for me.

CB Your success and recognition outside Cuba doesn't seem to accord with your status in Cuba, where many people dislike what you do and what you stand for. How do you account for this disconnect?

TB I don't have all the answers here. One might be the fact that I'm a woman who has been more successful than most male artists in Cuba, a society that is completely *machista*. Another might be that after 2014, I became a really uncomfortable entity in Cuba because people had to define themselves politically due to the impact of my work.

CB What do you mean?

TB After the revolution, Cubans always had to position themselves ambiguously, anticipating what others wanted to hear. In front of a foreigner they would criticize the government, but to the government they would say they are in favor (in order to get the grant or job security). People play games and have two, three, four, or five different faces. *#YoTambienExijo*, by contrast, obliges people to define themselves in relation to freedom of expression, the use of public space, the very idea that you can do activism in Cuba. Back then there was a confusion about what would benefit them the most: supporting the Cuban government, or a potential political transition. These are all topics that people in Cuba never want to discuss, because survival there means not answering such questions. So when foreigners ask them about my piece, they hate it because they have to take a position. What they end up doing is denying any knowledge of it ("I don't know, what happened?"), or dismissing the quality of the work (instead of talking about its politics), or criticizing me personally. The government has provided people with tools to answer those questions of course—instructing cultural institutions how to reply by briefing staff, showing a defamatory video about me at the art school, and circulating rumors. The main argument is always *"no era el momento apropiado"* [it wasn't the right moment]. But they've used this line since the 1960s, and in Cuba it's never the right moment. For artists, however, it's *always* the right moment—especially when other ways of evaluating society are suspended. The "right moment" can't be a government directive, because the result would be propaganda, not art. Then the artist would be in the service of the government, not society.

Now it's my turn to ask you awkward questions. Have I convinced you about the use-value of these concepts?

CB I'm definitely more convinced by Est-Ética than I was at the beginning of this project, and I now understand my reaction to *Self-Sabotage* far more clearly. I think Arte de Conducta is a valid way of reading a lot of previous art, and Political Timing Specific Art is a good idea that I would like to develop further in my own writing. You've made a good case for Artivism and Arte Útil, but I do think they need to be further elaborated: you emphasize demonstrable benefits in Arte Útil, but somehow these seem less important in Artivism. I'm still not totally sure this latter category needs to exist. To me, Artivism is just memorable activism.

TB Well, Arte Útil is the hardest of all the concepts, it inverts what we have been told art does. I know that for me, doing this book was an important process—having all these questions, having this conversation, and having to explain what is so clear to me, even though it may not be for others. What does it mean to you?

CB In my writing I rarely work on monographs, so this has been an opportunity to engage in depth with one artist and get to know the work well. But it's much more than that. I love debating ideas and testing out concepts, especially when both parties are non-defensive and want to learn from the exchange. In that sense you're a perfect interlocutor, because in the contemporary art world—where everyone protects and cultivates their image so obsessively—your openness is very rare.

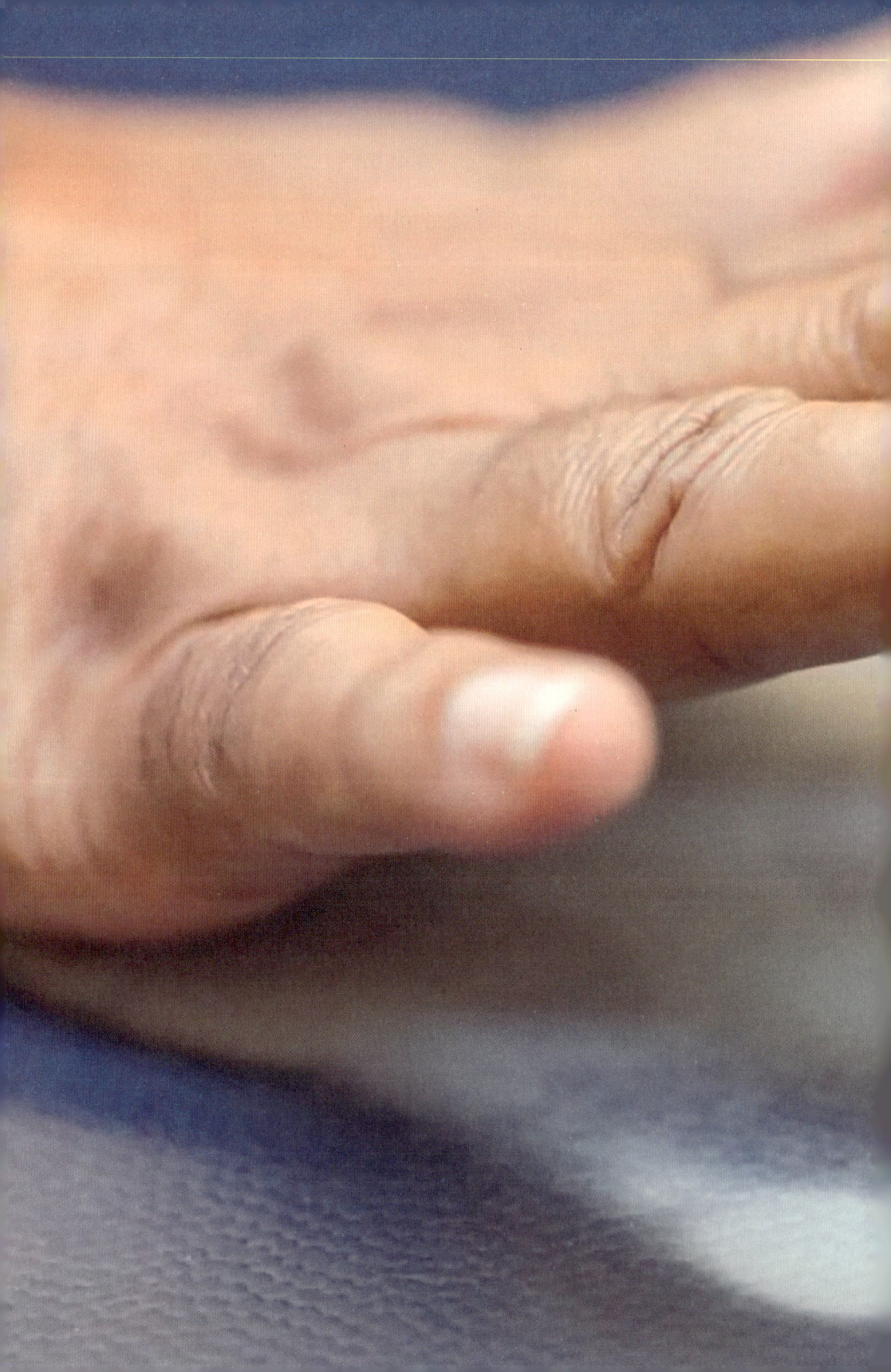

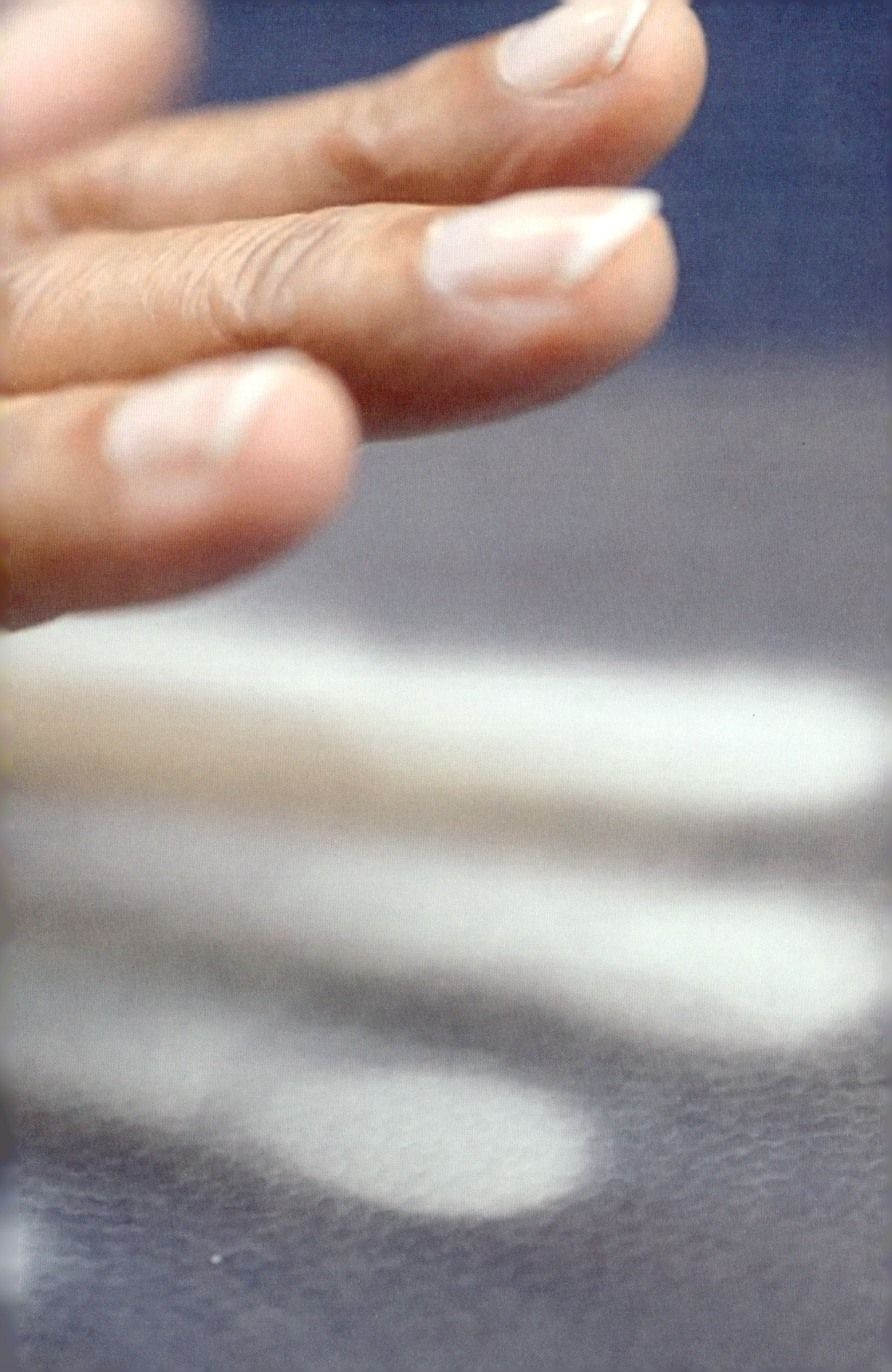

RECONTEXTUALIZANDO EL ARTE LATINOAMERICANO

Es un gran placer presentar *Tania Bruguera in Conversation with/en conversación con Claire Bishop*, el undécimo volumen de Conversaciones/Conversations, una serie de publicaciones que nos permite ofrecer reflexiones detalladas sobre la producción de importantes artistas, en sus propias palabras. En esta ocasión presentamos la síntesis de años de gestación del intercambio atento y reflexivo entre dos grandes amigas. Aunque Bishop desafía a Bruguera en muchos aspectos, tanto las preguntas como las respuestas han sido formuladas con la intención sincera de profundizar cada vez más en la obra y el pensamiento de esta creadora.

Un aspecto del trabajo de Tania que me parece fascinante es su capacidad para replantear las narrativas que, como latinoamericanos, hemos escuchado una y otra vez sobre la historia, sociedad, política y cultura de nuestros países. Al estudiar en Norteamérica, tanto Tania como yo pudimos percibir (de manera independiente) la gran diferencia que a menudo existía entre nuestra cosmovisión y la de nuestros profesores y compañeros de clase. Ya en ese entonces encontré una notable falta de conocimiento sobre la riqueza y diversidad cultural de América Latina, y por eso el trabajo de mi vida se ha centrado en contar una historia diferente, una que refleje con mayor precisión el conjunto de contribuciones que Latinoamérica ha hecho a la cultura global. Y por eso aprecio el interés de Tania Bruguera en mostrar estas narrativas desde otra óptica. En su caso, aquellas relacionadas con la compleja relación entre arte y poder. Aun cuando su arte ha sido censurado en su Cuba natal e incluso se le califica de "ilegal", constantemente ella arriesga su libertad y su seguridad para crear un cuerpo de obras que considera fundamental. En el proceso, ha desafiado no solo el *status quo* del autoritarismo político, sino además, como ella dice, "la función y los límites del arte".

Cambiar los términos con los cuales describe su producción es una de las maneras de retar a las instancias de poder. Como alumna del Instituto de Arte de Chicago, se hizo evidente la necesidad de asumir una posición en relación con la historia de las formas y actitudes europeas y norteamericanas con respecto al arte del performance, la instalación y el arte corporal, con las cuales no sentía ninguna conexión. En cambio, ella comprendió que Latinoamérica tenía tradiciones cercanas a su experiencia, a su ubicación geográfica y a su historia. En América Latina, observa Bruguera, ". . . el arte es una forma de pensar, un espacio de disensión, y tiene una urgencia que va más allá de lo autorreferencial" porque "hay una responsabilidad social de facto involucrada en ser artista".

Bishop discute y aclara la terminología específica que utiliza Bruguera, y se vale de su obra para ilustrar el significado de estos términos según las intenciones de la artista. Arte de Conducta, Political Timing Specific Art, Arte Útil, Est-Ética y Artivismo –un término "prestado" pero apropiado–, refieren a un arte que genera energía sobre los objetos, que crea conciencia hacia problemas –y sus discrepancias– que afronta y los resuelve de manera creativa, que enfrenta directamente al poder, que descubre los procesos intrínsecos del arte y los hace asequibles para aquellos que están "fuera" de la historia del arte, que enfatiza la ética sobre la estética y que tiene la capacidad de lograr una mayor justicia social.

Quiero agradecer a Tania Bruguera por dedicar su tiempo y su generosidad a esta publicación que contribuye enormemente a nuestra comprensión del arte contemporáneo dentro de la gran variedad de la producción cultural de América Latina. El proyecto lo iniciamos en el 2011, cuando nuestra entonces curadora de arte contemporáneo, Sofía Hernández Chong Cuy, insistió en la importancia de esta "Conversación" para la expansión de la serie editorial. Este diálogo resultó enriquecido, creo, por haberse cocinado a fuego lento durante tanto tiempo. Mi sincero agradecimiento a Claire Bishop por el papel crucial que desempeñó. ¡No puedo imaginar mejor interlocutora para Tania! Sus preguntas rigurosas han dado lugar a una brillante interpretación del trabajo y el pensamiento de Tania.

Jorge Sánchez y Georgia Boe, gerentes del estudio de Bruguera, nos brindaron una asistencia invaluable, y Susie Kantor, del Yerba Buena Center for the Arts en San Francisco, fue clave para obtener muchas de las imágenes. Del equipo de la CPPC, agradezco a Donna Wingate y a Ileen Kohn por su diligente supervisión de este libro, Kristina Cordero por su traducción aguda y sensible, María Esther Pino por su hábil corrección de la edición en español y Carrie Cooperider, Alexa Halaby, Víctor Ortiz-Palau y Mariana Barrera Pieck por su indispensable apoyo editorial.

Patricia Phelps de Cisneros
Colección Patricia Phelps de Cisneros

TANIA BRUGUERA

EN CONVERSACIÓN CON

CLAIRE BISHOP

INTRODUCCIÓN

CLAIRE BISHOP Empecemos por describir la estructura de este libro. Más que categorizar tu producción según medios o géneros (intervención, instalación, performance, etc.) o abordar tu obra cronológicamente, decidimos organizarla en torno a cuatro conceptos teóricos que has desarrollado durante esta última década para explicar tu trabajo –Arte de Conducta, Political Timing Specific Art [Arte en sincronía con el tiempo político], Arte Útil y Est-Ética–, más una quinta noción que tomaste prestada de otra parte, Artivismo. ¿Podemos conversar sobre esta lógica desde tu perspectiva?

TANIA BRUGUERA Estos conceptos son la mejor manera de representar lo que quiero lograr con el arte. Una situación recurrente que he encontrado estos años es que los críticos analizan mi trabajo usando conceptos de distintas tradiciones de la historia del arte, lo que genera expectativas y exigencias que no tienen nada que ver con mi práctica. Cuando estaba estudiando en la School of the Art Institute of Chicago, entre 1999 y 2001, tuve que aprender todos estos términos europeos y norteamericanos –performance, installation, body art– y a posicionarme en relación a ellos. Pero yo no me sentía para nada conectada a la performance norteamericana en esa época y sigo sin sentirlo. América Latina tiene tradiciones propias y específicas que exigen tomas de posición con respecto a la colonización y la dictadura –dos experiencias que nos han definido.

CB ¿Entonces es importante que tres de estas cinco categorías estén en español?

TB Sí. Usar estos términos en español es una posición política: exige que la gente entienda terminologías de otros lugares, y reclama una tradición latinoamericana de acciones en espacios públicos. Hacer arte en América Latina puede traer consecuencias reales si decides involucrarte en el comentario social o político; a veces esas consecuencias pueden ser no solo legales sino de vida o muerte. En Occidente no son tantos los ejemplos de esto –excepto principalmente en épocas de guerra o, más recientemente, para los artistas que han trabajado sobre vigilancia o seguridad estatal. En general los artistas en Estados Unidos tienen el privilegio de poder jugar con las ideas y ubicarse a cierta distancia de la realidad. Por el contrario, en América Latina, la realidad excede al arte: la muerte y la violencia están más presentes; el arte quizás tenga que ser más definitivo; y hay un umbral más alto de dolor y violencia.

Los términos que uso en español obligan a los críticos a intentar comprender mi posición artística; es un acto descolonizador, es una forma de afirmar que algunos términos nunca serán entendidos del todo a menos que los habitemos.

CB ¿Qué crees que ofrecen estos términos conceptuales que no proporcionan otras definiciones de los géneros artísticos existentes?

TB La terminología que hemos usado hasta ahora no puede explicar del todo las prácticas artísticas actuales, entonces mi introducción de nuevos términos hace un llamado a ampliar nuestro vocabulario artístico para evitar confusiones y reduccionismos. Hoy el arte se está redefiniendo con respecto a su función (¿para qué sirve el arte?), su relación con el público (¿participantes? ¿colaboradores? ¿coautores? ¿usuarios?), los recursos con los que trabaja (legislaciones, sociedad civil, política directa), su impacto (¿populismo? ¿formas alternativas de gobierno? ¿disolución en la cultura?) y su conservación (¿recreación? ¿delegación? ¿sustentabilidad?). No es posible explicar estos cambios con terminología específica al medio artístico, por ejemplo.

El arte contemporáneo no es solo una forma de pensar que tiene lugar dentro de espacios reconocibles como destinados al arte, sino que es algo que ocurre también a través de otras instituciones (organizaciones sociales, laboratorios científicos, infraestructuras de Internet) y, por lo tanto, es necesario discutirlo en diálogo con otras áreas de conocimiento y especialización. Hace falta una crítica más colaborativa, porque ya no se puede analizar el arte contemporáneo solo desde la perspectiva del arte.

CB Creo que, en la segunda mitad del siglo veinte, era muy poco común que los artistas determinaran las categorías con las cuales describir el arte. Muchos de estos términos que usamos hoy –como Arte Pop, Arte Povera, Arte conceptual, apropiación, estéticas relacionales– fueron concebidos por críticos o curadores. Y me parece aún menos frecuente que sean artistas mujeres quienes definan esa terminología.

TB Puede ser. Definitivamente hay un desequilibrio entre el género masculino y femenino, y entre lo norteamericano y lo latinoamericano, pero hace ya cierto tiempo decidí no quejarme ni tampoco aceptar lo que no se ajustaba a mis ideas, así que decidí apropiarme de las herramientas del poder (en este caso, el lenguaje). Me permití tomar control del significado de mi obra e iniciar un diálogo con críticos y teóricos en lugar de ajustar mi trabajo a sus tradiciones culturales. Puede resultar duro para tu carrera profesional, pero si me considero una artista política, entonces también tengo que extender esto a las políticas internas del mundo del arte.

CB El libro está organizado en torno a esos cinco conceptos, pero estos términos también tienen una cronología. ¿Podemos hablar brevemente sobre las circunstancias en las que cada término pasó a ser parte de tu trabajo?

TB Arte de Conducta fue el primer término que se desarrolló, alrededor de 1999, y fue una reacción al contraste entre mis dos formaciones académicas, la que recibí en Cuba y la de los Estados Unidos. El segundo fue Arte Útil, que surgió alrededor del 2002 o 2003, cuando empecé a hacer arte principalmente con y para públicos ajenos al arte. Esto ocurrió después de que participé en Documenta 11 (2002), donde me sentí frustrada por la manera en que el arte político podía acabar siendo banalizado por la falta de tiempo que el público estaba dispuesto a dedicarle; también me sentía algo saturada con las verdades "universales" y los debates políticos descontextualizados. Political Timing Specific Art apareció alrededor del 2008, quizás el 2009, cuando tuve que explicar cómo mi obra interviene en la esfera política e interpela tanto a políticos como al público general. Est-Ética es más reciente, surgió alrededor del 2012, cuando intenté responder a tu pregunta, "¿Dónde está lo estético en tu obra?". En *Movimiento Inmigrante Internacional* en Queens, Nueva York, tuvimos una reunión con la curadora Lucía Sanromán y el equipo; yo estaba escribiendo en un pizarrón y descubrí que, en español, la palabra "ética" está incluida dentro de la palabra "estética". Así pues, Est-Ética es mi respuesta a tu pregunta sobre dónde ubico el "arte".

CB La última categoría es Artivismo, que también empezaste a usar más o menos recientemente y que institucionalizaste a través del Instituto de Artivismo Hannah Arendt (INSTAR), fundado en La Habana en 2017.

TB Artivismo llegó recientemente a mi pensamiento, también como una manera de describir lo que estábamos haciendo con *Movimiento Inmigrante Internacional* en Nueva York. Cualquiera de los conceptos que hemos discutido de puede atribuir retrospectivamente a mi obra de la década de los 90 y 2000. Pero, siendo honesta, aplicar estos términos a mi producción anterior no siempre funciona porque las ideas no estaban desarrolladas del todo. Es un poco forzado, sin embargo podemos probar.

CB Asimismo, deberíamos mencionar nuestra taxonomía. No hemos abordado necesariamente los proyectos más obvios relacionados a cada concepto, pero el ejemplo principal es siempre tratado en el capítulo donde corresponde: para Arte de Conducta, es la escuela *Cátedra Arte de Conducta*; para Political Timing Specific Art es *#YoTambienExijo*; para Arte Útil es el archivo acumulado durante el *Museum of Arte Útil*; para el Artivismo es INSTAR. Hablamos sobre muchos proyectos en el capítulo dedicado a la Est-Ética, pero tu ejemplo central no es tu propia obra, sino *Rolling Jubilee* de Strike Debt.

TB Muchos de mis proyectos coinciden en el tiempo y pertenecen a más de una categoría. Revolver la taxonomía de esta forma nos ofrece una ventaja a la hora de identificar los puntos ciegos de cada concepto, para hacerlos más complejos y menos didácticos.

CB Quiero mencionar dos cosas sobre el tono. La primera es que quizás nuestras interacciones son un poco más combativas que la mayoría de las conversaciones con artistas, donde el interlocutor tiende a tomar una posición más sumisa. No siempre me convencen tus ideas y tus proyectos, pero dada nuestra historia y nuestra amistad, siempre he podido ser franca contigo. El segundo punto es tu propia tendencia a la autocrítica, que puede resultar en una actitud un poco antipromocional.

TB Siempre he confiado en ti como uno de mis principales detectores de basura y como una profunda conocedora de antecedentes en la historia del arte, en el caso de que esté inconscientemente repitiendo algo que ya se ha hecho. También pruebo mis ideas nuevas contigo porque sé que vas a ofrecer resistencia –precisamente porque no estamos de acuerdo en todo, tenemos perspectivas diferentes, siempre eres brutalmente honesta y me empujas a reflexionar aunque no quiera.

Ahora, sobre la autocrítica: cuando trabajo en una obra estoy totalmente consumida por ella. Entro en un túnel de entusiasmo y duda. Y después de ponerla a prueba –con el público– me convierto en mi crítica más feroz y solo soy capaz de ver errores. Esta es la razón por la cual me refiero a mis propias obras como fracasos. Pero cada pieza intenta rectificar la anterior y así es como se genera mi obra.

CB También deberíamos mencionar el tiempo que hemos tenido que tomar para armar este libro: comenzamos el proceso con la Colección Patricia Phelps de Cisneros (CPPC) en el 2011. Pero dada la realidad de tu vida de artista que trabaja de proyecto en proyecto, siempre viajando, sin vender objetos, tu renuncia

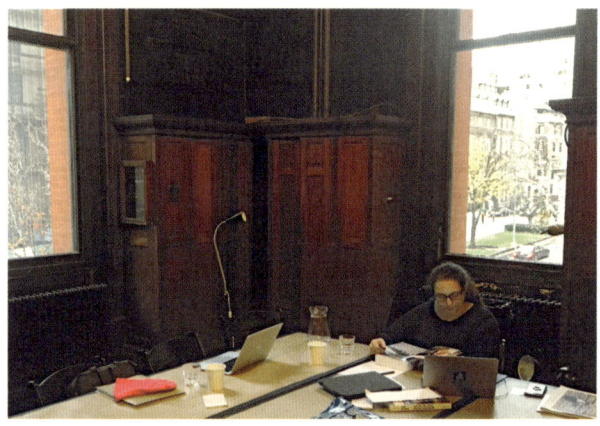

Fig. 1. Tania Bruguera, Programa de Residencias Artísticas, Park Avenue Armory, Nueva York, 2018.

a un puesto de profesora en Chicago y, por supuesto, tu compromiso con tu trabajo en Cuba (donde frecuentemente te detienen), ha sido muy difícil llevar este proyecto a cabo. Para ti ha sido una verdadera lucha encontrar el tiempo para parar y pensar, realmente enfocarte, lejos de las presiones del próximo proyecto y su fecha de entrega.

TB ¿Dos mil once? ¿Tanto tiempo? Siendo franca, en el 2011 estos conceptos no estaban formulados del todo. El largo período de gestación de este libro me dio la oportunidad de desarrollarlos, probarlos en distintas obras y también inventar nuevos.

CB Hicimos los borradores de los primeros capítulos, sobre Arte de Conducta, Political Timing Specific Art y Est-Ética, en conversaciones que tuvieron lugar en Nueva York en el 2013 y 2014. Sin embargo, la mayor parte de las revisiones sobre Political Timing Specific Art fueron realizadas por correo electrónico en enero del 2015 cuando estabas bajo arresto domiciliario en La Habana, porque intentaste remontar *El susurro de Tatlin* a fines del 2014. El capítulo sobre Artivismo fue el último en ser incluido, en diciembre del 2017, mientras trabajabas en tu residencia de artista en el Park Avenue Armory [Fig. 1]. Durante esa semana también revisamos los otros cuatro capítulos. Además, parte de la conversación ha sido extraída de varios eventos públicos en los cuales hemos participado las dos a lo largo de varios años, como el diálogo en el CUNY Graduate Center en marzo del 2016 y en el Museum of Modern Art (MoMA) en febrero del 2018. La edición final fue realizada a fines de primavera del 2018 y el verano del 2019.

CAPÍTULO UNO
ARTE DE CONDUCTA

CB Propongo que iniciemos conversando sobre la diferencia entre Arte de Conducta y aquello a lo que más se acerca, en el sentido de historia del arte: *body art* y *performance.*

TB En primer lugar, Arte de Conducta es un gesto social y un acto comunicativo; su énfasis está puesto no en el cuerpo sino en la presencia social. El material del Arte de Conducta es el campo social –actitudes y conductas–, no el cuerpo humano. El Arte de Conducta pregunta: ¿cómo podemos usar y transformar comportamientos?

CB ¿Pero acaso el arte latinoamericano no tiene ya su propia tradición de alternativas a la performance? Por ejemplo, el concepto de *proposiciones* de Hélio Oiticica (con las cuales quería decir algo como ejercicios experimentales) o las *intervenciones* urbanas del colectivo brasileño 3Nós3 (*Ensacamento*, 1979) o las *acciones* del Colectivo Acciones de Arte (CADA) de Chile, como *No+* (1983–).

TB Aunque Arte de Conducta viene de una tradición latinoamericana de performance, no está relacionado con esos trabajos que consideramos como accionismo; hay una importante diferencia entre acción y gesto. Las acciones requieren ser narradas y explicadas. No son necesariamente descifrables para otros porque las referencias pertenecen principalmente al artista o a un pequeño grupo autoelegido. Los gestos, por el contrario, se explican por sí mismos ya que se valen de símbolos inmediatamente reconocibles y forman parte de una conversación más grande que ocurre en la sociedad –comunican más allá de lo individual. El proyecto de Graciela Carnevale para el Experimental Art Series, en ocasiones conocido como Ciclo de Arte Experimental o *Acción del encierro* que se llevó a cabo en la ciudad de Rosario, Argentina, en 1968, es un buen ejemplo de Arte de Conducta.[1]

Algunas obras norteamericanas que estudié en la universidad pueden ser consideradas Arte de Conducta. Para mí, Vito Acconci fue un artista de conducta en *Following Piece* [*Pieza del acto de seguir*]*,* de 1969, cuando eligió a una persona y la siguió por las calles [Fig. 2]. Sus fuentes y materiales no pertenecen

1. Carnevale invitó al público a la apertura de una muestra. Una vez que estaban dentro del local, cerró la puerta con candado y se fue. Pudieron escapar gracias a un transeúnte que rompió la ventana para ayudarlos.

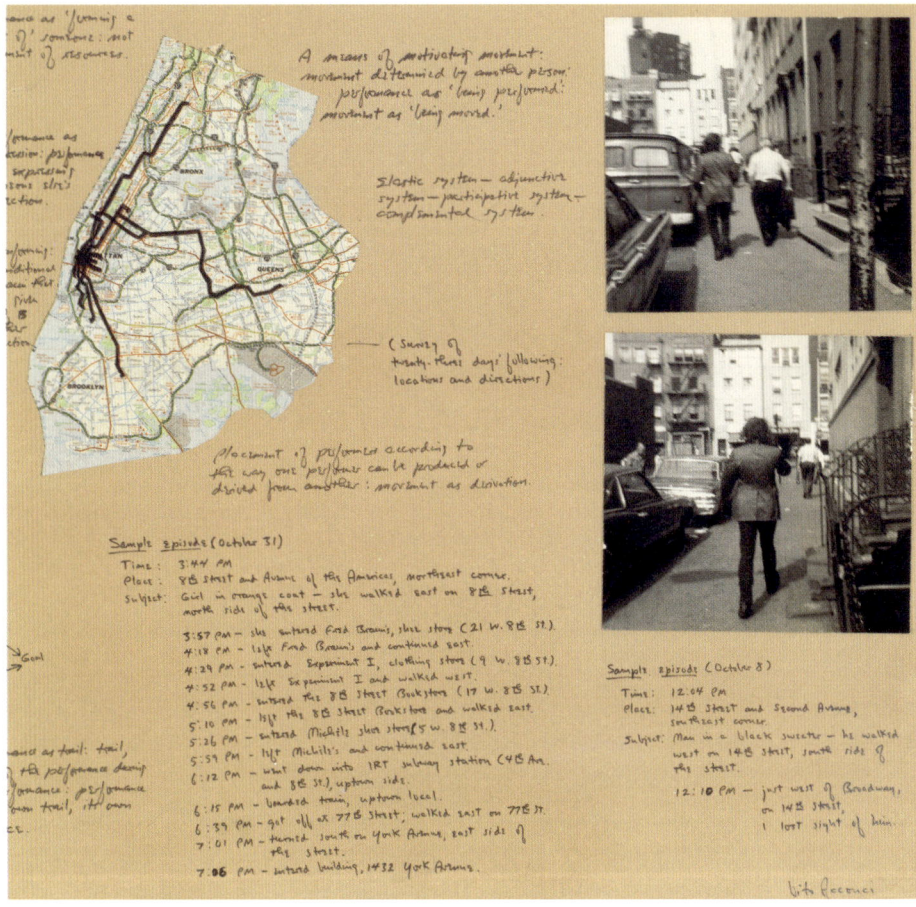

Fig. 2. Vito Acconci, *Following Piece* [*Pieza del acto de seguir*], 1969 (detalle).

al mundo del arte, el teatro o la filosofía, sino al miedo, a los prejuicios y a los códigos de la conducta social. También *Role Exchange* [*Intercambio de roles*], de Marina Abramović, de 1975, donde la artista intercambió trabajo con una prostituta de Ámsterdam –aunque, te comento confidencialmente que me decepcionó cuando escuché que no se había acostado con nadie. Veo esto como Arte de Conducta porque los únicos elementos que usa son las convenciones conductuales de la persona con la que intercambia roles y nuestros juicios y presuposiciones colectivas.

CB También citaría la serie Catalysis [Catálisis], de 1970 a 1973, de Adrian Piper, donde la artista se presentaba en espacios públicos (la calle, el bus, la biblioteca pública de Nueva York) a través de diferentes acciones más o menos abyectas – cubriéndose de pintura fresca, metiéndose una toalla en la boca, reproduciendo

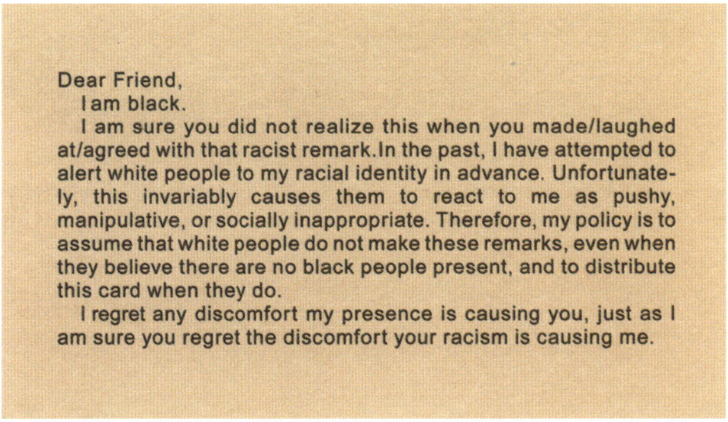

Dear Friend,
  I am black.
  I am sure you did not realize this when you made/laughed at/agreed with that racist remark.In the past, I have attempted to alert white people to my racial identity in advance. Unfortunately, this invariably causes them to react to me as pushy, manipulative, or socially inappropriate. Therefore, my policy is to assume that white people do not make these remarks, even when they believe there are no black people present, and to distribute this card when they do.
  I regret any discomfort my presence is causing you, just as I am sure you regret the discomfort your racism is causing me.

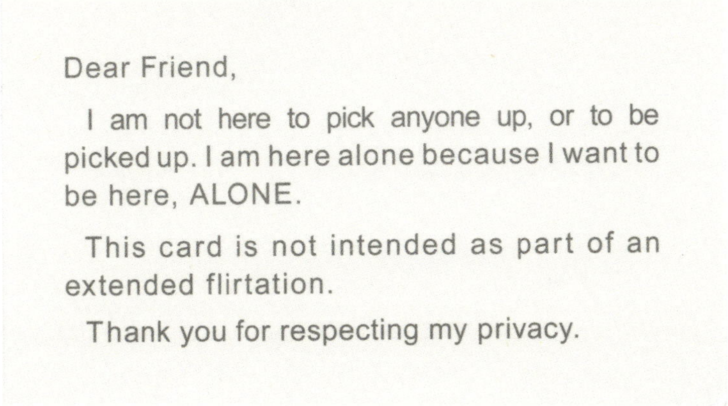

Dear Friend,

  I am not here to pick anyone up, or to be picked up. I am here alone because I want to be here, ALONE.

  This card is not intended as part of an extended flirtation.

  Thank you for respecting my privacy.

Fig. 3. Adrian Piper, [Superior]: *My Calling (Card)* [*Mi tarjeta de presentación*] *#1 (for Dinners and Cocktail Parties)* [*para cenas y cócteles*], 1986–. [Inferior]: *My Calling (Card) #2 (for Bars and Discos)* [*para bares y discotecas*], 1986–.

grabaciones de eructos. La documentación muestra el rango de reacciones que ella provocó o "catalizó".

TB Esas son acciones porque su intención puede ubicarse en el mundo emocional de la artista. Por el contrario, *Funk Lessons* [*Clases de funk*] (1983) y *My Calling Card* [*Mi tarjeta de presentación*] (1986–) de Piper son buenos ejemplos de Arte de Conducta porque todos estamos involucrados en los temas que aborda [Fig. 3].

Aunque existen convenciones sociales en la mayoría de los países, para hacer una obra de Arte de Conducta que resulte efectiva es necesario entender los matices y detonantes de cada lugar. El Arte de Conducta no se trata solo de distanciamiento; te obliga a reflexionar respecto a posiciones sobre distintos temas e invita a una reevaluación personal y, en última instancia, a la transformación del comportamiento. Entonces, para resumir: Arte de Conducta es un arte que involucra comportamiento, conducta social y actitudes. Pero estos son, por supuesto, culturalmente específicos. Lo que una cultura considera convencional podría resultar desagradable o extraño para otra.

CB En este capítulo vamos a conversar sobre tres proyectos vinculados a Arte de Conducta: *Cátedra Arte de Conducta* (tu escuela de arte en La Habana), *Capitalismo genérico* y *El susurro de Tatlin*. *Cátedra Arte de Conducta* es un proyecto a largo plazo, que duró varios años. Los otros dos son series que consisten en intervenciones de corto plazo. ¿Consideras que estas obras experimentan con el comportamiento del público de la misma forma o dirías que algunas obras son más desafiantes que otras?

TB Sí, funcionan de manera diferente, según sea su duración. En proyectos de corto plazo no siempre existe la posibilidad de construir algo nuevo, así que intento generar conciencia. Las obras de corto plazo deconstruyen y desmantelan comportamientos; los proyectos a más largo plazo pueden construir nuevos paradigmas éticos.

Contexto Histórico

CB Hablemos sobre la génesis del Arte de Conducta. En la introducción lo planteas como una reacción al tiempo que pasaste en Chicago, donde cursaste una Maestría de Bellas Artes en la especialidad de Performance en el año 2001. Pero también sé que antes habías trabajado en una escuela de conducta (escuela correccional) en La Habana. ¿Puedes decirme cómo se conecta esta labor con el Arte de Conducta?

TB Cuando me gradué del Instituto Superior de Arte (ISA) en La Habana en 1992, trabajé los lunes, miércoles y viernes dando una clase de arteterapia en la Escuela de Conducta Eduardo Marante en Guanabacoa, en las afueras de La Habana. Era una escuela, realmente una prisión, para menores que habían estado involucrados en actos ilegales como robo, prostitución, crímenes violentos –excepto asesinatos, para eso había otra escuela. Los chicos tenían entre cinco y quince años. Debo decir que era un trabajo muy duro emocionalmente. El programa había sido creado por el pintor Tomás Sánchez, quien creía en el poder del arte para cambiar vidas. Esa idea realmente me marcó.

CB Imagino, además, que esa experiencia de enseñanza debe haberle quitado el romanticismo a cualquier esperanza ingenua que puedas haber tenido sobre el poder del arte para solucionar problemas sociales. ¿Dirías que la manera de los chicos de abordar la (i)legalidad afectó tu propio sistema de valores?

TB Creo que sí. La idea de no encajar y de ser juzgados por la sociedad. Al mismo tiempo, yo entendía la lógica interna de sus decisiones.

CB ¿Hubo otros artistas cubanos que incidieron en el desarrollo del Arte de Conducta?

TB La llamada Generación de los 80 en Cuba, como siempre digo, es mi única influencia.[2] Trabajaron activamente desde 1986 hasta 1992. Después de eso nunca pensé en el arte como la producción de objetos, sino como un momento con un tiempo específico y una energía específicos. En esa época, el arte no se trataba de los autores, sino de situaciones sociales, lo que las obras provocaban y esas discusiones acaloradas. Yo amaba toda esa energía, esa honestidad, esa crudeza. Más que la obra en sí misma, veíamos todo lo que pasaba alrededor de la obra "¡Oh, llegó la policía y cerró la exposición y el Ministro está ahí dentro con el artista, intentando convencerlo. . .!". Yo era estudiante en esa época y estaba abierta a todo; era como una esponja y vi por primera vez cómo el arte puede efectivamente tener una influencia tangible en la realidad.

CB ¿Cerraban exposiciones con frecuencia en los ochenta?

TB Sí, había mucha censura y discusión. Era un momento de mucha intensidad porque justo había comenzado la perestroika y Cuba no podía ignorar su impacto. Algunas personas en el poder creyeron que sería posible permitir que el arte y la crítica fueran más expansivos y se abrió una ventana muy pequeña. Fidel llamó al 1986 –el mismo año de la perestroika–, el año de la rectificación de errores, sugiriendo que la Revolución había cometido errores. Eso fue muy impactante. ¡Ver al Gobierno admitir que se había equivocado fue tremendo! Eso también me influyó porque a partir de ese momento empecé a ver casi todo como un error, como algo que debía ser arreglado.

2. Para un relato sobre los colectivos cubanos de la década de 1980, ver Rachel Weiss, "Performing Revolution: Arte Calle, Grupo Provisional, and the Response to the Cuban National Crisis, 1986–1989," en *Collectivism After Modernism: The Art of Social Imagination after 1945* (Minneapolis: University of Minnesota Press, 2007), ed. Blake Stimson y Gregory Sholette 114–62.

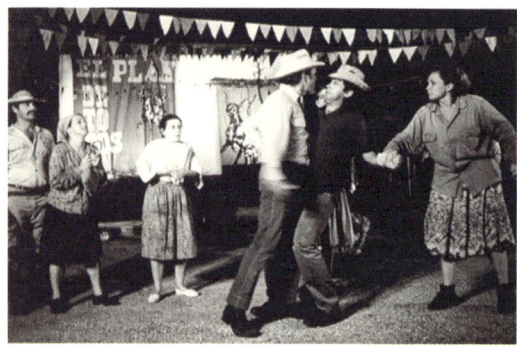

Fig. 4. Grupo Teatro Escambray, 1978.

CB Pero entiendo esa rectificación de errores como algo muy distinto a la perestroika: su intención era clausurar cualquier idea reformista parecida a las planteadas por Gorbachov, en parte porque fue iniciada por aquellos responsables de los "errores" (entendidos principalmente como desaciertos económicos). Los artistas más jóvenes interpretaron esto como una oportunidad para la autocrítica. ¿Cómo afectó la rectificación a la producción de arte en esa época?

TB A la gente le dieron un dedo y agarraron el brazo; hicieron obras incluso más críticas y cuestionaron todo lo que estaba pasando de forma más directa. Una viceministro de cultura en particular, Marcia Leiseca, quería conversar con los artistas, hacerlos partícipes del proceso de toma de decisiones, escuchar sus críticas e ideas. Ella venía de la tradición cubana de los sesenta del "arte por y para el pueblo"; entonces esa intención de rectificar los errores estuvo vinculada a la recuperación de proyectos humanistas y utópicos de los sesenta, como el Grupo Teatro Escambray. En los años setenta, ellos viajaron por la zona rural de Escambray, entrevistaban a la gente, les leían textos de Sociología, y creaban y montaban obras con participantes locales.[3] Su trabajo buscaba reflejar los problemas sociales de la zona, como los de los campesinos, y ayudaban a solucionarlos [Fig. 4].

CB ¿En qué se diferencia el Arte de Conducta de este tipo de obra participativa y socialmente comprometida?

TB Están relacionadas. Ambas usan la disfunción social como un punto de partida para la obra, pero Escambray era un proyecto oficial, y la Generación de los 80 no lo fue. Además, nosotros no solo representábamos la disfunción social, sino que preguntábamos cómo y por qué ocurría; queríamos encontrar las causas,

3. Teatro Escambray fue fundado en 1968. Para leer más, ver Alma Villegas y Ted Küster, "Grupo Teatro Escambray", *The Black Scholar 20*, no. 5/6 (Winter 1989): 25–29.

no solo los efectos. Escambray parecía más interesado en cambiar a la gente que en cambiar el sistema político –por ejemplo, ellos montaban una obra sobre la violencia doméstica, pero esta se quedaba corta a la hora de cuestionar algo estructural que relacionara el problema de la violencia doméstica directamente a las condiciones creadas y permitidas por el Estado.

CB ¿De qué otra manera marcó tu trabajo el arte cubano de los ochenta?

TB De esos artistas tomé la idea del riesgo, de ser directa. No se trataba de hacer arte como una metáfora, sino de trabajar directamente con la realidad, de no tener interés en el producto final, y de estar mucho más preocupada del proceso. El arte era concebido como una experiencia compartida. Se generaron muchos proyectos colectivos, porque la autoría no era un valor primordial. Otra cosa importante es que no era arte hecho para otros artistas; era arte para los no expertos, para la calle y mucha gente que no era artista conocía todo esto. Me encantaba eso.

CB Había una buena cantidad de colectivos haciendo acciones a fines de los ochenta, muchas veces críticas de la Revolución, como el Grupo Provisional, o críticas al mundo del arte tradicional, como el Grupo Puré; también había grupos interesados en involucrar al público en general e ir más allá de las preocupaciones del arte, como Arte Calle.

TB En general, todas las performances de los ochenta eran obras de arte en sincronía con el tiempo político y reaccionaban a todo lo que estaba pasando. Eran muy rápidas, espontáneas e improvisadas; no eran el tipo de performance en el que pasas seis meses aprendiendo un texto para recitarlo o donde practicas para hacer algo sobrehumano. Había un ambiente general de querer convertir lo cotidiano en algo importante. Por ejemplo, los miembros del grupo Arte Calle se pintaron de dorado y caminaron por las calles de la Habana con pancartas que decían: *Síganos, somos de oro*. Una vez que habían juntado a la gente, saltaron a la bahía, que estaba completamente contaminada. Esta acción, *Easy Shopping* [*Compras fáciles*] (1988), fue una respuesta a la decisión del Gobierno de recaudar divisas estableciendo *casas de oro* (casas de empeño) para comprar objetos de oro y la plata de los cubanos por menos de su valor real; era un inmenso fraude. Arte Calle también hizo una obra cuando Robert Rauschenberg fue a Cuba, en 1988, a exponer y dictar una clase magistral. Un miembro del grupo, Aldito Menéndez, se vistió de indio y se sentó en el suelo, frente a Rauschenberg, en actitud de sumisión colonial, durante toda la conferencia, ¡Como una especie

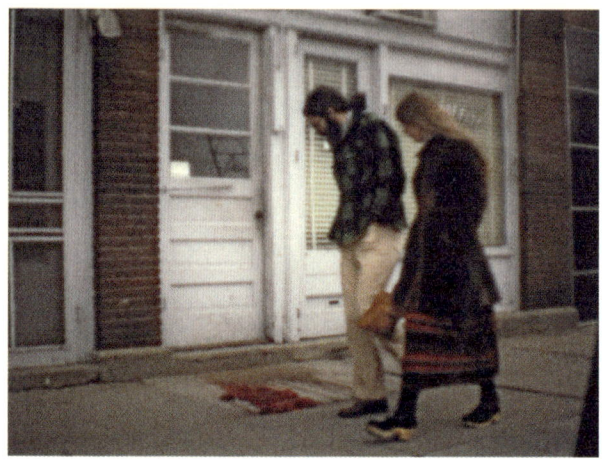

Fig. 5. Ana Mendieta, *Moffitt Building Piece* [*Pieza del Edificio Moffitt*], 1973, fotograma.

de mascota! Esa fue una increíble performance del Arte de Conducta; fue un *gesto* real.

Por eso me sentí tan desorientada cuando llegué a la escuela de arte de Chicago y estaba tan convencida de que no debía preocuparme por encajar en el esquema de la historia de la performance en los EE.UU. Primero, porque no viví esa historia –solo la conocía por libros y fotos sobre temas con los que no me sentí identificada, o no había experimentado. Segundo, porque su punto de partida me parecía autorreferencial (sobre la identidad y la historia personal) y muy narrativo –como Carolee Schneemann en los sesenta o Annie Sprinkle en los ochenta. Ellos intentaban romper convenciones sociales que no constituían un problema para mí. Allan Kaprow fue el único artista con quien me sentí identificada porque su obra me parecía más como la vida cotidiana; no hacía performance como espectáculo o un evento aislado. Sus propuestas no llamaban la atención porque, justamente, se basaban en experiencias participativas cotidianas como hablar por teléfono. No se trataba de sacar un pergamino de tu vagina . . . En esa época también descubrí las obras más sutiles de Ana Mendieta, como *Moffitt Building Piece* [*Pieza del edificio Moffitt*], 1973, en la cual vertió sangre en la acera enfrente del edificio donde Sara Ann Ottens fue asesinada, para así filmar las reacciones de los transeúntes [Fig. 5]. Estos son gestos que uno no tiene que explicar; todos pueden entenderlos. En el Arte de Conducta, el llamado *shock value* [impacto] no está en lo que ves sino en entender tu propia complicidad. No es el problema de otro, es tu responsabilidad.

Cátedra Arte de Conducta

^{CB} Intentemos conectar todo esto a tu escuela en La Habana, la *Cátedra Arte de Conducta*, que fundaste el 2002 y que funcionó hasta el 2009, y que consideras una obra de arte. Entiendo que trajiste a la escuela cierta manera de pensar el arte que es parecida a lo que describes de las performances cubanas de los ochenta: gestos rápidos, relevantes, intervencionistas. Pero a esto sumaste un ambiente de aprendizaje discursivo con visitas de teóricos, historiadores y artistas que conducían talleres semanales. ¿Por qué creaste la *Cátedra Arte de Conducta*?

^{TB} Hubo varios factores. Una razón fue que había terminado mi maestría en el 2001 y me sentí muy incómoda con la idea de quedarme en los Estados Unidos. Nunca quise vivir en los Estados Unidos, lo que es extremadamente irónico porque más o menos he vivido aquí desde que me gradué. Fui a Chicago a estudiar performance porque no había donde estudiarla en Cuba. En el ISA había solo tres áreas: pintura, escultura y grabado. Siempre soñé con sumar la performance y esperaba volver a Cuba y hacerlo. La segunda venía de mi experiencia como artista. Mi mejor experiencia profesional por aquel entonces fue en Documenta 11, en el año 2002, cuando mostré *Untitled (Kassel, 2002)* [*Sin título (Kassel, 2002)*], pero también me sentí frustrada porque la gente que llegó a ver la muestra no tenía tiempo para ver la obra. El público era enorme, pero las expectativas estaban muy mal planteadas. Lo primero que todo el mundo me preguntó fue: "¿Conseguiste una galería que te represente?", como si la única consecuencia para un artista que participa en Documenta fuera posicionarse profesionalmente y no generar un diálogo internacional. Eso me pareció repugnante.

^{CB} Bueno, Documenta te da capital cultural.

^{TB} Y luego puedes gastar ese capital. En mi caso, el capital cultural puede ser transformado en una influencia política. Yo tenía muy claro, en esa época, que yo era la primera mujer cubana en Documenta y que solo habían participado cuatro cubanos antes de mí. Puede que sean solo estadísticas, pero eso influye en la percepción de los políticos. Regresé a Cuba y me dieron una medalla, la Orden de la Cultura Nacional, pero se las devolví después que me arrestaron en 2015. ¿Si no entienden mi arte, cómo pueden darme una medalla?

El tercer factor importante fue la Bienal de La Habana del año 2000, cuando llegaron hordas de estadounidenses a Cuba por primera vez desde el embargo. Llegaron en buses enormes y fueron a los barrios pobres a ver los talleres de los artistas para comprarles todo. Puede que hayan tenido buenas intenciones, pero cambiaron el objetivo y el ecosistema de la Bienal de La Habana para siempre: ya no se trataba de exhibir tu mejor obra, sino que el valor estaba en venderla. ¡Fue horrible! A partir de entonces los artistas modificaron su obra para hacerla sobre nostalgia política más que cuestionar la realidad y las políticas de Cuba. El arte cubano se convirtió en *souvenirs* caros e ilustrativos.

CB ¿Cómo abordó estas frustraciones la *Cátedra Arte de Conducta*?

TB Yo tenía muchas dudas: los de mi generación que tenían tanto dinero, casas elegantes, oportunidades para viajar, etc., no querían involucrarse en ninguna conversación que pudiera poner en riesgo esos privilegios. Además, estaban haciendo obras para la mirada y las expectativas de los extranjeros, más que para los cubanos. Cuando volví a Cuba en esa época, sentí que los artistas jóvenes estaban demasiado preocupados por ser famosos internacionalmente, de maneras equivocadas. Yo, en cambio, estaba muy convencida –y lo sigo estando– de que el arte cubano tiene algo muy particular que aportar a la conversación internacional.

También sentí que era imposible conversar con mi generación de artistas. Su imaginación colectiva ya había sido usurpada por el mercado del arte, así que sentí que solo podía conectar con aquellos que seguían abiertos a la discusión, que no habían concedido todo al mercado, que incluso tenían esperanza de que las cosas podían cambiar.

La escuela ocurrió por casualidad: un día empecé a quejarme del ISA con una mujer que resultó ser Ana María González-Mafud, era la decana pero yo no lo sabía. Ella se presentó y me preguntó qué creía yo que había que hacer y por qué no venía a trabajar para ellos. Le respondí que la única forma en que regresaba a trabajar para el ISA era si tenía mi propio departamento, en mi casa, para hacer performance y sin ningún jefe (porque la escuela tiene demasiada vigilancia y por ello había renunciado a mi cargo como profesora en 1996). Puse esas condiciones porque no quería hacerlo. Pero ella dijo; "¿Por qué no vienes a verme el lunes? Escribe una propuesta de una página y vamos adelante".

CB Al final, funcionó menos como una escuela y más como un departamento fuera del campus de ISA –aunque uno muy autónomo. Los estudiantes recibían créditos por su asistencia y las invitaciones internacionales eran realizadas a través de ISA, que se hacía cargo de las visas.

TB Básicamente teníamos el apoyo de ISA para las visas, y creo que me dejaron hacerlo en mi propia casa porque estaban atravesando por una crisis y el proyecto fue muy popular.

CB ¿En qué momento empezaste a pensar en la *Cátedra Arte de Conducta* como una obra de arte?

TB No en el primer año, pero luego me di cuenta de que le dedicaba todo mi tiempo a ella; era como hacer una performance de una institución. Además, era una forma de conectar con la Generación de los 80 y promover el arte para el cubano común y corriente y no para el mundo del arte.

CB Del 2005 en adelante, muchos artistas de Europa y los Estados Unidos han realizado proyectos de arte pedagógico. En parte esto ha sido una reacción a las estéticas relacionales, que habían sido criticadas por dar demasiado énfasis a la mera cordialidad y esto terminó elevando el contenido intelectual. Esto fue, en parte, una respuesta a la estandarización de la educación superior en Europa, particularmente después del Proceso de Bologna (1999). También se convirtió en una alternativa a la financiación de la educación superior y la deuda estudiantil. *Cátedra Arte de Conducta* es uno de los primeros y más longevos proyectos de arte pedagógico, pero claramente viene de un marco político y social completamente distinto, desconectado de preguntas sobre privatización y debates del mundo del arte sobre estéticas relacionales.

Una de las primeras preguntas que la gente siempre quiere hacer sobre los proyectos de arte pedagógico –independientemente de donde se realizan– tiene que ver con las diferencias entre la academia convencional y una escuela de arte dirigida por un artista. ¿Cómo responderías a eso?

TB *Cátedra Arte de Conducta* tenía "participantes", no estudiantes, e "invitados", no profesores; era una plataforma de intercambio horizontal. Todo se hacía en mi casa y en la calle [Fig. 6]. El programa se armaba durante el proceso de enseñanza, surgía de las necesidades de la gente que participaba en el proyecto y del trabajo que estuvieran produciendo. Juntos decidíamos las líneas de investigación, quiénes serían los profesores visitantes, etc. Era orgánico y autoreflexivo –poco a poco fuimos definiendo la identidad del proyecto mientras avanzábamos. Nos dimos cuenta de que algunos temas eran recurrentes y algunos sistemas eran útiles; lo demás siempre cambiaba.

El primer año todos los talleres los hice yo, lo cual fue muy *ad hoc* para ver si funcionaba. El curador y crítico Eugenio Valdés Figueroa me ayudó mucho porque se ocupó de los talleres de crítica. No teníamos fondos, así que canalicé

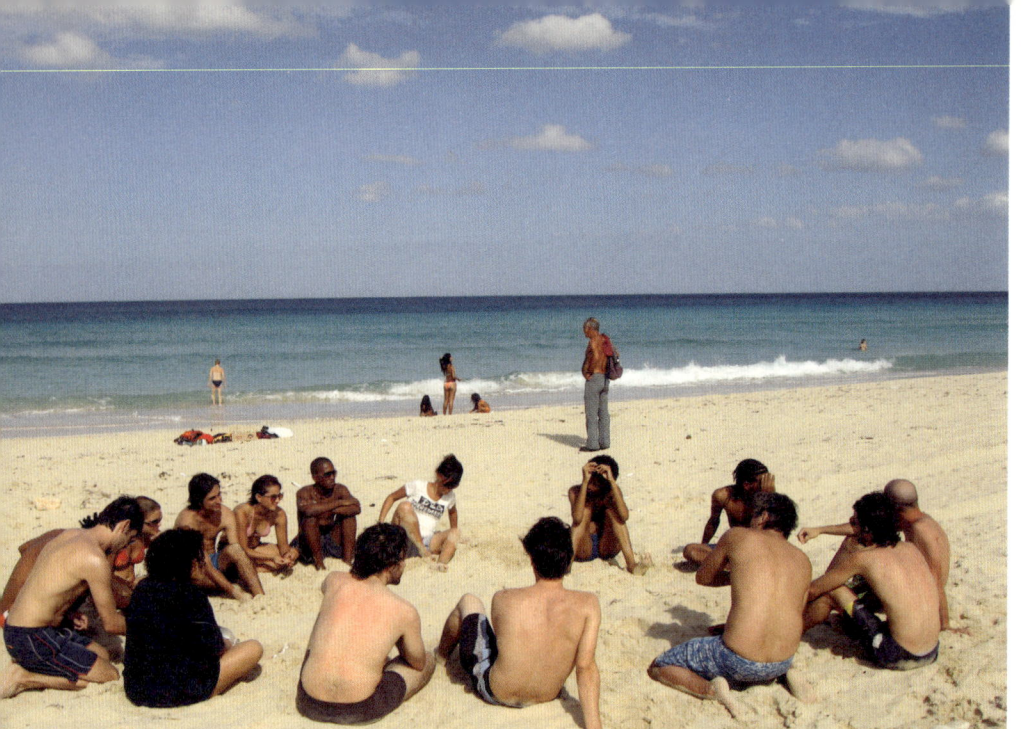

Fig. 6. *Cátedra Arte de Conducta*, Taller Sislej Xhafa, La Habana, 2008.

el dinero que ganaba como profesora en la Universidad de Chicago a la *Cátedra Arte de Conducta*. Después le pedí un asistente a ISA [Fig. 7].

CB Después de algunos años se volvió más formal, con un jurado que decidía qué estudiantes ingresaban al programa. ¿Esta burocratización fue algo que debió ser introducido cuando la escuela empezó a ser más conocida?

TB Bueno, el primer año yo quería convertirla en un programa de maestría en bellas artes. Pasé siete meses estudiando las formalidades, trabajando con un profesor de historia del arte en la escuela, haciendo todo el papeleo y la burocracia en la cual no creía, pero que me parecía que sería útil para los participantes. Pero en un momento pensé: "No, la legitimización no debería llegar con la entrega de un certificado, debería llegar porque uno hizo bien su trabajo". Inventamos el jurado como una estrategia para que la gente percibiera a la *Cátedra* como una escuela: necesitábamos una estructura definible y reconocible en medio de toda la experimentación para así poder ser libres y trabajar sin guion. De hecho, nunca respetamos las decisiones del jurado y la escuela estaba abierta a todo el mundo.

CB Bueno, cuéntame sobre los participantes. ¿Quiénes eran?

^{TB} Venían de todas partes, no solo del ISA. Teníamos escritores, arquitectos, sociólogos, bailarines, gente de teatro, un psicólogo, un historiador del arte. Novios y novias de los participantes terminaban siendo artistas. Todos los años era importante incluir a alguien que no se había formado como artista.

^{CB} ¿Limitaban el número de participantes para que pudieran entrar en tu casa?

^{TB} ¿Sabes qué? Es hermoso cuando hay cincuenta personas en un lugar donde solo caben veinte. De verdad siento que debería haber otras categorías por las cuales valorar el arte, como el entusiasmo que genera. Por eso nunca impuse límites, porque mientras más grande la conversación, mejor –especialmente porque estábamos enfrentándonos al mercado del arte y la educación estatal. Después de un tiempo, la *Cátedra* fue una clara alternativa a ambos.

^{CB} Cuéntame un poco de los talleres. ¿Qué tipo de temas abordaban?

^{TB} Desde el principio empezamos a hablar sobre la idea de usar el arte para resolver situaciones creativamente. Invitamos a un profesor de Matemáticas que hizo un taller sobre cómo los matemáticos resuelven problemas; habló sobre axiomas,

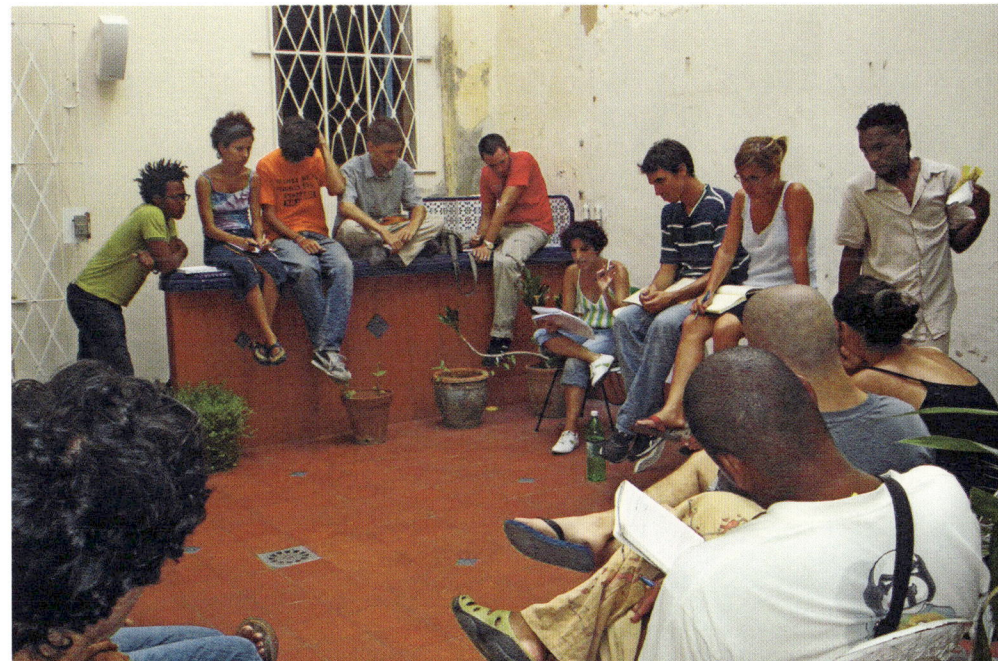

Fig. 7. Sede de *Cátedra Arte de Conducta*, 2005.

una forma de hipótesis, *si x, entonces y*. En otra ocasión, un dúo creativo llamado Celia y Yunior (Celia Irina González Álvarez y Yunior Aguiar Perdomo), investigaba sobre con contratos legales, así que invité a un abogado. Trabajamos con propiedad intelectual y su formulación legal. Siempre los animé a llevar la conversación hacia otras disciplinas y hacia la realidad. Otra clase fue con una brillante periodista latinoamericana de Chicago, Cecilia Vaisman, que impartió un taller que se llamó "¿Cómo construir la verdad a través de hechos?". Fue tan buena que la invitamos a repetirla el año siguiente y obras de muchos de los participantes surgieron de ello.

También disfruté los tres talleres que hizo Stan Douglas cuando vino a Cuba a hacer *Inconsolable Memories* [*Recuerdos inconsolables*], de 2005. Él es un video artista increíble, pero daba clases muy básicas sobre edición de video, porque nuestros participantes no sabían lo que estaban haciendo en términos técnicos. Desde el principio quedó claro que también debíamos ofrecer formación técnica; yo no quería que la escuela fuera tan vanguardista que la gente no supiera cómo tomar una foto.

Después, al ver nuestros nombres en los créditos del video de Stan Douglas, descubrí lo que la escuela podía ofrecer al trabajar junto a un artista tan experimentado en su obra. Así que hicimos esto mismo con varios artistas: Allora & Calzadilla, Christoph Büchel, Sislej Xhafa, Aníbal López. La otra ventaja de este método es que los mismos participantes se relacionan con distintos artistas y así descubren distintas formas de trabajar: algunos artistas responden a una situación cuando llegan, mientras que otros llegan muy preparados.

CB Ahora, sobre los profesores invitados, ¿eran artistas que conocías o cuyo trabajo te gustaba?

TB Elegí artistas que representaban acercamientos diferentes al arte político y social. En algún punto se reguló más y organizamos el semestre en torno a un tema. Por ejemplo, un año el tema fue la década de los ochenta.

CB Pero tú estabas particularmente interesada en invitar artistas de países que antes habían sido socialistas.

TB Sí. Traje a dos albaneses, un kosovar, un rumano y un polaco. Vi *Intervista (Finding the Words)* [*Buscando las palabras*] de 1998 de Anri Sala y esa obra me pareció muy importante para nuestro contexto: necesitábamos traer esa conversación a Cuba. Quería que los participantes vieran los problemas del postsocialismo en otros lugares –para que pudieran formarse una idea de cómo responder a esto cuando ocurriera en Cuba. Intentamos trabajar con tres temporalidades: el presente (lidiando con urgencias actuales), el pasado (con material que había sido borrado) y el futuro (con problemas potenciales).

CB ¿Sería correcto decir que tus invitados no eran los mismos artistas elegidos para las bienales de La Habana y que no eran conocidos en Cuba en ese momento?

TB Exactamente. Cuando trajimos a Thomas Hirschhorn a Cuba nadie sabía quién era, así que los estudiantes se sintieron cómodos haciéndole preguntas muy frontales y criticándolo. Recuerda que esta era la época en que era muy difícil viajar y se asumía que quien viniera de fuera era automáticamente un genio, especial, increíble, mejor que nosotros. Yo quería que los estudiantes tuvieran la misma relación con los artistas e intelectuales que al comienzo de la Revolución, cuando Jean-Paul Sartre y Simone de Beauvoir vinieron a Cuba y fueron vistos como sus iguales.

CB Recuerdo que tenías una estructura muy clara para los talleres. Cada artista invitado ofrecía una charla pública, hacía bastantes críticas con los participantes y les daba una tarea.

TB En algún momento la estructura se hizo un poco pesada. La idea era que ellos vieran cómo su obra era percibida por gente de otros contextos, entonces cada vez que llegaba un nuevo invitado, los participantes tenían que presentar su trabajo para recibir críticas. Yo quería que entendieran que si eres demasiado internacional a nadie le va a interesar tu trabajo porque ese tipo de obra puede ser vista en todas partes, pero si eres demasiado local, la gente va a estar completamente perdida, no va a entender y tampoco les va a interesar.

Dado que hablaban de su propia obra, cada semana por medio, y escuchaban las presentaciones de sus compañeros también, los participantes llegaron a conocer demasiado bien el trabajo de sus compañeros. Y esto originó dos ejercicios: ¿cómo puedes hablar de tu trabajo de otra manera pero sin traicionarlo? Y, ¿puedes presentar el trabajo de otro y ofrecer una nueva perspectiva sobre él?

CB ¿Puedes dar ejemplos concretos de los tipos de proyectos que los artistas invitados encargaban? Yo impartí clases ahí al mismo tiempo que Sislej Xhafa; él pidió que los estudiantes hicieran acciones en el lobby de un hotel (donde los cubanos tenían prohibida la entrada), afuera del Museo de la Revolución y en la playa.

TB Con Artur Żmijewski, los participantes tuvieron que recrear *El hombre de la cámara* (1929) de Dziga Vertov, como punto de partida para documentar la vida cotidiana de otros, entrando a las casas y siguiendo a la gente por la calle. A los participantes les costó mucho esto porque era muy entrometido, acuérdate de que esto fue previo a los *smartphones* y a Facebook/Instagram. Pero fue un buen ejercicio porque se vieron forzados a explorar temas éticos. Dan Perjovschi les pidió que hicieran un periódico sobre cosas que la gente no comentaba en público; no podían usar texto, solo imágenes. Esto fue muy importante porque en Cuba no hay medios de comunicación alternativos. Dora García les pidió a los participantes que activaran un chisme en La Habana; el más exitoso fue uno donde se decía que el Ministerio de Relaciones Exteriores ofrecía permisos de viaje y de negocios. La gente empezó a llamar a esos ministerios para indagar. ¡Y ahora ambos se hicieron realidad!

Exhibir Arte de Conducta

CB De los proyectos que salieron de la escuela, ¿puedes describir algunos que consideres emblemáticos? ¿Algunos de los que estás más orgullosa?

TB Creo que un buen ejemplo es Adrian Melis. Él hizo una pieza para la cual robó madera con la ayuda de un guardia cuyo trabajo era vigilar un depósito de

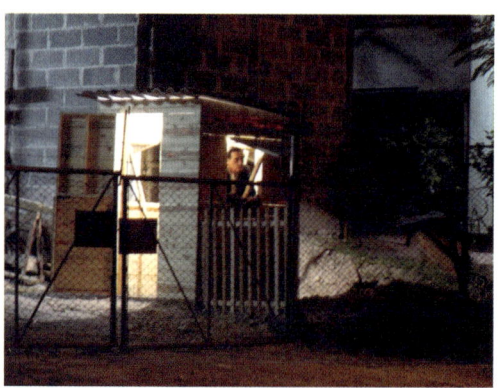

madera para que nadie robara. Con la madera robada hizo una pequeña caseta para proteger a ese mismo guardia de los elementos climáticos, porque no tenía ningún otro resguardo. Creo que este proyecto es un muy buen ejemplo del modo en que cuestionamos la legalidad y damos prioridad a la experiencia directa del sujeto con quien estamos trabajando. La obra final es mostrada en video, lo que es muy típico –muchos participantes terminaron resolviendo el problema de

Fig. 8. Adrian Melis, *Vigilia*, 2005/2006.

la documentación con video. Por esa razón, dedicamos los dos primeros años a pensar en diferentes alternativas para la documentación, y en los diferentes modos de transmitir información [Fig. 8].

Otra obra fue *The Scandal of the Real* [*El escándalo de lo real*] (2006–2007) de Susana Delahante. Había trabajado mucho tiempo con la idea de la muerte, hacía montajes fotográficos en los que ella aparecía como cadáver, o reproducía imágenes de suicidios o accidentes. En algún momento decidió que quería dar vida a través de la muerte; en otras palabras, quería embarazarse con el semen de un hombre muerto. Entonces fue al hospital y habló con un hombre antes de que muriera. Él aceptó e inmediatamente después de morir, se sometió a una inseminación artificial y quedó embarazada. Perdió al bebé poco después, pero durante el tiempo que estuvo embarazada, creo que fue un mes y medio, todos discutíamos sobre la ética y la estética de su gesto. En un principio, mucha gente dijo: "Esto no es arte". Esa fue la primera reacción pero muy rápidamente la gente empezó a preguntarse si el bebé era su obra de arte, si los registros médicos eran la documentación, etc., así que pienso que ese también es un buen ejemplo porque nos hizo cuestionar continuamente y debatir sobre la función y los límites del arte.

Hubo otra obra memorable que se llamó *El censo*, realizada por un dúo, Luis Gárciga y Miguel Moya. Llamaban a gente por teléfono y les preguntaban: *¿Estás en la lucha?*, sin especificar de qué lucha se trataba. La gente inventaba respuestas que revelaban lo que pensaban en realidad. La obra final fue una pieza de audio.

CB ¿Exponían las obras de los participantes?

TB Cada semestre hacíamos una exposición; duraba solo unas pocas horas pero se trabajaba a lo largo de cinco meses con un curador en residencia. Yo quería crear un currículum para los participantes.

CB ¡A pesar de tu actitud tan anticarrera!

TB Era una forma de legitimación para ellos después de dejar la *Cátedra*, porque la escuela estaba siendo cuestionada intensamente. Además era una especie de protección: después de haber estado en una exposición o en una bienal, al Ministro de Cultura le resulta más difícil atacarte. Y, como les dije desde el principio, puedes usar tu carrera profesional para tomar más acciones contra el sistema. Políticamente, realmente empujábamos al límite a los participantes y al público, así que tuve que asumir la responsabilidad de eso. Exploramos muchos temas –prostitución, dependencia a las drogas, la falta de contenido en la propaganda nacional, la existencia de una doble divisa– que no eran abordados en la esfera pública. Debido a esta responsabilidad, no hice arte en Cuba durante el tiempo que estuve dedicada a este proyecto, porque no quería que ellos sufrieran las consecuencias de mi arte político.

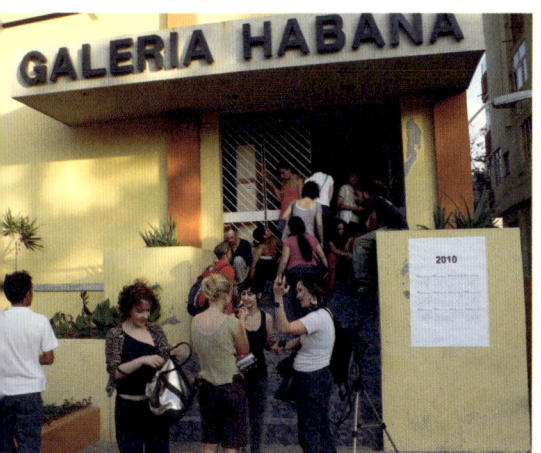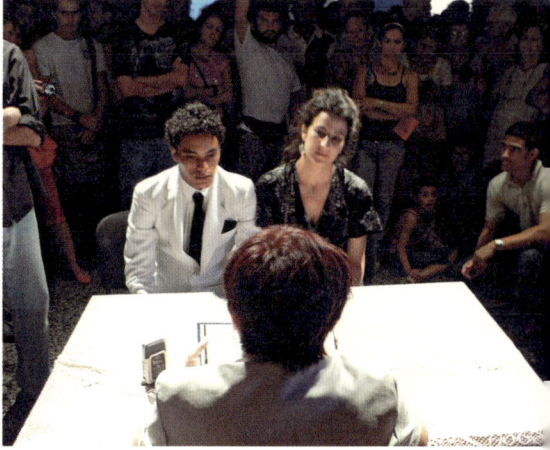

Fig. 9. Fachada de la Galería Habana y tres obras incluidas en *Estado de excepción*, 2009. De izquierda a derecha: Núria Güell, *Ayuda humanitaria*; Colectivo Makhina, *O'reilly 508*; Carlos Martiel, *Corpus Christi*.

CB Mencionaste documentación y transmisión. Durante los primeros cinco o seis años de la escuela fuiste muy cuidadosa a la hora de circular imágenes de la escuela y preferiste no hablar sobre la *Cátedra Arte de Conducta* en público ni representarla en exposiciones. Pero cuando te invitaron a participar en la Bienal de Gwangju en el 2008, decidiste mostrar el proyecto, ¿por qué?

TB Decidí mostrarlo por tres razones. La primera es que el proyecto ya había madurado y la bienal nos dio la oportunidad de probar nuestras ideas ante un público internacional. La segunda fue un ejercicio para los participantes y tercero es que fui invitada por Okwui Enwezor, con quien ya había trabajado en dos ocasiones. No tuve que explicarle nada: él había estado en Cuba, entendía cómo funcionaba el proyecto. Él vio los trabajos de los participantes y entendió inmediatamente mi gesto cultural y todos los roles que asumí, social, política y pedagógicamente.

CB ¿Pero también entendía el problema de intentar exhibir un proyecto como este?

TB Bueno, sí. Y le dije que no sabía cómo hacerlo. Entonces lo pensamos juntos y la solución fue una exposición dentro de una exposición. Siendo honesta, no sé si resultó, porque era la primera vez que había intentado mostrar la escuela. Fue una situación fuera de contexto y le faltó energía y urgencia. Sin embargo, participar en la Bienal de Gwangju fue bueno porque generó mucho debate una

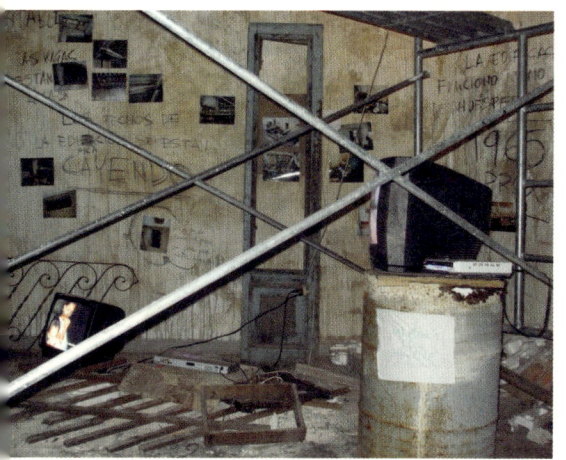
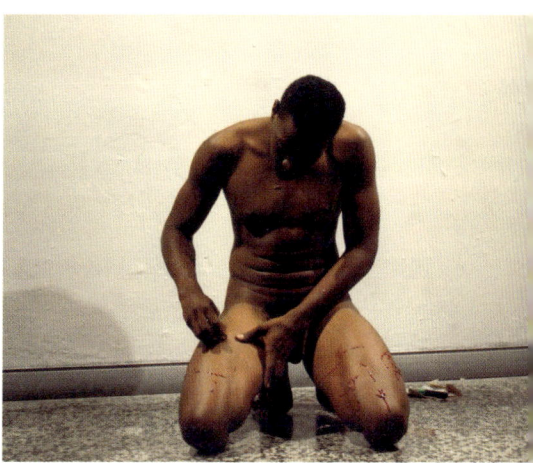

vez que regresamos a Cuba y los estudiantes obtuvieron reconocimiento, lo que a su vez les dio cierta influencia política.

CB Cuando decidiste mostrar nuevamente la *Cátedra Arte de Conducta* en la Bienal de La Habana en 2009, el ambiente era completamente distinto. Exhibiste el trabajo de los estudiantes en una muestra independiente, *Estado de excepción*, en la Galería Habana [Fig. 9]. La exposición cambiaba todos los días: a las cinco de la tarde se inauguraba una nueva muestra y a las nueve de la noche cerraba para ser desmontada. Y por diez días cumpliste con ese horario loco.

TB Entendí que a la exposición en Gwangju le había faltado el elemento más importante de la *Cátedra*: no los trabajos (aunque creo que eran excelentes), sino la energía y la intensidad del grupo discutiendo a las tres de la madrugada, y la muestra de tres horas que hacíamos cada semestre. Entonces me senté con Mailyn Machado, la coordinadora de la escuela los tres años anteriores, y conversamos sobre los temas principales que habíamos cubierto durante el curso: el tráfico de información, Arte Útil, jurisdicción, etc., y estos acabaron siendo los temas de la exposición de cada noche.

CB ¿Habría sido otra forma de reanimar el espíritu del arte de la Cuba ochentosa?

TB Quizás lo fue, inconscientemente. Fue una forma de revitalizar la exposición como evento y de ser fieles al espíritu de la *Cátedra*. Pero también tuvo que ver con el hecho de que soy artista de performance y siempre voy a darle prioridad a los momentos por encima de las exposiciones.

CB Aparte de su increíble energía, el otro aspecto distintivo de esta exposición fue que la obra de los participantes fue exhibida junto a piezas de artistas invitados como Thomas Hirschhorn, Anri Sala, Sislej Xhafa, Dora García y Elmgreen & Dragset.

TB Esta yuxtaposición reflejaba nuestro sistema no-jerárquico y el diálogo con los artistas invitados que venían a dar clase. Para muchos de los artistas que enviaron obras para esta exposición, era la primera vez que exponían en Cuba.

CB ¿Por qué el título, *Estado de excepción*?

TB Por supuesto viene de leer a Giorgio Agamben; lo sentí como un lenguaje común.[4] Cuba es un lugar en constante estado de excepción y la *Cátedra* era a su vez, un estado de excepción en relación con eso. Aún más, la exposición era un estado de excepción del proyecto.

CB Pero si tú organizabas exposiciones cada semestre, ¿por qué sería tan excepcional esta?

TB Esta fue la última exposición del proyecto y como se realizó durante la Bienal de La Habana, llegó a un público más amplio. La Bienal misma es un espacio de excepción donde es más fácil abordar temas políticos gracias a la presencia y la atención internacional. Entonces, creo que el título expresó un reconocimiento del marco dentro del cual estábamos exhibiendo. También fue una forma de reconocer que la *Cátedra* partió como una reacción a la Bienal pero terminó formando parte de ella; ahora los participantes podían relacionarse con la Bienal por su cuenta.

CB Recuerdo que al momento de esta exposición te estabas preguntando seriamente si seguir o no con la escuela, porque los estudiantes querían continuar y tú querías trabajar en otros proyectos.

TB Sentí que el proyecto se había vuelto demasiado estructurado y los participantes demasiado autocomplacientes. Era demasiado fácil para ellos. Abrían la boca y se les daba comida. Eso no es educación. Otro factor fue que el Ministerio de Cultura quería apropiarse del proyecto, reubicándolo en el ISA para así controlarlo mejor, y tuve que decidir entre traicionar el proyecto o mantenerlo "puro".

4. Giorgio Agamben, *Estado de excepción*, (Valencia: Pre-Textos), 2004.

^{CB} Entonces ahora, reflexionando sobre el proyecto, ¿hay cosas que harías de manera distinta en la *Cátedra Arte de Conducta*?

^{TB} Una cosa a rectificar sería la documentación, ahora haría un libro cada año. Esa fue mi culpa como artista. Yo armé un biblioteca en mi casa y creo que fue extremadamente importante –cada vez que regresaba a Cuba llevaba dos bolsas llenas de libros. Pero podríamos haber hecho mucho más con nuestras publicaciones. Yo quería hacer libros pero no tenía los recursos. Por lo demás, es uno de los proyectos que más satisfacción me ha dado, y el trabajo actual de los antiguos participantes es una confirmación de que algo hicimos bien.

^{CB} ¿Has hecho el ejercicio de comparar *Cátedra Arte de Conducta* con experimentos anteriores de educación artística –como los de Lygia Clark en la Sorbonne a principios de los años setenta, de Joseph Beuys en Düsseldorf en la misma década, o de Luis Camnitzer en SUNY (Universidad del Estado de Nueva York) Old Westbury? Camnitzer ha escrito textos hermosos sobre la relación entre arte y pedagogía.

^{TB} Esto ocurrió antes del acceso a Internet y antes de que los proyectos pedagógicos conducidos por artistas fueran valorados y conocidos. Yo solo conocía la propuesta de Beuys. Pero, para ser honesta, esta obra estuvo más relacionada con una tradición pedagógica cubana. Antes de la *Cátedra* hubo algunos intentos de crear proyectos de educación alternativa. Primero, Elso Padilla, mi profesor en los años ochenta, creó una situación de estudio abierto impartiendo clases en el campo y no en la escuela. El otro modelo de los años ochenta fue un grupo de jóvenes artistas cubanos y un historiador del arte (Flavio Garciandía, Consuelo Castañeda y Osvaldo Sánchez) que tomaron el ISA. Antes había estado en manos de los rusos, así que fue realmente revolucionario: empezaron a estudiar Arte conceptual y no el Realismo socialista; y propusieron la idea de recuperar la historia nacional y las tradiciones, planteando esto dentro de los debates internacionales. Eso fue increíble y tuve la buena fortuna de ser parte de ambos experimentos.

Luego, en los noventa, estaban René Francisco (Galería DUPP) y Lázaro Saavedra (Grupo Enema), con sus propios proyectos pedagógicos.[5] Creo que la *Cátedra* es también una respuesta a los de ellos. El grupo de René Francisco,

5. Galería DUPP, cuyas siglas significan *Desde una Pragmática Pedagógica*, fundado por el profesor René Francisco Rodríguez en 1989, era un colectivo de quince artistas, la mayoría de los cuales estudiaba en el ISA. El Grupo Enema fue fundado el 2000 por Lázaro Saavedra y utilizaba la ciudad como un sitio para performances e intervenciones.

tenía demasiado interés en autopromocionarse, en el desarrollo de las carreras individuales; ya ninguno de los participantes son amigos. El colectivo de Saavedra era más sociable; hacían arte colectivo y las obras resultantes eran viscerales y realmente buenas, pero por alguna razón el grupo colapsó. Creo que es importante tener un ecosistema emocional sólido que permita una intensidad positiva y un ambiente de honestidad brutal entre los participantes. *Cátedra Arte de Conducta* no fue una estrategia para hacernos famosos rápidamente, sino un lugar donde ejercimos la democracia dentro de una dictadura.

CB Entonces, ¿qué conseguiste con la escuela? Sé que te gustan los resultados demostrables.

TB Vacilo en decir esto. . . , pero algunos textos de críticos cubanos dijeron que logramos cambiar la conversación sobre arte en Cuba: si antes se orientaba a la aspiración y al mercado, ahora era más social y política. La escuela recuperó la idea de que el arte proveniente de Cuba podía ser internacional sin seguir tendencias internacionales. Le dio a la gente joven un espacio democrático donde podían ser honestos entre ellos, y un lugar donde podían sentirse seguros criticando lo que ocurría en la sociedad cubana. Sentó las bases para una discusión más seria y sostenida sobre la responsabilidad cívica del artista, que es la misión central del INSTAR [Instituto de Artivismo Hannah Arendt, ver página 253].

Capitalismo Genérico

CB Además de la escuela en La Habana, usaste el término Arte de Conducta para describir varias otras piezas, como Capitalismo genérico (2008–2009), una serie de dos intervenciones performativas que reflexionan sobre la naturaleza del capitalismo contemporáneo.

TB Tiendo a trabajar en series porque a veces no logro entender del todo una idea inmediatamente. En el caso del Arte de Conducta ocurre lo contrario: empecé con la escuela, que es el principal ejemplo del Arte de Conducta y esto se convirtió en una forma de desarrollar y entender la idea. Capitalismo genérico es una serie. Una de las obras fue realizada en París en 2008: una actriz está en el balcón de un edificio con un megáfono leyendo un capítulo de *El nuevo espíritu del capitalismo* (1999) de Luc Boltanski y Eve Chiapello. Buscaba maneras de cuestionar a la izquierda, pero esta obra no fue tan exitosa.

Hice otra versión de *Capitalismo genérico* en Chicago, en 2009, con Bernardine

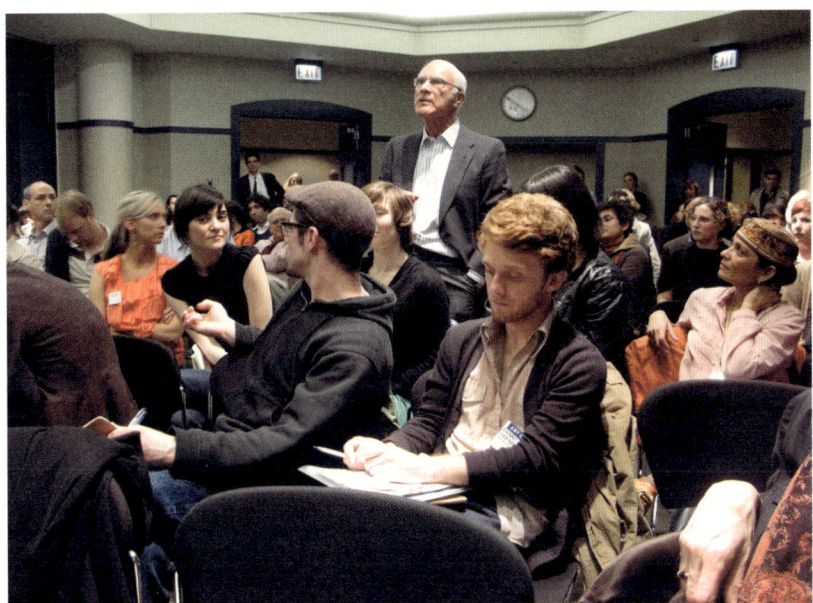

Fig. 10. *Generic Capitalism* [*Capitalismo genérico*], Conferencia Our Literal Speed, Chicago, 2009.

Dohrn y Bill Ayers, dos de las figuras más importantes de Students for a Democratic Society [Estudiantes para una Sociedad Democrática], una organización activista de los años sesenta de la cual más tarde salió una fracción que se convirtió en The Weather Underground. La gente los llamaba revolucionarios y eso despertó mi interés: ¿cómo cambia la condición de ser un revolucionario? Tras haber estado treinta años en la lista de los más buscados por el FBI, ahora son figuras míticas para la izquierda, especialmente para los más jóvenes. Pero para 2009 ya eran profesores universitarios en sus sesenta. Eso me hizo preguntar: ¿qué pasó con toda la chispa y la energía de la izquierda [Fig. 10]?

CB Esta versión de *Capitalismo genérico* ocurrió en el contexto de "Our Literal Speed" [Nuestra velocidad literal], una serie de conferencias que conscientemente jugaba con los formatos académicos.[6] Todas las contribuciones fueron performativas o, de alguna manera, subvertían la estructura de la conferencia académica. ¿Podrías describir cómo fue la experiencia del público?

TB Al principio el evento parecía ser una mesa redonda común y corriente: yo estaba sentada en una mesa con Dohrn y Ayers y el público entró a la sala.

6. La conferencia "Our Literal Speed" [Nuestra velocidad literal] se llevó a cabo del 30 de abril al 2 de mayo, 2009, en la Universidad de Chicago.

En otras ocasiones yo había usado el formato del panel de discusión como un vehículo para la performance, pero aquí hice solo dos preguntas. Obama había ganado la elección del 2008 y se respiraba mucho entusiasmo y euforia, especialmente porque estábamos en su ciudad. Entonces les pregunté: "¿Qué hacen cuando comparten las creencias políticas de la persona en el poder? ¿Cuando gana la persona por la cual ustedes votaron, cuál es el siguiente paso en la lucha?". Con eso, los dejé solos y empezaron a discutir el tema. Ambos son excelentes oradores, realmente motivadores. Pero yo había colocado tres personas en el público y les dije que interrumpieran apenas escucharan algo que les molestara o con lo que no estuvieran de acuerdo.

CB ¿Eran tres estudiantes?

TB Sí. Dohrn y Ayers son figuras intimidantes, pero la primera persona en el público se puso de pie y, muy lentamente, empezó a explicar por qué no estaba de acuerdo. Luego el otro interrumpió y no los dejó hablar. Yo quería que el público experimentara un cambio en el poder –uno en el que los conferencistas perdieran el control y el público quedara a cargo y se convirtiera en la obra.

CB ¿Y resultó?

TB ¡Resultó muy bien! Al principio no podía entender por qué y al día siguiente descubrí que fue porque la sala estaba llena de académicos. Por supuesto que iba a resultar.

CB ¿Cómo lograste finalizar el evento? Esto suele ser un problema cuando preparas una situación que esperas se desarrolle de forma impredecible, porque la realidad se apodera de la obra de arte.

TB No tenía idea de cuándo debía terminar. En cierto momento ya no pudieron más y Bill me pidió permiso para retirarse, devolviéndome mi autoridad como directora del evento. A partir de ese momento diría que se fue apagando de forma natural. La gente salió de la conferencia sintiendo que la discusión había sido muy interesante, pero nadie la vio como arte. La gente se sentía muy perturbada. No entendían la totalidad como una obra de arte.

CB Recuerdo que mis colegas académicos en ese tiempo dijeron que tu obra había sido un fracaso total, porque ellos solo podían verla como una mesa redonda sin fuerza y no como una situación que involucraba al público. Luego, en el libro

After Art [*Después del arte*], de 2013, David Joselit analiza largamente *Capitalismo genérico*, que resultó fundamental para sus observaciones sobre las redes en las que circulan las imágenes y el arte y los usos que se le da al arte.

TB Me encantó el hecho de que la obra no fuese entendida por esos académicos que definen el arte contemporáneo. Para mí es un éxito si en un principio la obra no es leída como arte –negocias el formato (en este caso una discusión pública) sin que sea visto a través del marco del arte.

CB Parece que esa incertidumbre es pertinente a tu idea del Arte de Conducta; la gente no siempre sabe si está dentro de una obra de arte. Para mí esto se relaciona con Augusto Boal y su idea del "teatro invisible" en la Argentina de los años setenta, como una forma de montar debates políticos en público pero evitando la censura y la represión. ¿Fue Boal un punto de referencia para ti?

TB No, desafortunadamente no. Boal es muy conocido en Cuba, pero no recuerdo haber visto su trabajo durante mi época de estudiante; era más conocido en el mundo del teatro. Yo fui parte de un grupo de teatro experimental y sus puntos de referencia eran Eugenio Barba, Jerzy Grotowski y Robert Wilson. Recién supe de Boal en 2011 cuando trabajaba en *Movimiento Inmigrante Internacional*. Conocí a Boal y también a John Dewey gracias a Tom Finkelpearl.

Tatlin's Whisper

CB Otro ejemplo importante del Arte de Conducta es Tatlin's Whisper [El susurro de Tatlin], una serie que se apropia y recontextualiza gestos del ámbito de los medios de comunicación. ¿Fue esta una elección duchampiana, una variante del readymade?

TB No, no es duchampiana. No estás quitándole el uso, sino enunciándolo y enfatizándolo. Tiene que ver más con lo emocional que con el intelecto. Es sobre la activación del ciudadano. Esta serie surge de la idea de que la gente hoy en día está anestesiada con respecto a las noticias de otras partes. Entonces decidí trabajar con una imagen que representara esas noticias, insertándola en la experiencia directa y real de la gente, para que no pudieran seguir siendo indiferentes. La idea es que después de la experiencia la gente entienda mejor, a un nivel visceral, lo que el otro está viviendo. Estaba buscando empatía más que simpatía.

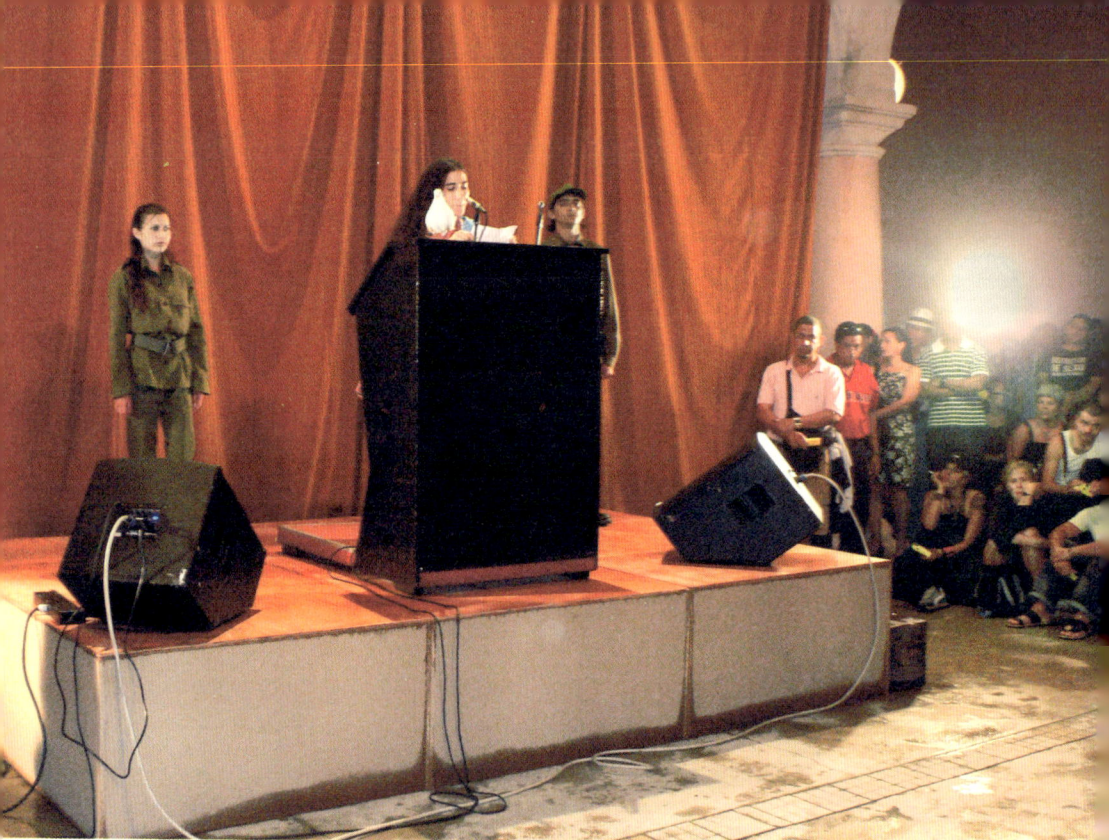

Fig. 11. *Tatlin's Whisper #6 (Havana Version)* [*El susurro de Tatlin #6 (Versión de La Habana)*], Bienal de La Habana, 2009.

^{CB} La obra número 6 de esta serie fue realizada en el 2009 durante los primeros días de la Bienal de La Habana, en el Centro Wifredo Lam. Cuando la gente ingresó al patio, vio al fondo un escenario elevado frente a una cortina teatral inmensa, de terciopelo, color mostaza. Sobre el escenario había un podio con dos micrófonos [Fig. 11].

^{TB} Había mucha tensión porque parecía el escenario para un discurso oficial.

^{CB} Como esta era tu primera obra en Cuba desde 2003, llegó mucha gente. Nadie sabía lo que ibas a hacer. Elevaste aún más la expectativa repartiendo cámaras desechables, lo que nos hizo suponer que en el escenario iba a pasar algo digno de ser fotografiado.

^{TB} Quería añadir ese elemento visual (el repentino brillo del flash de las cámaras) pero pronto quedó claro que este gesto dio al público un rol en la documentación de la obra, en su existencia posterior. Eso también hizo que el público se sintiera responsable, fueron testigos. La obra comenzó cuando Guillermo

Gómez-Peña hizo un anuncio: "Aquí hay doscientas cámaras para ustedes. El que quiera hablar tendrá un minuto de libertad de expresión para decir lo que quiera".

CB Luego hubo una gran pausa.

TB Exactamente. El espacio del miedo.

CB Creo que pasaron unos tres minutos, pero se sintieron como quince.

TB Para mí fue como una hora.

CB Pero para ti, ¿no fue también el miedo de que nadie subiera al podio a hablar?

TB De cierto modo, eso habría estado bien también: el "fracaso" habría revelado el tipo de momento político que estábamos viviendo. Pero yo quería impulsar esto, así que coloqué tres personas entre el público para asegurarme de que algo pasara. La primera persona, Lupe Álvarez, es una crítica muy importante de los noventa en Cuba que abandonó el país en el año 2000; esta era la primera vez que regresaba desde entonces. La vi un par de días antes y cuando le conté de la obra se puso a llorar. Entonces, en la performance, ella se subió al escenario y empezó a llorar. No le pedí que hiciera eso, a mí me pareció un poco sentimental. Quizás era real. En todo caso marcó el tono adecuado: simbólicamente funcionó como un momento de trauma después del cual todo el mundo pudo hablar.

CB Luego subió Yoani Sánchez, la bloguera disidente que hablaba sobre las libertades en Internet.

TB Para ser honesta, su discurso más o menos repitió lo que decía en su blog, pero su presencia –la primera en un espacio público– fue un gesto desafiante para el Gobierno e hizo la pieza mucho más real. Llegó con un grupo de blogueros disidentes y eso ayudó a establecer el ánimo. También hizo mucha promoción después del evento con dos publicaciones en su blog, lo cual hizo que la obra fuera muy conocida entre los cubanos en general.

La tercera persona que coloqué fue un crítico, Eugenio Valdés, que vivía en Brasil. Él hizo algo muy hermoso: repitió una frase que se dijo inmediatamente después del discurso *Palabras a los intelectuales,* que Fidel Castro dio en 1961, un discurso que marcó la política cultural. Después de lo de Fidel, Virgilio Piñera (mi escritor cubano favorito) se acercó al micrófono y dijo: "Tengo miedo". Eso fue todo lo que hizo. Entonces Eugenio contó esta historia y luego dijo: "Yo también tengo miedo".

CB ¿Qué tipo de posiciones políticas había entre el público que habló después de estos oradores?

TB Creo que la mayoría expresó su inconformidad, pero también hubo algunos que defendieron la Revolución. Esa mezcla fue perfecta; así es como funciona la democracia. Mi intervención favorita fue la de la bloguera Claudia Cadelo, cuando dijo: "Espero que un día la libertad de expresión en Cuba no tenga que ser una performance".

CB No hemos hablado del montaje teatral que inventaste para este evento. Las cámaras eran importantes porque creaban una oleada de flashes cada vez que alguien subía al podio. Pero también había una persona con uniforme militar, a cada lado del orador, uno de los cuales ponía una paloma blanca en el hombro de quien estuviera hablando.

TB No quería que esto fuera una obra de "la libertad de expresión en un minuto", que es un ejercicio realizado por gente en todo el mundo. Quería vincularlo a Cuba. En 1959, mientras Fidel daba su primer discurso, una paloma aterrizó sobre su hombro y todo el mundo pensó que esto significaba que Fidel era el elegido. La idea de que alguien (cualquiera) pueda ser "el elegido" era muy importante para mí. *El susurro de Tatlin* usa elementos muy simbólicos y trabaja con la memoria cultural, por eso creo que a la gente le gusta tanto, todavía usa unas estrategias antiguas.

CB Dices que son "estrategias antiguas" pero la cultura y la política siempre han operado (y continúan operando) con símbolos. Aquí tú tomaste un recuerdo cultural de 1959 y lo reprodujiste (tal vez lo remontaste) en el momento presente del 2009.

TB Los dos guardias originalmente eran una solución para el problema de cómo colocar una paloma en el hombro del orador. Después me di cuenta de que debían estar vestidos de militares para crear un conflicto en la imagen. Porque si incluyes la imagen del ejército en la performance, es más difícil para el ejército o la policía secreta sacarlos de ahí: daría la impresión de que el ejército se hubiera rebelado contra sí mismo. Mucho después entendí que había sido una buena idea, porque la imagen que había creado incluía elementos de libertad pero también de represión. En el momento de hacerlo, creo que no aprecié del todo que las cámaras realmente sirvieron para proteger a la gente.

CB ¿A qué te refieres?

TB Porque había mucha ansiedad sobre qué iba a pasar con la gente que participaba. Pero si alguien hubiese sido arrestado, doscientas cámaras habrían registrado el momento. Funcionaron como un escudo. El éxito de esta pieza es que paralizó la censura, no supieron cómo pararla.

CB ¿Qué tipo de conducta estabas manipulando en esta obra? En Chicago estaba bastante claro que con *Capitalismo genérico* estabas jugando con las convenciones de comportamiento en una conferencia académica, pero también con la retórica performativa de la vieja izquierda.

TB Parte de mi metodología consiste en poner la propaganda a prueba. Cuando Raúl Castro asumió el poder invitó a los cubanos a hablar sobre su situación. Esta obra hizo lo que él pidió; y demostró que su invitación había sido un truco de relaciones públicas. Los cubanos tienen un comportamiento muy específico hacia la política –principalmente miedo– y una doble moral. Yo quería trabajar con ese miedo individual y colectivo –quería exhibirlo– y ver qué pasaba. Pero la obra no solo se trata de exponer el presente. También pregunta: ¿Qué pasaría si ya estuviéramos en el futuro? ¿Cómo te preparas para el futuro hoy? El arte puede ser un ensayo de la realidad.

CB No podía entender todos los discursos, pero la atmósfera era intensa, había miedo y emoción. Esa es una sensación que solo he experimentado en marchas políticas, manifestaciones, protestas y elecciones –nunca en una obra de arte.

TB La atmósfera que viviste fue la intensidad de descubrir, por primera vez, cómo se siente la libertad.

Otros Artistas de Conducta

CB En tu opinión ¿qué otros artistas están haciendo Arte de Conducta hoy?

TB Obviamente los participantes que pasaron por la escuela y algunos artistas más jóvenes que estudian lo que hicieron esos participantes. Algunos de los artistas que vinieron a enseñar en la escuela. Pero hay otros ejemplos: cuando Santiago Sierra compró el premio León de Oro de Regina José Galindo en 2007, fue un gesto tan claro, violento, neocolonial y neopatriarcal, que reveló lo que mucha gente pensaba: que un artista reconocido, hombre, blanco, europeo debía recibir el premio y no una joven mujer guatemalteca. O cuando Aníbal López asaltó con pistola a una persona de clase media en Guatemala y usó el dinero para pagar el cóctel de la inauguración de su exposición. *El préstamo* de 2000 fue Arte de Conducta, a diferencia de su obra en Documenta 13, cuando llevó a un sicario a Kassel y dejó que la gente le hiciera preguntas.

CB ¿Por qué esa obra de López (*Testimonio*, 2012) no es Arte de Conducta?

TB Porque se quedaba en el ámbito de la representación; era solo una oportunidad para que la gente accediera a la violencia de América Central. No estabas implicado, como sí lo estaba una persona rica en la inauguración de su exposición bebiendo un cóctel frente a un gran texto que describía la premisa de *El préstamo*, que les recordaba lo que podía ocurrirles en cuanto salieran de la exposición.

CB ¿Alguno que esté trabajando en los Estados Unidos?

TB Cuando La Casa Blanca, durante esta administración de Trump, le pidió a la curadora Nancy Spector el préstamo de una obra del Guggenheim Museum, ella ofreció el inodoro de oro de Maurizio Cattelan titulado *America* (2016). Esa fue una obra de Arte de Conducta. ¡Y además tenía sincronía con el tiempo político! También Parker Bright, el artista/activista que en protesta se paró en frente de la pintura que representa a Emmett Till de Dana Schutz en la Bienal del Whitney de 2017.

CB ¿Por qué crees que eso fue Arte de Conducta y no una protesta?

TB Comparemos Parker Bright a Liberate Tate, el grupo que protestó contra el patrocinio de la petrolera BP en la Tate Modern. Bright retoma una imagen que pertenece a un grupo cultural; él hace el gesto de reapropiarse de esa historia. El caso de Liberate Tate evidencia un problema interno en la institución; tuvo el efecto de aumentar la conciencia (lo que está muy bien) pero eso no necesariamente tiene que ver contigo individualmente. En cambio con Bright, independiente de tu raza, te implicaba en el asunto. Debido a su presencia física como persona negra, con una historia en su cuerpo, puso a todo el mundo en

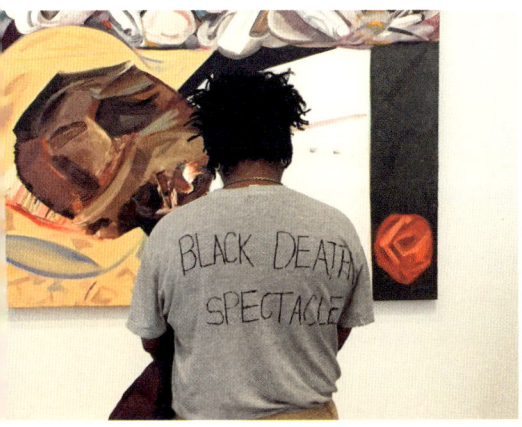
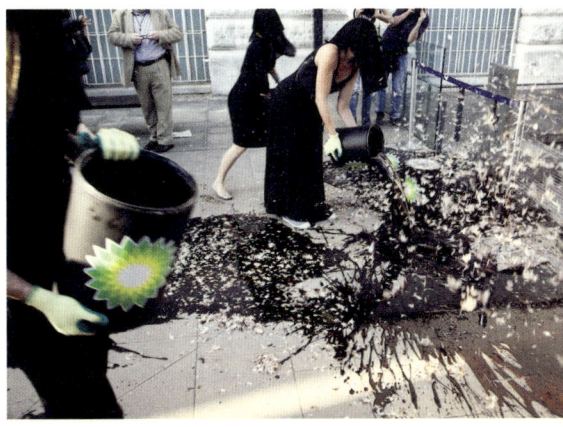

Fig. 12. Parker Bright protesta ante la pintura de Emmett Till de Dana Schutz, Whitney Museum of American Art, Nueva York, marzo, 2017.

Fig. 13. Liberate Tate [Liberar al Tate], *License to Spill* [*Licencia para derramar*], 2010.

una posición de autocuestionamiento, cosa que la pintura de Schutz no hacía [Figs. 12, 13].

CB Finalmente, ¿por qué crees que, hoy en día, el Arte de Conducta es una estrategia importante para los artistas?

TB El mundo se está haciendo cada vez más autoritario y es importante hacer arte que sea legible para personas que no son expertas.

CB Estoy de acuerdo, pero ¿qué tiene que ver la conducta con eso? ¿Por qué el *gesto* es tan central para la legibilidad?

TB Porque es un lenguaje que todo el mundo entiende. No necesitas tener un conocimiento del arte o referencias externas para comprenderlo. La conducta es un lenguaje común en una sociedad, un constructo colectivo cuyo significado está acordado; no tienes que explicarlo. La palabra "conducta" pierde algo al ser traducida al inglés como *behavior* [comportamiento], porque, en español, la palabra no habla solo de conducta social sino también de su transmisión (conducción).

CAPÍTULO DOS
POLITICAL TIMING SPECIFIC ART

^{CB} Political Timing Specific Art [Arte en sincronía con el tiempo político] suena aparentemente como una corrección al concepto de *site specific art* [arte in situ], un término cuyo carácter mismo ha cambiado radicalmente desde que comenzó a ser usado en los años sesenta. Lo que empezó como un acercamiento formal a la instalación (en respuesta a la ubicación física, la galería o lugar exterior) se expandió durante los ochenta y noventa para poder abordar la historia específica o identidad pasada de un lugar e incluso para incluir a la comunidad o comunidades que habitan y usan el sitio. Esta comprensión social del lugar fue el aporte del nuevo género de arte público, arte socialmente comprometido y la práctica social.[7] ¿Cuándo y cómo llegaste al término "Political Timing Specific Art"? ¿Lo ves como una respuesta a la obra in situ?

^{TB} Recurrí al término Political Timing Specific Art en 2008, después de años de explicar la importancia del contexto político en el que la mayor parte de mi obra existe y adquiere significado. Durante mucho tiempo me referí a mi trabajo como obra in situ, incluso a veces como *socially engaged practice* [práctica del arte con dimensión social], pero con el paso del tiempo me di cuenta de que la gente siempre respondía a la dimensión cultural/antropológica de mis obras, más que a las dinámicas políticas y de poder, que era lo que a mí me interesaba principalmente. Entonces decidí remplazar el sitio con el *tiempo político*, el recurso con el que operan los políticos, como material de mi obra. No me interesa hacer arte que sea un comentario social a posteriori, sino que quiero usar el arte para intervenir en el momento específico cuando la política está tomando forma, cuando las decisiones se están negociando, y quizás puedan cambiar –esto es especialmente importante en situaciones en donde los ciudadanos no tienen poder.

Tradicionalmente, el arte tiende a señalar un problema o protesta después de que la decisión ha sido tomada. El Arte en sincronía con el tiempo político, por el contrario, involucra a los políticos y al público en general. El arte se convierte en una fuerza política a tomar en cuenta.

Quería regresar al comienzo de mi trabajo, a *Homenaje a Ana Mendieta*

---

7. Para una definición y una discusión sobre el nuevo género de arte público [*new genre public art*], ver Suzanne Lacy, *Mapping the Terrain: New Genre Public Art* (Seattle: Bay Press, 1995) y Miwon Kwon, *One Place after Another: Site-Specific Art and Locational Identity* (Cambridge, MA: MIT Press, 2002).

(1986–96) y a los periódicos *Memoria de la postguerra I* y *II* (1993–94), en los cuales respondí a la política específica de un momento particular (ambas obras se discuten en detalle más adelante). Empecé a darme cuenta de que, una vez que la ley o la cultura política cambian, una obra en sincronía con esas circunstancias ya no necesita existir más y se convierte solo en un documento de esa época. Así que, si quería que mi arte fuera político, no solo debía tener referencias contextuales y culturales específicas, sino que también debía trabajar dentro del momento político del tema tratado y por lo tanto generar consecuencias políticas.

CB ¿Entonces lo ves como una manera de intentar integrar la especificidad política de ciertos lugares al significado de la obra?

TB No tiene que ver solo con temas políticos, se trata de entender cómo, bajo ciertas circunstancias, la política también puede definir lo artístico y lo estético. Yo celebro el hecho de que la obra no va a tener un significado estable, porque la política funciona con la percepción de las ideas conforme van evolucionando en tiempo real y con el panorama emocional que genera esta percepción.

CB Entonces, supongo que esta insistencia en el tiempo político tiene consecuencias para la vida de la obra y su posibilidad de ser montada en el futuro.

TB Exactamente. Es por esa razón que promuevo el re-hacer, en lugar de re-montar o re-performatizar. Una obra de Political Timing Specific Art es difícil de rehacer si cambian las condiciones políticas que la generaron. La obra debe ser adaptada a una nueva situación política o esperar hasta que las condiciones originales resurjan de alguna forma. Quizás sea necesario reorientar la obra para abordar otro asunto que no esté resuelto social o políticamente para tocar una fibra tal como lo hizo la primera vez.

Quizás el aspecto más importante de Political Timing Specific Art es que la obra solo será como es en ese momento político en particular; si es realizada antes o después no tendrá ni la misma forma ni las mismas consecuencias. La obra es un indicador de una sensibilidad política determinada. Political Timing Specific Art ocurre en el espacio entre el imaginario del artista o el público de una nueva realidad política y la versión que ofrece el político de esta misma realidad.

CB Me da la impresión de que para ti es importante que Political Timing Specific

Art termine por producir una polémica o atención mediática. De hecho, pareces que floreces con esta atención como evidencia de la potencia de tu obra.

TB Los medios juegan un papel porque son respetados y temidos por los políticos. Es el canal que usan para comunicar y generar una narrativa que después se convertirá en historia, y nosotros (los ciudadanos) queremos ser parte de esta narrativa. Usar los medios es necesario para distorsionar su voz y crear una narrativa alternativa. Es importante hacer notar, sin embargo, que incluso cuando los medios están interesados en la visión de los ciudadanos, en este caso la artista, siempre privilegiarán a los políticos con quienes tienen intereses y compromisos de largo plazo. Pero los medios son una bestia sedienta y es muy difícil no ceder ante el sensacionalismo que la alimenta y, en lugar de eso, usarlos para generar un mensaje que haga que la gente piense y discuta el problema y no se centre en la persona que lo generó.

CB Esto parece particularmente urgente considerando el Gobierno actual en los EE.UU., que fabrica y despliega choques de personalidades de manera permanente para desviar la atención de los medios de los temas realmente preocupantes. Así, los periodistas se fijan en los tuits ridículos del Presidente en lugar de mantener el enfoque en los temas políticos complejos. Sé que tus ideas sobre la sincronía con el tiempo político derivan de tus experiencias en Cuba y no los EE.UU., pero me parece revelador que la política contemporánea occidental use cada vez más los afectos para influir en la opinión pública. ¿El arte sincronizado con el tiempo político hace lo mismo?

TB Estados Unidos tiene una administración pública falsamente populista, y una de las estrategias del presidente es usar el lenguaje de la gente, que es Twitter. Las redes sociales tienden a ser sinónimo de reaccionar más que de procesar; hay un espectro emocional genérico simplificado (*like* o *dislike*), y se llega a conclusiones por los encabezados más que por los contenidos. El presidente de Estados Unidos está empecinado en crear un mundo que no existe en la realidad. Así que en este momento es de hecho muy adecuado para el Norte emplear algo que se generó en el *global South* [Sur global], porque nosotros ya atravesamos por esto en nuestros países.

Precisamente dado lo que está ocurriendo en Estados Unidos, y en el mundo, ya no es suficiente producir arte como reacción o comentario. Es momento de hacer arte para lo que no ha ocurrido y lo que está por ocurrir.

^{CB} ¿Cómo distingues entre la sincronía con el tiempo político y lo tópico? En otras palabras, una obra que comenta oportunamente sobre eventos actuales.

^{TB} Es la diferencia entre la observación y la participación: hacer un comentario sobre algo no es lo mismo que querer cambiarlo. Political Timing Specific Art es un método de trabajo difícil porque es un enfrentamiento pleno y directo con el poder y usa algunas de las herramientas y estrategias del mismo.

Por supuesto, puedes hacer referencia a realidades políticas y crear conciencia pública sin hacer arte sincronizado con el tiempo político. Pero cuando haces una obra de arte donde el significado está definido por una situación política que se está desarrollando, y cuando usa como material creativo algunos de los mismos elementos que generan la situación política, cuando la obra de arte se convierte en un punto de referencia irremediablemente ligado a la evolución de los hechos históricos y su posterior análisis (realizado por políticos y artistas, y por historiadores e historiadores del arte), cuando el control y las consecuencias de la obra no están en manos del artista sino que son decididos por un gobierno o por quienes están en el poder, cuando la obra desata una cadena de respuestas políticas o resulta en la creación de nuevas políticas o leyes, cuando la existencia de la obra altera el curso de los eventos políticos, cuando la gente puede ver en la obra de arte un espacio de participación que no encuentra en la situación política –esos son los factores que hacen que una obra sea específica a un tiempo político.

Political Timing Specific Art usa el capital emocional generado por la actualidad política y compromete al arte como un actor en la escena política. El tiempo político es una ventana que se abre y se cierre rápidamente: es un espacio al que se debe ingresar rápido, durante el breve momento en que las decisiones políticas todavía no han sido concretadas, implementadas o aceptadas culturalmente.

^{CB} Esto me recuerda a Maquiavelo, quien en *El príncipe* (1532), su tratado sobre el oficio del poder político, propone la idea de *occasione*, el momento oportuno para la acción política, esas raras aperturas en el tiempo cuando los más astutos pueden tomar el poder. El Príncipe debe estar dispuesto a usar su *virtù* (entendida como virtuosismo y no como virtud) según dicten la necesidad y la oportunidad, y de maneras que no son necesariamente morales. ¡El fin justifica los medios!

TB   En Cuba, el Gobierno me acusa de ser *oportunista*. En otras palabras, dicen que hago las obras para conseguir beneficio personal y reconocimiento. Yo creo, en cambio, que soy *oportuna*: mi arte no busca mi beneficio personal, es el intento de captar el momento para un posible esfuerzo colectivo y a menudo las consecuencias hacen que mi vida (y la de personas cercanas) sea increíblemente difícil. Creo que algunos artistas tienen un talento especial para detectar y sentir cuándo sus acciones pueden tener significados que trasciendan el momento mismo. Y eso es *occasione*. Political Timing Specific Art hace lo que todos están pensando, pero nadie se atreve a hacer o decir.

CB   ¿Crees que el término "Political Timing Specific Art" puede ser usado para releer no solo tu obra sino también otras obras a lo largo de la historia del arte? Pienso en el proyecto de activismo artístico argentino *Tucumán Arde* (1968), muchas de las obras de Hans Haacke de los años ochenta sobre el patrocinio empresarial y el *apartheid* en Sudáfrica, las proyecciones de diapositivas de Krzysztof Wodiczko sobre personas sin hogar en los ochenta, incluso *Citizen's Investigation* [*Investigación ciudadana*] de Ai Weiwei, sobre los alumnos que murieron durante el terremoto de Sichuan en 2008.

TB   Sí, definitivamente. Especialmente las obras de Hans Haacke porque cambiaron nuestras expectativas sobre el comportamiento de las instituciones. También podríamos incluir, por ejemplo, las obras que provocaron las polémicas del NEA [National Endowment for the Arts] entre 1989 y 1990.[8]

CB   Entonces, ¿Political Timing Specific Art es una *estrategia* o un *resultado*? El problema con esta interpretación de los NEA Four es que, en realidad, cede la idea de sincronía con el tiempo político a sus receptores en lugar de ser una estrategia artística deliberada, algo que insinuaste antes cuando dijiste que era una habilidad (o virtuosismo) que el artista trae a una situación. Pero muchas veces está completamente fuera del control del artista si una obra enciende o no una tormenta política. La obra de Chris Ofili *The Holy Virgin Mary* [*Santísima Virgen María*], de 1996, fue pintada y exhibida en Londres sin ninguna controversia; tres años más tarde, en el Brooklyn Museum of Art, dio lugar a un proceso judicial contra el museo, liderado por el entonces alcalde de Nueva York, Rudolph Giuliani. ¿Acaso esto la convierte en una obra de Political Timing Specific Art? No lo creo, porque Ofili no tenía la intención de intervenir en un debate polí-

---

8. "NEA Four" es una referencia a cuatro artistas de performance (Karen Finley, John Fleck, Holly Hughes y Tim Miller) cuyas postulaciones a becas de la NEA fueron rechazadas en 1990 debido a las temáticas que abordaban. La controversia ocasionó que la NEA dejara de ofrecer becas para individuos.

tico. Así mismo, *La Nona Ora* [*La novena hora*], 1999, de Maurizio Cattelan, que muestra al Papa Juan Pablo II cuando es alcanzado por un meteorito, fue hecha y expuesta sin problemas en Italia, y solo desató un caos cuando fue expuesta en Varsovia en 2000, donde un político de derecha la atacó físicamente.

TB A veces, las obras de arte que son políticamente sensibles en un determinado lugar no lo son en otro. Cuando trasladamos una obra de arte de un lugar a otro, puede convertirse en una obra sincronizada con el tiempo político si toca alguna fibra de un tema no resuelto. A veces los artistas llegan a esto sin proponérselo (o, mejor aún, intuitivamente) y acaban tocando una fibra que hace que la obra provoque una respuesta política o tenga consecuencias.

Lo interesante de los dos casos que mencionas es que las polémicas se generaron en base a juicios morales más que políticos; en ambos se destaca la influencia de la religión en el paisaje político de esas dos sociedades. Pero si la obra está intencionalmente en sincronía con el tiempo político es irrelevante, al final es siempre el público el que decide. Claramente, las obras de arte que usan este método *generan* una situación política: una en la que los políticos deben intervenir, y en ese proceso revelan su "verdadera" naturaleza política.

CB Entonces, ¿las consecuencias son esenciales a tu definición de Political Timing Specific Art?

TB Sí, especialmente cuando se trata de un debate público o una ley que ha cambiado. Las obras de los NEA Four tuvieron consecuencias: cambiaron las leyes que gobernaban el financiamiento de las artes en los EE.UU. (aunque no de manera positiva). La obra sincronizada con el tiempo político no solo despierta conciencia sobre un tema; siempre genera un cambio en la historia de ese tema.

CB Imagino que esto tiene consecuencias para la crítica de arte.

TB Una obra que está sincronizada con el tiempo político se sitúa exactamente entre el arte y la política, entre el criterio estético y la crítica política. No puede ser analizada en una sola de las dimensiones en las que interviene; no puede ser estudiada solo como una intención artística ni solo como una intervención política. Debido a esto el crítico de arte está obligado a aprender sobre la especificidad política del tiempo y lugar de una obra, y abordar un análisis político que va más allá de simplemente repetir la narrativa del escándalo y sus consecuencias (es decir, un juicio, una sentencia, etc.). La crítica de arte debe abordar y reflejar el paisaje político y cómo fue sacudido y desafiado, y debería hablarle (igual que lo hace el arte sincronizado con el tiempo político) simultáneamente a los espectadores del arte, a las autoridades políticas y al público interesado en el debate en cuestión.

CB Las obras que quiero abordar en el próximo capítulo forman dos categorías: La primera comprende obras que hiciste en Cuba, e incluyen *Homenaje a Ana Mendieta*, *Memoria de la postguerra* y *Sin título (La Habana, 2000)*. La segunda comprende obras hechas fuera de Cuba: *Trust Workshop/Untitled (Moscow, 2007)* [*Taller de confiabilidad/Sin título (Moscú, 2007)*] y *El susurro de Tatlin #5*, en Londres.

Homenaje a Ana Mendieta

CB Hablemos de *Homenaje a Ana Mendieta* (1986–1996), un cuerpo de obras que abarca una década en la cual rehiciste obras clave de la artista cubano-americana Ana Mendieta, fallecida en 1985. Mucha gente leería estas performances como *re-enactments* [re-montajes], un tropo popular del arte contemporáneo de fines de los noventa y comienzos del dos mil. Sin embargo, en los ochenta, era muy inusual remontar las obras de otros artistas.

TB Presenté esta obra como mi tesis de grado y casi me costó mi diploma del ISA. Le dije al jurado que mi obra consistía en el gesto de rehacer la obra de otra persona y reevaluarla en un contexto distinto, pero la rechazaron. Tras una larga discusión, terminaron dándome mi diploma (probablemente porque tuve muy buenas notas durante todos mis estudios). La parte escrita de mi tesis se tituló *Palimpsesto sobre la imagen de Ana Mendieta*, de modo que mi intención de sobreescribir y 'resemantizar' una imagen quedaba clara.

En esa época, la galería de Mendieta no estaba contenta con este proyecto; creo que pensaban que quería obtener beneficios económicos y que estaba interfiriendo con su construcción del legado de Mendieta. Recuerda que empecé a trabajar en la obra pocos meses después de su muerte; en ese momento nada estaba muy claro, todo estaba todavía en formación.

CB ¿Cuántas piezas rehiciste? ¿Fueron solo las performances o rehiciste también los objetos y las fotografías?

TB Creo que hice siete performances, no lo recuerdo, además de objetos y fotografías. No había mucha información sobre ella en esa temprana época, pero me las arreglé para conseguir fotocopias de su diario/cuaderno artístico a través de su sobrina, Raquel Cecilia Mendieta, que fue mi profesora un año en el ISA. Esto me ayudó mucho y me dio acceso a algunas de sus ideas inacabadas, algunas de las cuales llevé adelante en este proyecto. Cada vez que me invitaban a exponer en algún lugar, presentaba un trabajo mío y uno de ella. Hacía como si Mendieta, una artista cubana, estaba viva y todavía trabajando; nunca declaré que yo estaba re-haciendo sus obras mientras desarrollé el proyecto de mostrar su obra. Por supuesto, el mundo del arte cubano es muy pequeño, así que no lo pude ocultar por mucho tiempo.

CB Me has dicho que solo hay tres fotografías de estas performances. ¿Por qué no las documentaste?

TB La documentación nunca ha sido uno de mis puntos fuertes. Vengo de una generación que tenía acceso limitado a cámaras y video en Cuba, y ningún acceso al mercado del arte, así que nunca adquirí el conocimiento o el hábito de documentar. Siempre he valorado la experiencia directa sobre la documentación y, siendo completamente honesta, cuando estoy haciendo algo nunca pienso que va a trascender el momento, entonces nunca siento la necesidad de documentar. Pero después siempre me arrepiento. Parece que nunca aprendo.

A mediados de los años noventa la galería de Mendieta descubrió lo que estaba haciendo y empezó a indagar. Para demostrar que mi intención no era el beneficio económico, les dije que una vez terminado el proyecto destruiría todo el trabajo, lo cual hice en 1996. Siempre me he sentido muy orgullosa de eso, porque siempre me he considerado como una artista inmaterial cuya obra vive en la memoria de la gente.

Hace un año tuve acceso a tres fotos del proyecto porque un fotógrafo llamado Gonzalo Vidal, muy activo en Cuba en esa época, me las envió por Facebook. ¡Así que ahora tengo pruebas de que en verdad lo hice!

CB ¿Cómo ves esta obra en el contexto de todas las recreaciones de performance realizadas desde el año 2000? Muchas de estas han sido iniciadas por museos como una nueva forma de entender la historia de la performance. Esta tendencia alcanzó su punto máximo (y posiblemente su fin) cuando Marina Abramović rehízo sus propias performances en la exposición *The Artist Is Present* [*El artista está presente*] en el MoMA en 2010, que fue cuando tú también remontaste algunas de tus propias obras para una retrospectiva en el Neuberger Museum of Art en SUNY Purchase, Nueva York.[9]

---

9. "Tania Bruguera: On the Political Imaginary" incluyó recreaciones de *Estudio de taller* (1996), *El peso de la culpa* (1997), *Desplazamiento* (1998–99), *Sin título (La Habana, 2000)*, y *El susurro de Tatlin #6* (2009).

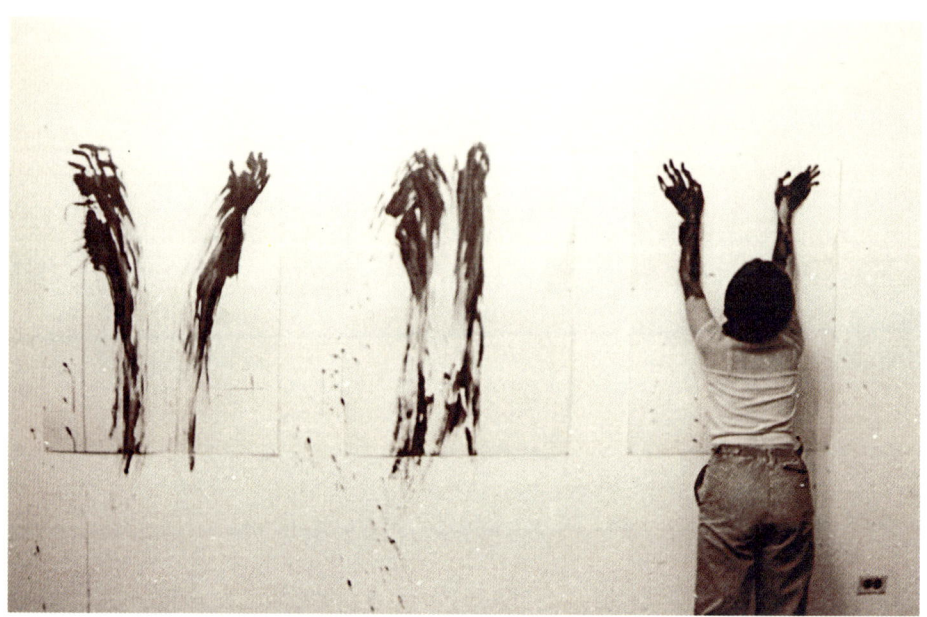

Fig. 14. *No por mucho madrugar, amanece más temprano*, serie *Homenaje a Ana Mendieta*, 1986–96, Fototeca de Cuba, La Habana, 1988.

^{TB} Nunca uso la palabra *re-enactment* [remontar], no me gusta; la siento muy relacionada a los remontajes históricos que se hacen para turistas, que simulan una parodia de los sentimientos. Siempre he dicho re-hacer. Para mí, re-hacer es digerir el trabajo y después "vomitarlo" de vuelta al mundo con tu propia perspectiva y con los elementos que hacen a la obra nuevamente relevante. Es un proceso de edición, no es mímica.

Mi crítica a la avalancha de *re-enactments* que se hicieron hace unos pocos años es que la mayoría eran gestos formalistas; más allá del voyerismo histórico, no había necesidad de hacerlas. Ninguna tenía la intensidad de las originales. Si vas a rehacer la obra de otra persona debes fundamentarlo con una declaración, debe haber una urgencia detrás del gesto. Necesita estar motivado por la necesidad de que ese trabajo vuelva a existir; más allá de la sola nostalgia, debe haber urgencias que llamen a resituar ese trabajo en el presente y "devolverlo a la vida" [Figs. 14, 15].

^{CB} Hablemos de Political Timing Specific Art en *Homenaje a Ana Mendieta*. ¿Por qué era tan importante repetir sus trabajos a mediados y fines de los ochenta?

^{TB} Originalmente yo quería crear un homenaje a su obra porque no había muchas artistas cubanas que fueran ejemplos a seguir en esa época (o mujeres que fue-

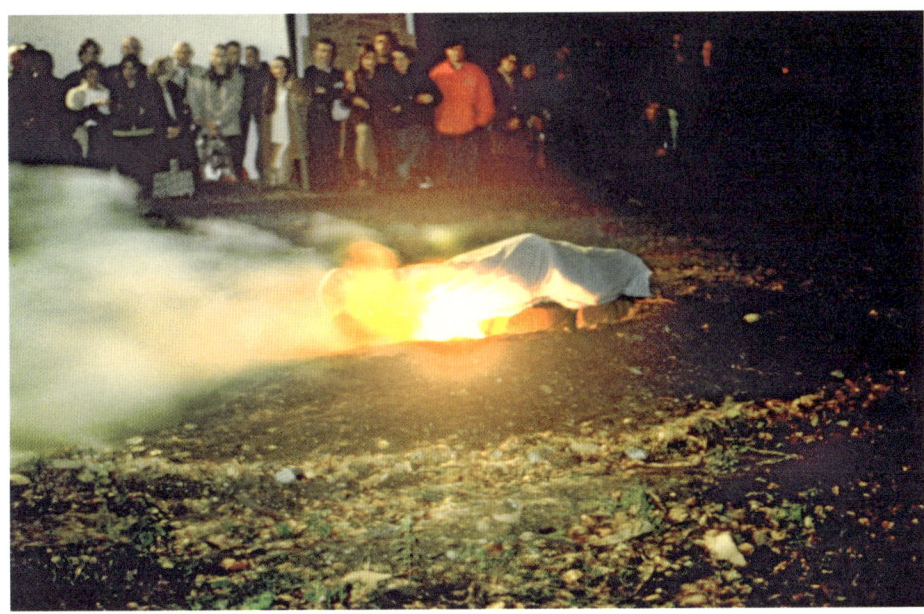

Fig. 15. *Ánima* de la serie Silueta, serie *Homenaje a Ana Mendieta*, 1986–96, Institute of International Visual Arts en la Iglesia de San Pancras, Londres, 1996.

ran ejemplos a seguir en general). Entonces el Political Timing Specific Art en *Homenaje a Ana Mendieta* fue el contexto: yo quería reestablecerla como una artista que pertenecía al panorama cultural cubano en los ochenta, y que había sido muy influyente para los artistas cubanos. Pero lo que llamó la atención de las autoridades cubanas era que yo estaba realizando un homenaje a una cubana que vivió fuera de Cuba y, más aún, estaba insertando la obra de Mendieta en la narrativa de nuestra historia cultural nacional justo en un momento en el que muchos artistas cubanos huían del país. Toda una generación de artistas emigraba, y el Gobierno hizo un esfuerzo simbólico por borrarlos, por intervenir nuestra memoria cultural. Si eras un escritor o un músico y te ibas a Barcelona, Ciudad de México o Miami, sacaban tus libros y tu música de las tiendas y las bibliotecas, y nunca más te mencionaban en clases.

El discurso oficial era que la gente se había ido porque querían una vida más cómoda, como si solo estuviesen interesados en comer mejor. De hecho, muchos, al menos en las artes visuales y la literatura, abandonaron Cuba porque la censura había creado una atmósfera sofocante; los censores hipersensibles no dejaban pasar ninguna imagen, metáfora o estrategia estética, porque veían comentarios políticos incluso donde no los había. Ángel Delgado, por ejemplo, estuvo en la cárcel seis meses en 1990, debido a una performance en la cual defecó sobre un periódico nacional. Los críticos se convirtieron en policías y los policías en críticos. Toda esta migración les demostró a los artistas jóvenes que si querían existir artísticamente en Cuba, debían asumir una posición servil.

Como te puedes imaginar, mi propuesta no seguía exactamente el camino dictado, por ende generó una discreta respuesta de los críticos, apenas un artículo de Gerardo Mosquera para *Poliéster* (1995) y uno de Erena Hernández para *Mujeres* (1992). El proyecto duró diez años, así que no era una exposición única que podían borrar, sino un esfuerzo persistente de hablar sobre Ana Mendieta como artista cubana. Para explicar mi obra tenía que explicar el contexto en el cual fue creada y a los burócratas oficiales no les gustó que se los recordara.

CB ¿Rehiciste su obra internacionalmente o solo en Cuba?

TB Solo en Cuba. La obra era para Cuba y sobre Cuba, y estaba dirigida a un público muy específico. Mi gesto buscaba reivindicarla como parte de la historia cubana y de la historia del arte en Cuba, después también quise rescatar a quienes habían abandonado la isla y habían sido borrados por el Gobierno (porque esto estaba pasando a la Generación de los 80). Solo una vez, en España, instalé una de sus obras y me di cuenta de que no tenía mucho sentido. En ese contexto fue vista solo como otra artista cubana en una exposición y no había ninguna tensión en esa reivindicación.

CB Tras una década, ¿qué te hizo terminar con este proyecto? ¿Esta decisión también estaba sincronizada con el tiempo político?

TB Sí, lo estaba. Decidí darlo por terminado en 1996 por tres razones. Los estudiantes del departamento de historia del arte de la Universidad de La Habana empezaron a visitarme para reunir información sobre Ana Mendieta para sus tesis. Ella ya era parte de la historia del arte cubano, y por lo tanto mi trabajo estaba hecho; su integración ya no era una propuesta, sino una realidad. En segundo lugar, los albaceas de su obra "junto con la Galerie Lelong" la habían establecido como una artista importante y lograron una buena recepción de su obra entre el público. Esto, a su vez, afectó la actitud del Gobierno hacia ella; se convirtió en un ejemplo de la manera "buena" de regresar a Cuba. En tercer lugar, cuando el Gobierno perdió el apoyo de la Unión Soviética, cambió su actitud hacia los que habían emigrado: en lugar de borrarlos, les daban la bienvenida sin disculpas. El Gobierno llamaba "gusanos" a los que se iban, pero la gente en la calle decía que se habían convertido en "mariposas". Ahora, básicamente, Mendieta era una mariposa. Así que la situación política que había dado forma y significado a mi obra había cambiado completamente. Ya no era necesario que el proyecto siguiera existiendo; ya no había fricción. Si hubiese seguido haciéndolo, habría dejado de tener sincronía con el tiempo político.

^{CB} ¿No crees que todos los actos de remontaje tienen la capacidad de ser Political Timing Specific? Después de todo, cualquier acto de apropiación implica un desplazamiento del contexto para adquirir un nuevo significado.

^{TB} No, no todos los actos de re-montaje son obras de Political Timing Specific Art. Una diferencia importante es que las obras sincronizadas con el tiempo político no vienen del pasado, sino de la anticipación de un futuro potencial. Entonces, para que una recreación calce en la categoría de Political Timing Specific, no puede partir de la nostalgia, de un deseo de despertar recuerdos o de una veneración del pasado. Para ser Political Timing Specific, una recreación necesita intervenir directamente en la política y provocar una disrupción; no puede ser un fin en sí mismo.

Tengo tres formas de ver el re-montaje. Primero, como un acto pedagógico, donde el fin es aprender a través de la experiencia. Esto es algo que defiendo cuando enseño performance y está basado en la idea de que solo puedes saber sobre performance rehaciéndola y sintiéndola. Es como copiar una pintura académica para entender sobre composición y técnica: aprender haciendo. En este caso no se trata de algo político, sino técnico, y uno encarna el significado recién adquirido. Se convierte en parte de tu caja de herramientas artísticas, algo que podrás usar en algún momento en el futuro.

La segunda es el re-montaje como investigación histórica, que permite a la gente entender algo que pasó décadas atrás. Este tipo de re-montaje es analítico, pero también tiende a ser nostálgico. Hay un gozo en el acto de viajar en el tiempo, en ponerse en los zapatos de otros. Ya sea como performer o como público, te posicionas en otro tiempo, un tiempo en que ciertas cosas todavía podían escandalizar; la emoción proviene de experimentar en persona lo que otros solo pueden ver en fotos o en video. Puedes ser parte de una nueva generación que añade algo a la historia de la obra, reinscribiéndola dentro de tu propia narrativa emocional. Es una experiencia voyerista que puede arruinarse si solo intentas contemplarla desde el presente. Más de una vez me he sentido decepcionada al descubrir lo poco emocionantes y aburridas que pueden ser algunas performances que solo hemos visto a través de los míticos lentes de la documentación.

La tercera forma de re-montaje usa la performance original como punto de partida pero actualiza la imagen, los símbolos o las referencias para poder ser relevante en el presente. En este caso, lo que se toma de la performance

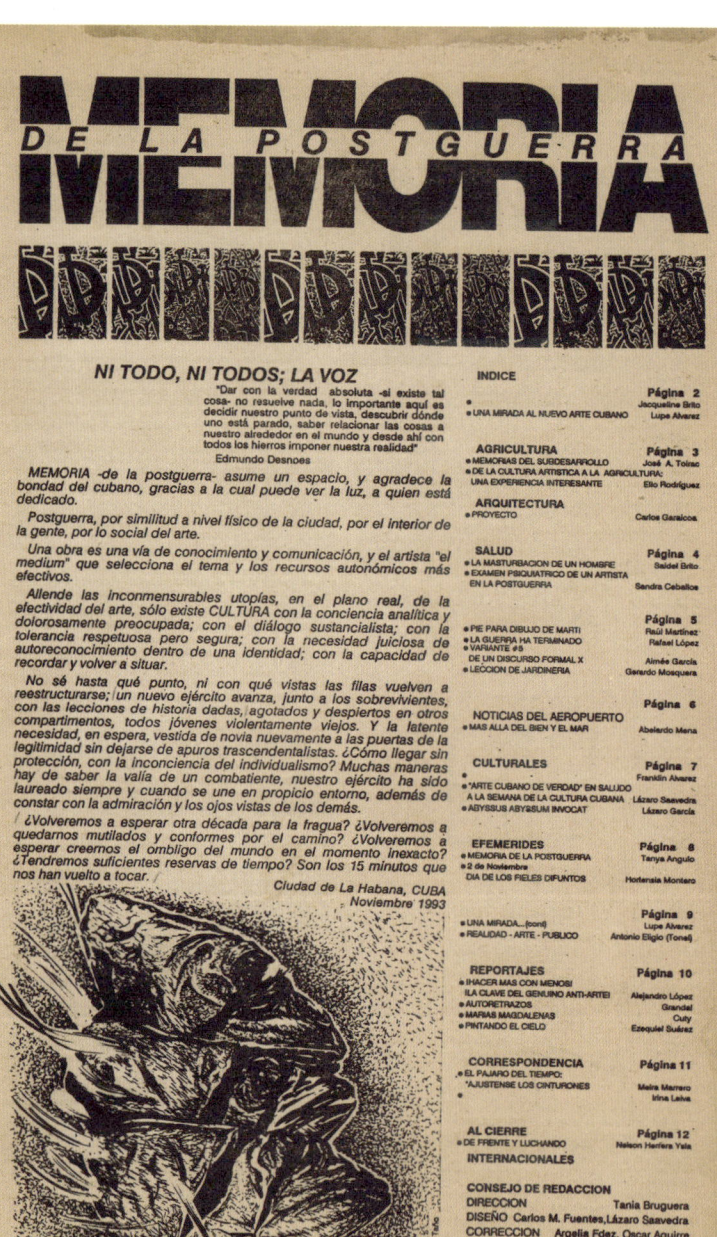

Fig. 16. *Memoria de la postguerra I*, 1993.

original no es la imagen final que estamos acostumbrados a ver, ni tampoco algunos de los elementos (como una bala o un conejo muerto), ni la acción en sí, sino el impacto y las consecuencias generados por la performance original. Por esta razón, es posible que sea necesario cambiar ciertos elementos usados en la performance original si esos elementos ya no provocan la misma respuesta emocional. Eso significa no solo tomar el espíritu, sino entender qué fibra sensible tocó la obra y descubrir cómo ese tema se traduce hoy. Quizás en la obra original había desnudos que hoy no escandalizarían a nadie.

CB ¿Qué fibra sensible crees que tocó Mendieta con su obra en los años setenta?

TB Creo que su obra tuvo un significado muy diferente en los Estados Unidos y en Cuba. Creo que reclamó Cuba como un lugar propio y de esa forma desafió la idea de nacionalidad como una construcción erigida dentro de un territorio físico. En esa época, solo podías declarar pertenencia a Cuba si vivías ahí, o si te identificabas con el proceso político; solo podías invocar tu *cubanidad* políticamente. Mendieta no estaba físicamente en el país y, por lo tanto, no era parte del proceso político; pero aun así reclamaba Cuba como suya. En los Estados Unidos, por otra parte, me parece que su obra tocaba temas feministas (al insertar su cuerpo en el Land Art) y la presencia *latinx* en el mundo del arte.

Con este proyecto llegué a entender que en Cuba no hay otra opción; uno tiene que ser político, porque lo político es el filtro a través del cual toda obra será vista, inevitablemente. Ahora, claro, con Raúl Castro todo se ve a través de la óptica del beneficio económico; las políticas están atadas al dinero, como en casi todos los lugares del mundo.

Memoria de la postguerra

CB En 1993 y 1994 hiciste dos periódicos, *Memoria de la postguerra I* y *II*, que imitaban el aspecto y estructura de *Granma*, el periódico oficial de Cuba [Figs. 16 y 17]. ¿Qué contenían estos periódicos y por qué dirías que fueron específicos al tiempo político?

TB En 1991–1992 me sentía realmente vacía; el arte producido durante los ochenta en Cuba me impactó profundamente, pero el noventa por ciento de esos artistas (muchos de los cuales eran mis amigos) abandonó el país y el panorama del arte cambió muy rápido. Yo era demasiado joven como para pertenecer a la Generación de los 80; por mi edad pertenecía a la generación siguiente pero no

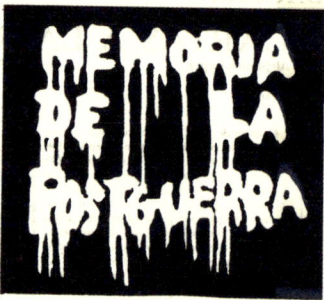

Año I, No.2   La Habana, CUBA, Junio de 1994

EL POST-EXILIO Y LA POST-GUERRA

Iván de la Nuez / Juan Pablo Ballester

1. Hay una diferencia radical entre un viaje y un exilio. La experiencia al respecto de los artistas cubanos lo confirma de un modo absoluto. De un viaje el regreso es habitualmente victorioso, con el recuerdo de los buenos tratos, la exaltación de los egos y la sensación maravillosa de haber vivido los 5 minutos de gloria decretados por Andy Warhol. Estos minutos hacían casi tangible el sueño de convertirse en Madonna, Beuys, Harrison Ford o, para variar, Jürgen Habermas. En un exilio, donde los "extraños" - nuevos bárbaros, según la sociología de moda- han llegado para competir por un lugar bajo el sol, los sueños y las posibilidades sufren ligeras variaciones. Las acotaciones del terreno colocan el tope de las aspiraciones en unos paradigmas que se llaman Celia Cruz, Wifredo Lam, Andy García o, para no variar, Guillermo Cabrera Infante. Así, los 5 minutos de gloria de Warhol se nos convierten en 5 minutos de Gloria...Estefan. Y es que los cubanos, como todos los emigrantes, navegan su exilio por los mapas y territorios que se han codificado previamente. Al punto de encontrarse con un mundo de inscripciones que les obliga a vivir en una hiperrealidad delineada por las postales turísticas. El juego que han conseguido estas "marcas tropicales" obedece a unas determinaciones imprecisables. En realidad, nunca sabremos si Cuba vende la imagen que Occidente prescribe, o éste recoge los dictados que a la isla convienen. En cualquier caso, lo importante no son las jerarquías del origen del juego, sino el juego mismo.

2. Si bien las circunstancias del viaje han sido experimentadas por muchos artistas de la isla, estos desconocen casi todo lo que implica un exilio (que por cierto, suele ser más complejo que una galería, un catálogo o un anuncio en Art in América). Los guettos de "afuera" son complejos, diversificados y se enlazan con diferentes canales de circulación. La, así llamada, vanguardia cubana de los 80 -que fue algo más que "eso: años...y nada más"- ha arribado a distintos países y, aunque siempre ha morado en los ámbitos prefijados, en cada uno se ha implicado de un modo diferente. México, por ejemplo, funcionó como un guetto cultural que insertaba su producción intelectual en espacios e instituciones dedicadas al "problema cubano". Miami continúa como el espacio por excelencia de la gratificación económica, pasado por el agua, siempre turbia, de la política y por el encuentro con un mundo retro ian obsesionado con su "cubanidad" como poco acostumbrado a la estética de la plástica cubana de los 80. Mientras en la Europa de Maastrich, inhóspita con los extraños y embelesada con los nacionalismos,

continúa pág. 10

AÑORANZAS POR CUBA

Emilio Ichikawa Morín

A mis amigos, los que están desde México

"Las piedras de la isla parecen que van a salir volando", dice un verso de la poetisa cubana Dulce María Loynaz, dueña de un premio Cervantes de Literatura y, a demás, de un silencio tan hablador como el de Sor Juana. En la isla las cosas son leves, y sus definiciones, a veces, parecen bromas; es decir, les falta gravedad: sus ríos son delgados, sus montañas menudas y sus bosques más próximos a los jardines que a las selvas.

Cristo es roca, y Cristo mismo parece que va a salir disparado Quizás por eso el nuestro, macho y marino, se encuentra en Regla, margen insolentemente izquierdo de la bahía desde donde zarpan los barcos.

Las criaturas de la Isla son como sus piedras y también como su Cristo. Parladoras y rumiantes, circulan un aviso que, a fuerza de repetirse, más parece indicar un sentido destinal que un accidente: irse del país. A pesar de las ficciones de algún propagandista, irse es una ficha recurrente en el juego de cualquier cubano; conste, aunque duela, uno no acostumbra a irse del lugar donde las cosas le van bien. En buen chuchero: irse es una ficha guardada para cuando el dominó se tranque.

Hasta el idioma quiebra bajo el peso del hábito. Cuando a usted le dicen que fulano se quedó, no le significan que dejó, por ejemplo, una vida bohemia por un nido de hogar o que echó raíces en Escobar, la calle más cálida de la Habana. Nada de eso. Quedarse es dejar, es abandonar, que es también -y eso lo saben quienes se quedaron- la nostalgia por regresar. Nostalgia cada vez menos culpable, pero culpable aún.

El problema radica, para ellos y para nosotros, en que de Cuba uno jamás puede irse, o darse cuenta de que no hay lugar en el mundo para refugiarse de ella.

Esa escapada desgarradora ocurre en diferentes grados. No estar desde Londres, así sea sea un escritor de sensibilidad sin par, es de un extrañamiento más intenso que no estar desde Miami. No estar desde México es, por otra parte, una forma bastante peculiar de ausencia. Tal y como fluyen los acontecimientos, México D.F. llegará a ser, sin dudas la tercera cidad de los cubanos.

Estar y no estar, irse y quedarse, es la tensión que signa a la gente de la isla, de esta isla, y eso se define en cualquier sitio, dentro o fuera. Sin embargo, ese doble signo se potencia, ora en su extremo, ora en el otro, y es esa potenciación la que llega a hacer distinguibles a algunos cubanos entre sí. Es una distinción de acento, no de cualidad; pero, y esto es lo que quiero advertir, es una distinción que existe.

No estar, irse, es una condición posible. De hecho, hay quienes se fueron y el exilio cubano es una realidad, tenga la textura que tenga. No están o están lejos, porque esto de aquí -ahora no es un ente sino un algo-contingente que permuta todos los días. Cambio acelerado que es capaz de pasmar al

continúa pág. 18

Fig. 17. *Memoria de la postguerra II*, 1993.

me identificaba con sus aspiraciones artísticas ni con sus estrategias. El periódico fue un intento de rescatar el espíritu de la Generación de los 80.

El primer número incluía una lista, elaborada por la curadora y crítica de arte Cristina Vives, de la gente que trabajaba en las artes visuales que había abandonado Cuba, más de cien personas. Esto era importante porque sabíamos que la gente se iba, pero no sabíamos cuánta. El periódico también sirvió como catálogo porque lo distribuí a la entrada de una exposición del mismo nombre, *Memoria de la postguerra*, en el Fondo Cubano de Bienes Culturales.

CB Pero ¿no es cierto que este período a principios de los noventa seguía caracterizado por la política de Fidel de rectificación de errores, que buscaba crear más diálogo entre el aparato cultural oficial y los artistas y escritores cubanos?

TB Sí, pero los artistas quisieron rectificar demasiado. Los artistas, escritores, filósofos, sociólogos e intelectuales estaban muy entusiasmados con la oportunidad de involucrarse en el proceso de rectificación; era una oportunidad única para probar sus capacidades y participar en un intercambio público y directo con el poder. Intelectuales de diversas disciplinas armaron proyectos donde imaginaban qué podía hacerse en Cuba. Los artistas fueron invitados a colaborar en la formulación de la política cultural, pero todo eso era demasiado bueno y no duró. Poco después Fidel declaró que Gorbachov era un agente de la CIA y que la glásnost fue un error. Entonces los burócratas que se sintieron amenazados por ese espacio que se les dio a los intelectuales contraatacaron inmediatamente, volvieron a sus posiciones reaccionarias y crearon un estado general de censura en las artes, la música y la universidad.

El día que el primer periódico salió fui convocada al Consejo Nacional de las Artes Plásticas por alguien que había sido mi profesor. Fue una palmadita suave en la espalda. Me dijo: "Como amigo, te recomiendo que no hagas más esto". Le dije "Ok" y luego corrí al lugar en el que se estaba imprimiendo la segunda edición para asegurarme que terminaran de hacerlo ese mismo día.

CB Y después de ese aviso, ¿cómo llegó a materializarse el segundo número del periódico?

TB Apareció dos días después, porque ya estaba en imprenta. Eso también fue Political Timing Specific. Si el primer número aportó una lista de más de cien artistas que habían abandonado el país –lo que indignó a los oficiales culturales–, imagínate cómo fue con el segundo número que giró en torno a la migración. Esta era la primera vez que los cubanos que vivían dentro y fuera del país ocupaban el mismo "espacio", no obstante uno impreso. Esto, en definitiva, no fue bienvenido por las instituciones culturales y gubernamentales; hoy, sin embargo, es la norma y hacerlo ahora no generaría ninguna tensión política. Pero en ese entonces, el jefe del Consejo me acusó de difamación. Le pedí que me demostrara que el periódico no era una obra de arte. Cuando se le acabaron los argumentos estéticos, dijo que yo estaba violando las leyes cubanas que rigen las publicaciones, la circulación de prensa y el uso de recursos estatales (me explicó que se refería no solo a las máquinas y la tinta, sino al trabajador que lo había impreso), crímenes por los cuales podía pasar quince años en la cárcel.

En 1994, entendí que el Gobierno había empezado a poner en movimiento estrategias capitalistas, que eran más suaves comparativamente, pero para mí quedó claro que una vez tomadas esas decisiones, no habría vuelta atrás, aunque la propaganda oficial dijera lo contrario. Quise demostrar que se podía comprar ideología con dinero.

CB En otras palabras, compraste los recursos para diseminar una contra-ideología.

TB Esto no era algo que podrías haber imaginado en la Cuba de ese entonces. La imagen del país se basaba en la anticorrupción y la lealtad a los principios ideológicos. En una frase muy célebre, Fidel dijo que la Revolución y sus principios no podrían jamás ser comprados, pero la Revolución cubana llevaba mucho tiempo en venta.

El primer periódico independiente en Cuba después de la Revolución fue una obra de arte (producida con muy poco dinero), pero para la gente que no pertenecía al mundo del arte era un periódico, y se preguntaban cómo podía pasar esto. Parecía imposible. En general, mi obra intenta hacer lo que parece imposible, para que otra gente piense: "Si ella pudo hacerlo, ¿por qué yo no?".

CB ¿Por qué se llama *Memoria de la postguerra*?

TB Porque quise comparar el paisaje físico de Cuba con un paisaje de posguerra. Viví en el Líbano durante los años setenta, y presencié una de las invasiones israelíes a Beirut. Tengo recuerdos de edificios destruidos tras el paso de tanques y bombas, había partes enteras de la ciudad devastadas. A menudo pasaba por La Habana y sentía una conexión con esos recuerdos libaneses de posguerra. En Cuba estábamos en guerra, una guerra ideológica, y este era el paisaje que produjo esa guerra.

La llamé *Memoria de la postguerra* porque los periódicos, al contrario de los libros, tienen que ver con lo efímero: las noticias del día son simultáneamente olvidadas mañana y conservadas como documento histórico. En Cuba, todavía hay una cultura de "vive hoy y no te preocupes del mañana". Es difícil encontrar documentos que conserven la memoria y, en todo caso, la mayoría de la gente no quiere recordar.

CB ¿Por qué crees que pasa eso?

TB Es un efecto postraumático del abuso político. *Memoria de la postguerra* nos dice que debemos recordar: recordar el trabajo artístico de la Generación de los 80 y recordar cómo el Gobierno constantemente borró recuerdos personales e históricos, fingió que ciertos hechos no habían pasado y cambiaba el significado de las cosas todo el tiempo. Nuestra única defensa era la de recuperar la memoria y dejar huellas como mnemotecnias para no olvidar nada y luego transmitir esos recuerdos a otros. El arte es perfecto para ello.

CB ¿Cuántos artículos del periódico escribiste tú?

TB En el primer periódico solo escribí la introducción, una especie de columna editorial. La idea era darles espacio a otros. El tema de ese número fue la ciudad cubana como un paisaje de posguerra y fue escrito por artistas cubanos que vivían en la isla.

El segundo número trató sobre dos Cubas, una dentro y otra fuera de la isla. Hice que estos dos grupos dialogaran: los artistas que el Gobierno cubano quería borrar y los que debían olvidarlos. Además de eso, el tema de la migración, su impacto y las dos Cubas resultantes. En 1994 esto era demasiado para las autoridades (fue antes de la crisis de los balseros que ocurrió después ese año). Ese segundo número llevó a algo que influyó mucho en mi obra y que fue muy doloroso cuando me llamó la Seguridad del Estado para interrogarme: "¿Dónde los imprimiste? ¿Cómo los imprimiste? ¿Quién te dio el dinero?".

CB En esa época, ¿era común que los artistas fueran llevados e interrogados así?

TB No. Eso era más típico de los ochenta. Irónicamente, al reivindicar el recuerdo de esa época y la libertad que esos artistas se tomaron para abordar temas políticos, también traje de vuelta la represión que ellos sufrieron porque sus nombres volvieron a aparecer en Cuba a través de los artículos del periódico. Entonces volví a sentir la experiencia de los ochenta: la libertad, el entusiasmo, la energía desbordante, pero también la restricción y la crisis de los balseros que ocurrió después. Cuando hablé con artistas de los ochenta sobre sus encuentros con la Seguridad del Estado, los describían de manera tan ridícula, se reían de todo eso. En esa época los artistas tenían cierto poder; también todos eran hombres y había un espíritu de camaradería entre ellos. Yo estaba sola y fue mi padre el que me entregó para que me interrogaran; eso fue bastante intenso y traumático.

CB ¿Tú *padre* te entregó? Quizás deberíamos mencionar que él fue diplomático, fue por su trabajo que estuviste en el Líbano en los setenta.

TB En 1994 él era el embajador cubano en Argentina y estaba conectado con las altas esferas del poder. Después supe que también era un agente de inteligencia. Él volvió de Argentina debido a este incidente; llegó a mi casa y me dijo que le entregara todos los periódicos. Pero fui más astuta con el segundo número: hice varios paquetes y los fui dejando en casas de diferentes personas para asegurarme de que siempre habría algunos. Así que le dije a mi padre, "Solo tengo veinte en la casa, ¡llévatelos todos!" (tenía otros 480 repartidos, a salvo). Él dijo: "Vamos a dar un paseo". Yo pensé que iríamos a almorzar o que iríamos a su casa. Nunca imaginé que me iba a llevar a una casa en el Nuevo Vedado, a encontrarme con dos hombres de contrainteligencia. No solo me preguntaron miles de cosas, sugiriendo acusaciones que negué, sino que también me pidieron que colaborara; es decir, que me convirtiera en informante.

Fue todo muy doloroso. Mi padre y yo ya teníamos una relación sumamente complicada, y esta vez él me manipuló totalmente. Después de eso nuestra relación se quebró, me sentí completamente traicionada, no sabía si podría confiar en alguien más. (Por supuesto, reprimí esto por más de diez años). Una de las razones por las que decidí pasar más tiempo fuera de Cuba fue la presión, que también venía de mi padre, de colaborar con el régimen. Yo no quería, así que mi solución fue, simplemente, no saber nada de nadie. Fingí estar loca, no ser confiable. En el proceso perdí mis recuerdos y adquirí la disciplina de olvidar. Quería pasar como fuente inútil de información, para que me dejaran en paz. Gracias a Dios tenía a mi madre quien apoyó mi decisión y enfrentó a mi padre por la presión que me hacía sentir. Ella me dijo: "Acuérdate que, aunque trabajes con ellos una sola vez, nunca podrás dejarlo en el pasado". Tenía claro que no iba a colaborar, porque soy artista, no policía. Mi propio padre me había traicionado y sabía que no podía hacerle eso a nadie más. Entonces acepté cualquier proyecto que viniera de fuera de Cuba porque mientras más tiempo pasara fuera del país, menos iba a enterarme de lo que pasaba en el mundo del arte de allá y era menos probable que me llamaran para ser interrogada. Así que decidí irme de Cuba cuando la oportunidad llegó. Y luego, claro, me dejaron en paz. Ahora, sin embargo, estoy en la lista de los enemigos del Estado.

^{CB} ¿Hubo algo positivo que resultó de esta experiencia?

^{TB} Aprendí que uno tiene una responsabilidad con los demás. Para el primer número del periódico, mi amigo David Cordovéz me ayudó porque necesitaba sacarlo rápido, a pesar de que me aconsejaron no hacerlo. Acuérdate que en esa época esto se hacía recortando y pegando de verdad, no era digital. Me llamaron de la oficina del presidente del Consejo Nacional de las Artes Plásticas diciendo que querían "hablar" conmigo. Me enteré después de que, en ese mismo momento, David fue llevado a la comisaría de policía, donde lo interrogaron. Con ese incidente tomé conciencia, dolorosamente, de las consecuencias del Political Timing Specific Art y llegué a la conclusión de que solo debía hacer performances individuales y no trabajar colectivamente. Años más tarde, cuando decidí volver a trabajar con otras personas, ya fuera como participantes o colaboradores, pasé mucho tiempo pensando en cómo controlar las consecuencias que podrían afectarlos y menos tiempo tomando decisiones estéticas.

A través de esa conversación con el presidente del Consejo Nacional de las Artes Plásticas y después con el oficial de la policía secreta, tomé conciencia del miedo que tenía el Gobierno de que la gente colaborara en algo no aprobado por ellos. Los dos me dijeron: "No puedes reunir a toda esta gente, no puedes usar tu poder de convocatoria". Esa frase quedó grabada en mi mente durante años. Descubrí que había algo que les asustaba aún más que el simple hecho de haber impreso algo sin su permiso: les daba miedo que yo estaba uniendo a gente dentro y fuera de Cuba. No querían perder el control sobre esa separación. También aprendí que tenían miedo.

^{CB} Volviste al formato de periódico diez años después en lo que, supongo, era un contexto mucho menos politizado.

^{TB} Fue una exposición individual en 2003, en el Museo Nacional de Bellas Artes de la Habana. Esa muestra me dio la oportunidad de vengarme artísticamente por el castigo que recibí por los dos números de *Memoria de la postguerra*. El tercer número fue un periódico sin nombre, con unas 150 consignas políticas de la Revolución, de 1959 a 2003. Sin fecha. Sin nombre. Nada, solo consignas. Era mi manera de decir que no había espacio para hablar [Fig. 18].

A estas alturas, ya había recibido reconocimiento internacional y mi obra había sido exhibida en varias bienales (incluyendo la sección internacional de la

Bienal de Venecia y en Documenta 11). He aprendido a usar los eventos y las instituciones de arte para adquirir el capital cultural que hace posible realizar arte político dentro de Cuba. A veces es difícil para la gente entender por qué decido participar en ciertos eventos artísticos; esto ocurre porque tomo decisiones en base a cómo los oficiales culturales de Cuba van a percibirlo y lo difícil que se les hace desacreditarme como artista. Adquirir prestigio cultural es mi única defensa contra el Gobierno cubano: mientras más prestigio tengo, más riesgosa y transgresora puede ser mi obra en el sentido político.

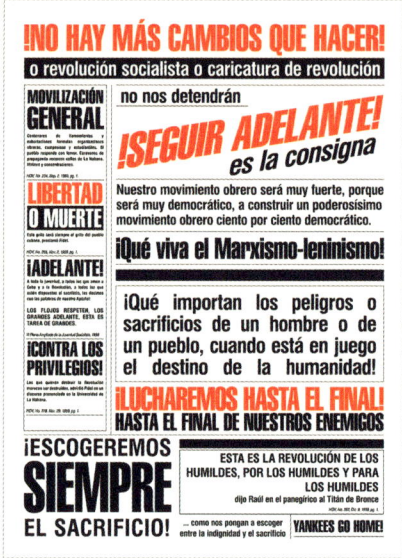

Fig. 18. *Memoria de la postguerra III*, 2003.

CB ¿Por qué lo llamas una venganza?

TB Porque estaba publicando de nuevo. Esperé diez años, pero finalmente lo hice. En el periódico había consignas que el Gobierno quería hacer desaparecer, como: "¡Al paredón!", un llamado a ejecutar a quienes no eran revolucionarios. Nadie quiere recordar que alguna vez alguien gritó eso en las calles.

Si eres una artista que hace un periódico cuando hay libertad de expresión entonces no es arte en sincronía con el tiempo político, aunque el contenido sea político. Cuando hay libertad de expresión, no hay necesidad de que el arte abra espacios sociales, legales o políticos prohibidos, o que el arte demuestre que la libertad de expresión es posible.

CB Pero un periódico como obra de arte puede tener distintas funciones en distintos lugares, no tiene que ser en un contexto de represión estatal para ser políticamente relevante. Hacer un periódico barato y desechable tiene su propia política (con "p" minúscula) en un contexto donde el arte es un símbolo de estatus de lujo y un objeto de especulación financiera y donde el éxito artístico se define en términos de ventas a individuos de altísimos ingresos. Piensa en los periódicos de Dan Perjovschi o en la edición paraficcional del *New York*

Times de The Yes Men en 2008, que fue distribuida a un público general con el titular "Iraq War Ends" [Fin de la Guerra de Irak] y donde todos los artículos traían buenas noticias [Fig. 19].

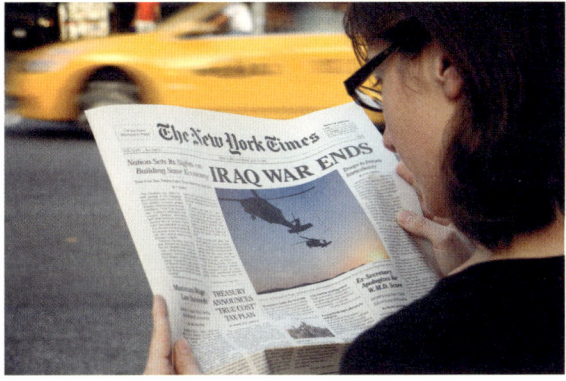

Fig. 19. The Yes Men, *Edición especial del New York Times,* 12 de noviembre de 2008.

TB El periódico de The Yes Men estaba sincronizado con el tiempo político porque ese era un momento en el cual el Gobierno de Bush estaba mintiendo y la gente no confiaba en las noticias. Claro, no hubo consecuencias tangibles, pero era una obra muy sincronizada con ese momento político. No habría funcionado si la hubiesen impreso durante el mandato de Obama, porque la mayoría de la gente confiaba en él. Ahora no tendría ningún sentido porque todos sabemos que todo es falso y que las noticias vienen cocinadas de antemano.

CB The Yes Men funcionaba en la frontera de lo que Carrie Lambert-Beatty llama paraficcional. Pero tu periódico no tenía elementos paraficcionales.

TB Quizás era para-real, o hiperreal. En 2004 imprimimos el último número de *Memoria de la postguerra* en Miami; el tipo al que encargamos la impresión era cubano y se negó, ¡pensaba que era procomunista! Es una obra más allá de la ironía.

Sin Título (La Habana, 2000)

CB Hablemos de *Sin título (La Habana, 2000)*, una instalación en que los espectadores entran a un espacio oscuro mientras caminan sobre gruesas capas de caña de azúcar en el suelo. Conforme tus ojos se adaptan a la oscuridad, ves un destello (producido por una pantalla de video en blanco y negro) en el centro del lugar, y poco a poco empiezas a percibir un sonido, como de un cepillo. Muy lentamente descubres que el sonido viene de hombres desnudos frotándose el cuerpo. Los espectadores pasan por una experiencia táctil y sensual que además se hace social: la textura y el olor de la caña de azúcar en el suelo, el brillo del video (con imágenes de Fidel Castro), pero también ansiedad ante nuestra proximidad a los performers desnudos. Para mí, la obra realmente confirmó cuán eficazmente construyes y manipulas una experiencia para el público [Fig. 20].

TB *Untitled (Havana, 2000)* [*Sin título (La Habana, 2000)*] es una de mis obras favoritas. Creo que es la primera obra que no hice específicamente para un público cubano local o para el Gobierno. Era una obra sobre Cuba para extranjeros. La hice durante la Bienal de La Habana cuando había mucho entusiasmo y expectativa entre los cubanos por la cantidad de gente que vino a visitarla (muchos por primera vez) de Estados Unidos.

CB Pero tu obra también incluía una imagen de Fidel. ¿Por qué consideras que es una obra de Political Timing Specific Art?

TB Cuestionaba el entusiasmo, y estaba relacionada con el lugar.

CB ¿Con la fortaleza La Cabaña?

TB No, con la Bienal. De pronto, la gente tuvo la oportunidad de ir a ver arte cubano. O más bien, usar la excusa del arte para visitar a Cuba. Ese año, muchos norteamericanos estaban muy entusiasmados con la idea de ir, finalmente, a esa isla prohibida que antes solo habían imaginado. Usando la Bienal como excusa, muchos grupos de juntas de museos, y otros también, invadieron las calles de La Habana y los talleres de los artistas. Pero antes de llegar ya tenían una imagen de Cuba que ninguna experiencia iba a cambiar.

CB ¿Por qué eso no es especificidad de lugar?

TB Pudo haber sido sencillamente específico al lugar, pero el Gobierno estaba muy ansioso por mostrar la "imagen correcta" frente a estos nuevos visitantes, y mi obra no ayudaba. Primero cortaron la electricidad en mi espacio expositivo, pero eso también acabó cortando la electricidad al resto de las piezas exhibidas en ese lado de La Cabaña; algunos de esos artistas eran extranjeros y protestaron, así que se vieron obligados a volver a poner la luz. Luego clausuraron mi obra por unas horas después de la inauguración; pero como ya había una fila de curadores importantes esperando, tuvieron que dejarlos entrar para evitar un escándalo. Al día siguiente en la mañana me llamaron por teléfono y me dijeron: "Sabemos que quieres volver a abrir la muestra, no lo intentes". Por eso considero que la obra es Political Timing Specific, porque forzó una reacción del Gobierno. Además apuntó a la mirada enamoradiza de los visitantes extranjeros: criticaba su falta de interés por ver otra cosa que no fuera la imagen romántica y mediática del país y del líder icónico, en lugar de dirigir su mirada hacia los cubanos que, como los actores en la pieza, eran los que estaban en una posición realmente vulnerable.

CB Un poco antes, hablaste del arte sincronizado con el tiempo político que interviene justo cuando una política está tomando forma. Esta obra funciona más simbólicamente que en el ámbito de la acción directa, algo que también podríamos decir de tus instalaciones *Poetic Justice* [*Justicia poética*] (2003) y *Untitled (Kassel, 2002)* [*Sin título (Kassel, 2002)*]. Los extractos de videos apropiados de Fidel Castro no son solo clichés para la mirada del turista, sino que han sido elegidos para representar sus interacciones simbólicas con niños, trabajadores y otra gente.

TB ¡No te olvides, estamos revisando obras que hice antes de crear el concepto de Political Timing Specific Art! Esta instalación no se ajusta por completo; ahora trabajo más conscientemente en ello. Pero *Untitled (Havana, 2000)* tenía sincronía con el tiempo político porque reaccionó a nuevas circunstancias

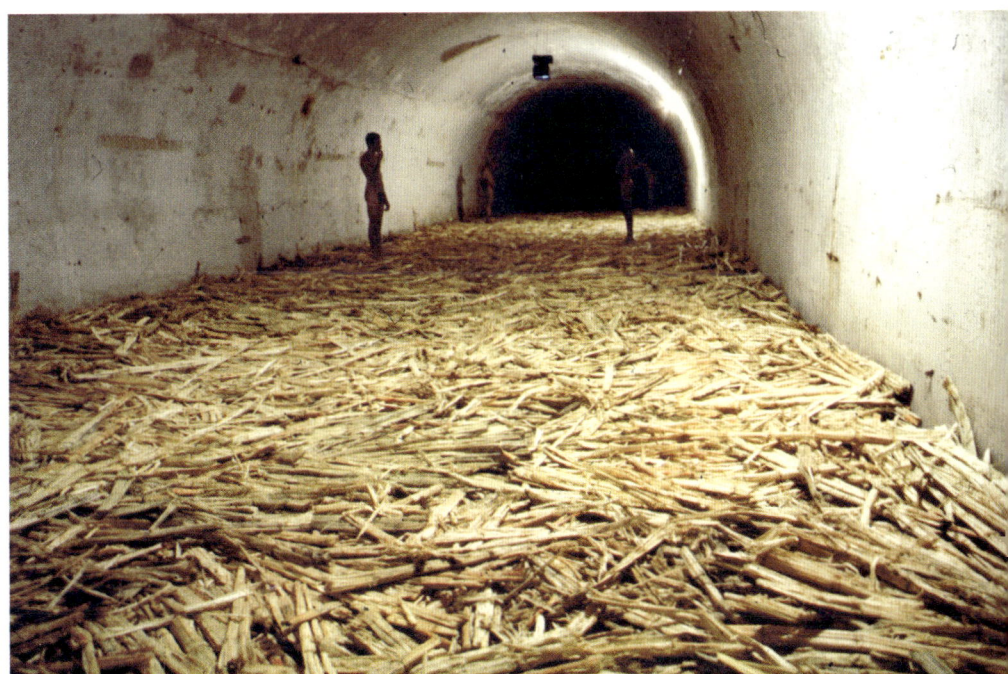

Fig. 20. *Untitled (Havana, 2000)* [*Sin título (La Habana, 2000)*].

políticas: el Gobierno de Estados Unidos estaba revaluando sus políticas hacia Cuba, y viceversa.

Para el video, tomé un montón de clips de documentales y los combiné al azar sin ningún criterio editorial. Cada minuto se repite una imagen: un joven Fidel abre su camisa militar para mostrar que no lleva chaleco antibalas. Otras imágenes muestran a Fidel en pijamas en un estudio de TV con su hijo, finge que está en su casa dando una entrevista. ¡Es muy raro ver ese nivel de teatralidad! También está Fidel dando un discurso ante una gran multitud. Pero todo el video está en silencio [Fig. 21]. Cuando exhibí el trabajo de nuevo en 2018, en el MoMA, fue muy distinto. Ahora él está muerto y no aparece todo el tiempo en los medios. En el año 2000 algunos pensaron que yo estaba anunciando la muerte del líder. Ahora lo vemos de manera distinta y ojalá Cuba también sea vista de forma distinta; entonces la instalación habrá caducado y podremos verla por su valor estético.

CB ¿Cuál era la lógica para usar gente desnuda? ¿Son metáforas de la población cubana y su inevitable invisibilidad ante los turistas?

TB La obra exploraba la vulnerabilidad. Era una yuxtaposición entre la vulnerabilidad construida de un político en los medios y la de alguien, un Sin Nombre, que es realmente vulnerable y está a tu lado, en persona. El tema de la Bienal era *Uno más cerca del otro* y yo canalicé este concepto hacia los medios.[10] En ese momento mi pensamiento todavía era muy representacional (¿Cómo simbolizar a Cuba? Con la caña de azúcar); pero en esa obra descubrí el potencial de sacrificar la vista y privilegiar los otros sentidos. Trabajé con las ideas de miedo y seducción.

CB ¿Puedes explicar la coreografía de los cuatro performers?

TB Hay cuatro gestos que reflejan ciertas ansiedades de los cubanos y el compromiso automático con su realidad. En uno, aparece una persona agachándose de forma sumisa. Pero si logras ver a través de la oscuridad, te das cuenta de que te sigue mirando mientras se inclina ante ti, así que es más intenso: "Yo sé que tengo que someterme a ti, pero en realidad no estoy de acuerdo". Esta apariencia de sumisión es algo que ocurre con frecuencia en Cuba. Otro gesto es el de intentar encontrar algo en tu boca, o sacar algo de tu boca, o evitar que

---

10. En el catálogo, Nelson Herrera Ysla describe el tema de la exposición como "un retorno al mundo de la realidad (no de impulsar la virtual)", en un contrapunto a la globalización, ver http://universes-in-universe.de /car/habana/bien7/e-thema.htm.

algo salga de tu boca. Esto alude a la idea de autocensura y al hecho de que tantos cubanos deciden quedarse callados. Con el tiempo eso se convierte en un peso, en una doble moral; ese es el país que tenemos hoy. Un tercer gesto es el de apartar algo del cuerpo con la mano. El cuarto gesto fue cambiado para el MoMA porque no me gustaba mucho el original. Lo reemplazamos con un gesto que recuerda cuando la policía te detiene y te hace poner las manos detrás de tu cabeza. Todos los gestos hacen un sonido sutil y son obsesivos.

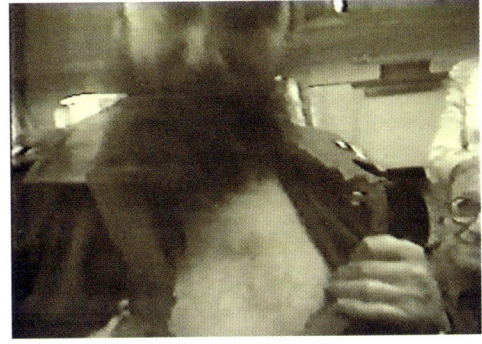

Fig. 21. *Untitled (Havana, 2000)* [*Sin título (La Habana, 2000)*], fotograma.

Los performers sufren una transformación ante los ojos del público: al principio no existen (porque son invisibles en la oscuridad). Cuando aparecen son como guardianes del video, apoyándolo como atlantes en un edificio. Luego empiezan a parecer esclavos: no están ahí porque quieren, sino porque tienen que estar. Al final parecen máquinas rotas, repitiendo los mismos gestos una y otra vez.

CB Hablando del MoMA, ¿cómo justificaste el re-montaje de esta obra de Political Timing Specific Art en Nueva York, en 2018?

TB Creo que la fascinación de los Estados Unidos por Cuba sigue ahí; es ciega e irracional, e impide que los cubanos tengan un diálogo complejo con ellos sobre nuestra realidad. Entonces, en ese sentido creo que persisten las mismas condiciones, porque básicamente es el mismo espectador que experimenta la obra. Como dije antes, al re-hacer una obra propongo dos opciones: un montaje muy histórico, donde se explica la sensibilidad del momento en que fue hecha, o una actualización. En el MoMA tomamos la primera alternativa e intentamos preparar al público para la instalación: cuando entrabas al espacio te encontrabas con un texto largo en un muro explicando el contexto, y había un folleto con entrevistas, también. Tenías que esperar en una fila, lo que ralentizaba la experiencia como espectador, y espero que los hiciera más receptivos. Es importante preparar al público porque tendemos a depender demasiado de la estética, como si fuera una categoría inmutable, cuando en realidad, algo que fue increíble en 1965 no necesariamente va a ser increíble hoy.

Algunos públicos conectaban de manera más profunda con la obra –algunos cubanos que estuvieron detenidos en La Cabaña reaccionaron de manera muy intensa; a algunos venezolanos la obra les remitía a su experiencia actual bajo el régimen de Maduro, especialmente después de la masacre;[11] y también hubo algunas personas que sintieron algo parecido con la presidencia de Trump.

CB Lo que me cuesta entender es la relación entre, por un lado, la política de represión cultural y exilio en *Homenaje a Ana Mendieta* y *Memoria de la postguerra* y, por otro lado, las políticas culturales de la Bienal en *Untitled (Havana, 2000)*. ¿O serían simplemente diferentes grados de lo mismo, no de cualidades intrínsecas, ya que casi todo evento cultural en Cuba es también un evento político?

TB En Cuba están relacionados, porque todo gira en torno a la gran narrativa de la Revolución. Para los regímenes totalitarios, la cultura tiene gran importancia –no solo como un sofisticado instrumento propagandístico para impresionar a los extranjeros, sino para cultivar un vínculo emocional con el proyecto revolucionario entre la gente que vive en Cuba. Una vez alguien en Europa me dijo: "Tú eres una embajadora de tu país porque eres una artista cubana exponiendo aquí". Aunque yo no quisiera jugar ese papel, la escasa información sobre Cuba en el exterior transformaba una inauguración en una sesión de preguntas y respuestas sobre el país y su política. La gente piensa que los artistas en Cuba son parte de la máquina de propaganda y están felices con su Gobierno. En Occidente, por el contrario, existe la opción de considerar la cultura como algo separado de las políticas estatales y los proyectos gubernamentales.

Fuera de Cuba

CB Hasta ahora hemos conversado sobre las obras que hiciste en Cuba; ahora quiero saltar unos años para hablar de algunos trabajos que hiciste fuera de tu país, en la época en la que formulabas la idea de Political Timing Specific Art. La primera de estas fue *Trust Workshop/Untitled (Moscow, 2007)* [*Taller de confiabilidad / Sin título (Moscú, 2007)*]. Esta fue otra experiencia altamente estructurada en la cual el espectador debía entrar a un pequeño espacio donde se enfrentaba a un fotógrafo que le pedía que posara para un retrato con monos o águilas vivos [Fig. 22].

---

11. Bruguera se refiere al período de cuatro meses, del 1 de abril al 30 de junio de 2017, cuando estallaron protestas masivas en toda Venezuela. Se contabilizaron 6729 protestas y se estima un total de 163 muertos. Los manifestantes, que llegaron a ser conocidos como La Resistencia, eran principalmente estudiantes y profesionales jóvenes de los estados de Mérida, Bolívar y Sucre.

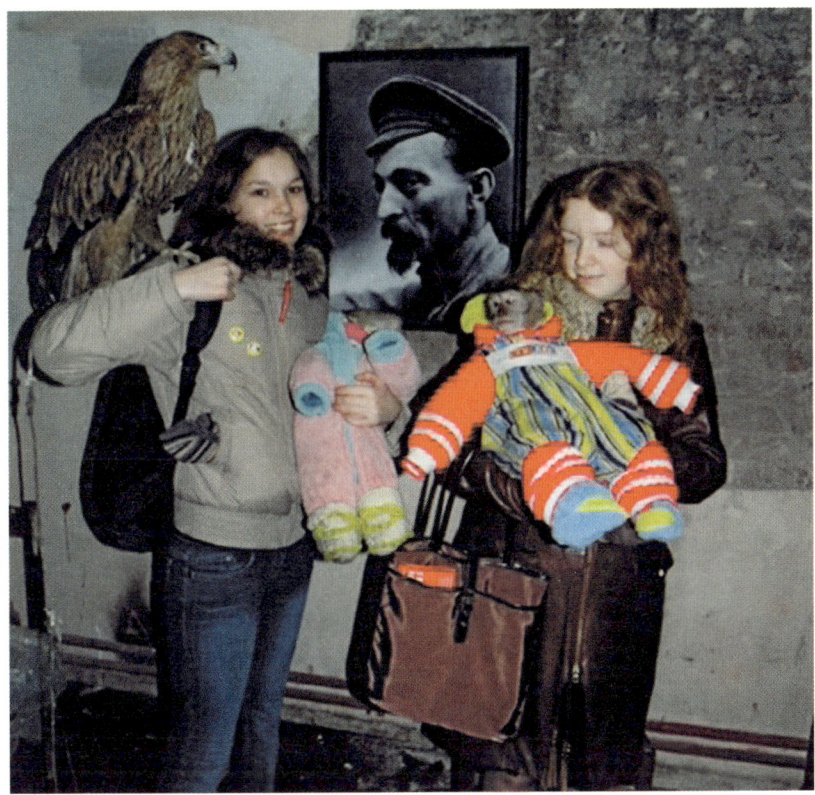

Fig. 22. *Trust Workshop/Untitled (Moscow, 2007)* [*Taller de confiabilidad/Sin título (Moscú, 2007)*].

^{TB} Tres monos, dos águilas y los fotógrafos. La idea original era poner un aviso clasificado en el periódico que anunciara "Talleres de confiabilidad" para gente que no confiaba en miembros de su familia, amigos, instituciones o el gobierno –básicamente para gente que estuviera sufriendo las consecuencias de haber vivido en la Unión Soviética. El taller sería dirigido por un exagente de la KGB, pero ese detalle no se anunciaría. La idea era darle una nueva utilidad a los conocimientos del agente, partir de un episodio negativo del pasado para lograr algo positivo, con las mismas técnicas psicológicas usadas por los agentes de la KGB, casi como una reparación por los daños causados anteriormente. En la época socialista, la policía secreta aislaba a las personas y generaba desconfianza para controlarla. La idea de esta obra era revertir este proceso para generar un espacio donde la gente pudiera confiar nuevamente, y tenía que ser dirigido por aquellos que causaron el problema en primer lugar.

^{CB} Al final, sin embargo, no seguiste esta opción: era muy complicado trabajar

al mismo tiempo con rusos y los espectadores internacionales de la Bienal de Moscú. Entonces decidiste usar la sesión de fotos con animales, pero conservaste el tema de la (des)confianza. Solo después, cuando la gente recogió sus retratos descubrieron que habían sido fotografiados con su animal elegido, frente a un retrato de Felix Dzerzhinsky, el fundador de las primeras dos organizaciones de seguridad en la Unión Soviética, predecesoras de la KGB.

TB En primer lugar, descubrí que la KGB seguía activa, aunque bajo otro nombre. Cuando hicimos la convocatoria para un exagente de la KGB, toda la gente que acudió era sospechosa: o eran demasiado jóvenes como para haber sido agentes en el período soviético o nos interrogaban sobre nuestro interés en la KGB. Finalmente no logramos encontrar alguien que pudiera dirigir el taller. En segundo lugar, esto planteó el problema ético sobre el voyerismo. Era problemático pensar en cómo íbamos a resolver el tema de los espectadores extranjeros que participaban en el taller, que aquello era algo muy personal y propio de la historia rusa. ¿Lo iban a ver? ¿Se iba a traducir? Al final mantuve el título del evento, porque el proyecto acabó examinando y explorando otro tipo de confianza –entre la obra de arte y el espectador.

Mientras te toman la foto crees que lo estás pasando muy bien con los animales y después, cuando te la entregan, ves que la KGB sigue ahí, no solo en la foto sino en tu vida. Y aun así, de las veintiséis fotografías tomadas durante la inauguración, que duró dos horas, solo un hombre se negó a participar porque vio el retrato de Dzerzhinsky. Cuando trabajas con el simbolismo político, eliges una imagen porque crees que todos saben lo que significa. . . y luego resulta que la mayoría de la gente ni siquiera la reconoce. Esa fue una gran sorpresa para mí, la rapidez con que los hechos históricos son borrados o sustituidos.

CB ¿Este trabajo está sincronizado con el tiempo político por la situación alrededor del 2005, cuando el período postsoviético abrió paso a la rampante privatización neoliberal, aun cuando el espectro de la KGB todavía rondaba la ciudad? Putin llegó al poder en el año 2000 e inauguró un estilo de gobierno cada vez más autoritario.

TB Rusia se estaba vendiendo como "los chicos buenos" que ya no vigilaban a sus ciudadanos. Pero por supuesto eso no era cierto. La KGB solo había cambiado su nombre a Servicio Federal de Seguridad. Mucha gente de la KGB sigue en el poder, como Putin.

CB Hiciste una versión de esta obra en 2017 para Performa, la Bienal de Performance

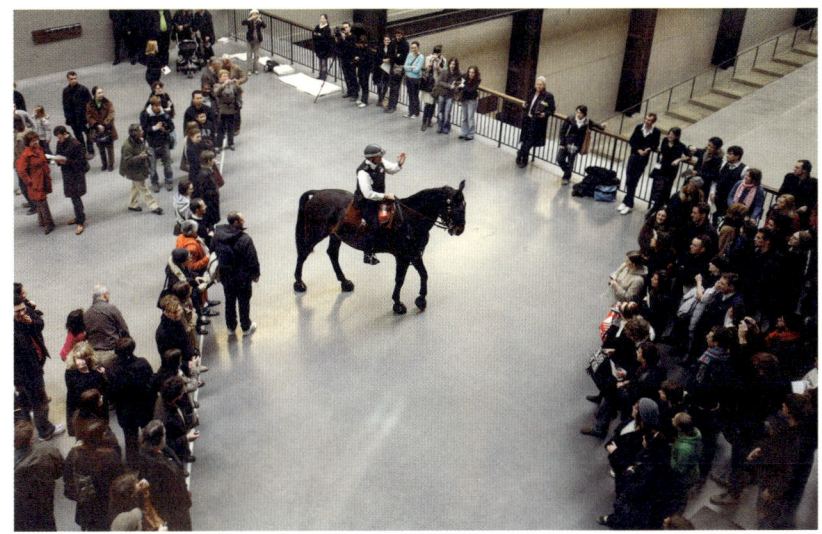

Fig. 23. *Tatlin's Whisper #5* [*El susurro de Tatlin #5*], 2008.

de Nueva York, y la bautizaste *Delayed Patriotism* [*Patriotismo tardío*]. ¿En qué sentido era diferente?

TB Performa me pidió que hiciera la obra de Moscú, pero no tenía sentido hablar sobre la KGB en los Estados Unidos. Edward Snowden aún no era un informante; si ya lo hubiera sido, habría hecho algo relacionado con la Agencia de Seguridad Nacional de Estados Unidos. En lugar de eso investigué a gente que había recibido pagos de la Agencia Central de Inteligencia (CIA) para actuar en contra de sus gobiernos; entre ellos, algunos que fueron instalados como presidentes en América Latina, Irán y África. Entonces les ofrecí a los espectadores historias sobre Estados Unidos que normalmente se reprimen.

CB Pero la estructura principal siguió siendo la misma que en Moscú: los espectadores eran invitados a tomarse una fotografía con un animal. Después se les entregaba una copia de su foto, en la que podían ver, al fondo, el retrato de uno de esos "traidores", junto a información de la conexión de ese personaje con la CIA. ¿Alguien se fijó en el retrato al entrar?

TB Solo hubo dos personas en Performa, en Nueva York, que no quisieron participar cuando vieron el retrato y se dieron cuenta de que saldría con ellos en la foto.

CB Los animales sirven como una distracción maravillosa; es un modelo artesanal, en miniatura, de la forma en que la industria del entretenimiento nos distrae de la desigualdad en el mundo.

TB Creo que es la única obra en la que conscientemente he usado el espectáculo tal como lo usan los políticos. Es decir, como una distracción para que no sepas qué está pasando en realidad. En la versión de los Estados Unidos, la gente no sabía quiénes eran los personajes porque aún no conocían la verdadera historia de las intervenciones de la CIA en todo el mundo. Y en esa época, en los Estados Unidos, la gente tendía a mantenerse al margen de lo político.

CB Creo que esa obra está sincronizada con el lugar, ¡no con el tiempo político!

TB En Rusia ese fue un tema actual, pero en los Estados Unidos, fue un tema histórico. Por eso tienen diferentes títulos.

CB Hablemos brevemente sobre la serie Tatlin's Whisper [El susurro de Tatlin], particularmente sobre la versión en la Tate Modern, *Tatlin's Whisper #5 [El susurro de Tatlin #5]* (2008). En esta obra, dos policías montados a caballo hicieron una demostración de una serie de técnicas de control de masas ante el público que estaba parado en el puente del Turbine Hall [Fig. 23].

TB *Tatlin's Whisper #5* no es una obra de Political Timing Specific Art. Sin embargo, la Tate es dueña de la obra, y en el contrato hay una cláusula que dice que solo puede ser realizada bajo ciertas condiciones sociales y políticas –por ejemplo, una gran cobertura mediática de protestas o un episodio de terrorismo.[12] Entonces el público estará en el estado psicológico indicado para reaccionar a la obra tal como debe hacerlo. Así que debe estar contextualizada, pero no está sincronizada con el tiempo político.

CB ¿Quién decide el contexto? ¿El museo o tú?

TB El museo. Cuando el Guggenheim Museum compró *Tatlin's Whisper #6,* –que en Cuba ofreció un minuto de libertad de expresión–, hubo un gran debate. Ellos querían rehacer la obra en los Estados Unidos y yo les dije que no había manera de hacerlo ahí, no tenía ningún sentido. La única forma en que podría-

---

12. El punto 3.i del contrato especifica que "La obra puede ser exhibida en lugares donde han irrumpido eventos sociales y políticos, ya sea en su historia reciente, en la historia importante del lugar, en el momento en que esos eventos tengan una presencia abrumadora en los medios o cuando esté presente la tensión que llevó a esas condiciones que producen un súbito levantamiento civil".

mos hacerla de nuevo era si la gente tenía la oportunidad de decir exactamente lo que pensaba sobre el mundo del arte. ¡Y dijeron que no! La otra opción sería si un hipotético régimen autoritario limitara la libertad de expresión en los Estados Unidos, algo que no venía al caso en el momento de adquisición de la obra. Pero, para cuando este libro esté impreso, ¡¿quién sabe?!

^{CB} ¿Por qué la serie se llama Tatlin's Whisper? ¿Por qué invocar a un constructivista ruso de los años veinte para una serie de obras sobre la imagen mediática politizada del siglo XXI?

^{TB} La referencia a Vladimir Tatlin aborda la relación entre los artistas y el poder en ciertos momentos históricos; además evoca el mandato de arte como catalizador de cambio social. Aborda la idea de las grandes utopías que nunca se realizaron y el estado de la izquierda dentro de la historia, que no es un fuerte ¡Hurra! sino un discreto susurro.

^{CB} ¿Es difícil para ti hacer obras de Political Timing Specific Art fuera de Cuba? Sospecho que tu idea de sincronía con el tiempo político es más fácil de articular en un contexto represivo como Cuba que en democracias liberales donde el mercado depende de la libertad de economía, movimiento e ideas.

^{TB} En Cuba entiendo bien los matices, es fácil saber lo que le molesta al Gobierno, aun cuando tengo que reconectarme después de haber estado ausente mucho tiempo. Es más difícil navegar otras realidades y entender las sensibilidades políticas de la gente. Por ejemplo, hice una pieza para el proyecto de una serie de vallas publicitarias en la que Trump sostenía una pistola como si se fuera a suicidar, con un texto que decía "Él sólo es el síntoma". Y la censuraron. La gente se fijó más en el tema del suicidio que en las leyes de control de armas, pensaban en un futuro en el que Trump se volviera tan repudiado y pobre que no tendría otra opción. También es difícil entender la razón por la que un gobierno decide imponer ciertas leyes o propaganda. En esas circunstancias es más complicado ser políticamente específico y emocionalmente atinado.

Y sí, en los regímenes represivos en los cuales el gobierno administra la vida de la gente, es mucho más fácil detonar una respuesta que en un contexto donde la política está descentralizada y el poder del gobierno es reemplazado por corporaciones, empresas, . . . , con situaciones encubiertas debajo de capas y capas. Political Timing Specific Art no es solo posible, sino útil, en las democracias liberales, pero hay un sentido distinto de responsabilidad que cuando tratas directamente con el Estado. Se trata no tanto de mostrar la represión como de demandar transparencia y rendir cuentas éticas.

#YoTambienExijo

CB Deberíamos, por fin, hablar sobre el mejor ejemplo de Political Timing Specific Art en tu obra: *#YoTambienExijo,* un intento de volver a montar *Tatlin's Whisper #6* en la Plaza de la Revolución, el 30 de diciembre del 2014. Mucho de lo que has reflexionado sobre este concepto se desarrolló a partir de esta obra.

TB Originalmente hice *Tatlin's Whisper #6* en 2009, un mes después de que el nuevo presidente, Raúl Castro, dijera que quería escuchar lo que todos pensaban. En ese momento, para ese fin, Castro propuso la organización de asambleas en lugares de trabajo y universidades. Era puro teatro, mientras que *Tatlin's Whisper #6* era una oportunidad para que la gente realmente dijera lo que quisiera, sin censura.

En 2014 intenté montar la misma obra poco después de que las condiciones políticas cambiaran de forma abrupta, tras el anuncio de que el país retomaría sus relaciones diplomáticas con los Estados Unidos. Un enemigo histórico estaba a punto de convertirse en un amigo. Mi reacción al anuncio fue inmediata: escribí una carta abierta a Raúl Castro, Barack Obama y el Papa Francisco, felicitándolos por este momento histórico que los cubanos llevaban esperando medio siglo. Luego le pedí a Raúl que explicara su visión para el futuro de Cuba y el legado de la Revolución frente al neoliberalismo. Al final de la carta, sugerí reinstalar *Tatlin's Whisper #6* en la Plaza de la Revolución para que las voces de todos pudieran ser escuchadas.

En la carta, la referencia a *Tatlin's Whisper #6* era una metáfora. Pero mi hermana Deborah Bruguera y una amiga mía, Clara Astiasarán, publicaron la carta en línea con el hashtag #YoTambienExijo y se volvió viral en Facebook. Rápidamente la gente empezó a escribir en los comentarios que debíamos montarlo de verdad. Pero ese cambio de lugar, de un espacio de arte a una plaza pública, provocó una respuesta totalmente distinta del Gobierno. Era como si hubieran sido invadidos. No hubo negociación. Ingresamos a un territorio que ellos reclamaban como suyo, a pesar de que es una plaza pública, bautizada originalmente con el nombre Plaza Cívica. Nosotros queríamos reapropiarnos de este espacio cívico [Fig. 24].

El día en que el evento estaba programado, la policía secreta llegó a mi apartamento a las cinco de la mañana y me llevó detenida, con lo cual la obra no

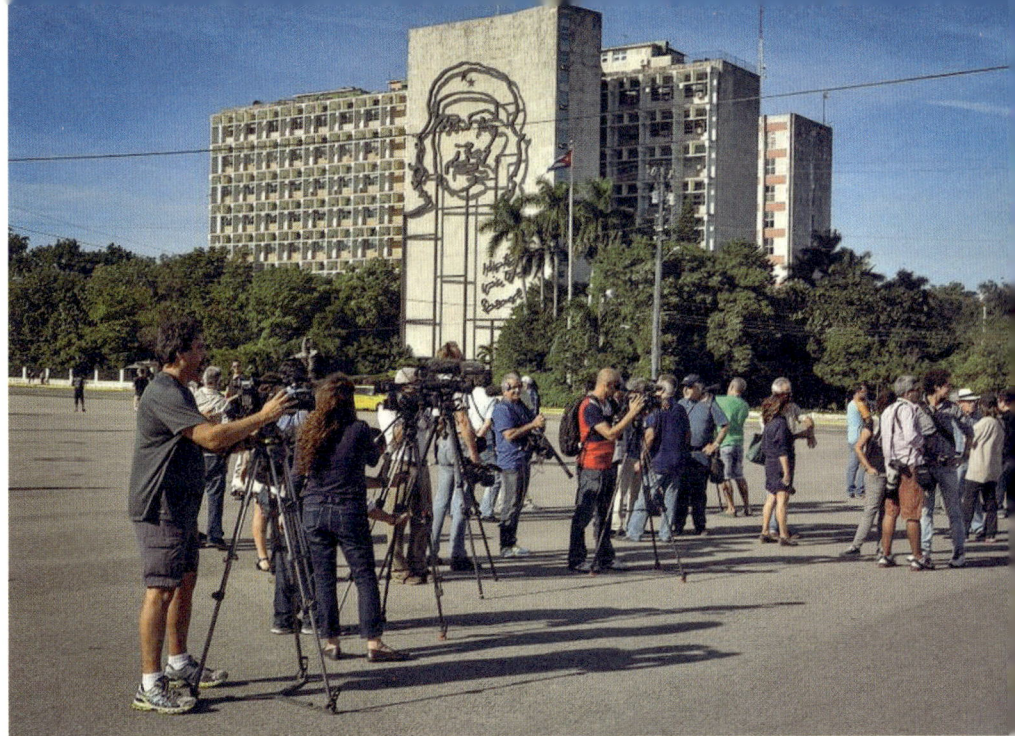

Fig. 24. *#YoTambienExijo*, La Habana, 2014.

podía ni siquiera comenzar. Pero para mí, esto significaba que había sido un éxito. Cuando una obra está sincronizada con el tiempo político, estás activando elementos que ya están ahí, aunque la obra no se desarrolle como tú la habías planificado. El elemento artístico es la tensión entre la situación como es y la situación como quisieras que fuera. El resultado de la obra no se decide por el deseo del artista sino por cómo se desarrolla.

CB Vamos a hablar sobre este trabajo en el capítulo 5. Pero, ¿alguna vez te preocupó la posibilidad de que *#YoTambienExijo* pudiera estar sincronizada con el tiempo político en un mal sentido? Quiero decir, ¿que pudiera afectar negativamente a las relaciones diplomáticas? Después de todo, la obra podría ser percibida como participando en el juego de los republicanos conservadores que creen que los Estados Unidos no deberían entablar relaciones con Cuba porque todavía reprime la libertad de expresión.

TB Sí, el Gobierno cubano argumentó que la obra representaba los intereses de los republicanos para predisponer a la gente, cubanos e izquierda internacional, en contra de la obra, lo cual es una manera simple de desacreditarla. Pero la obra es una crítica desde la izquierda. El Gobierno cubano se apropió de su significado, así que tuve que pelear para recuperar mi intención artística y su significado.

CAPÍTULO TRES
ARTE ÚTIL

CB Has definido Arte Útil en muchas entrevistas y en tu sitio web: organizaste un evento en torno al concepto en la sede del *Movimiento Inmigrante Internacional* en 2011, creaste una Asociación de Arte Útil en 2012, hiciste la curaduría del *Museum of Arte Útil* [*Museo de Arte Útil*] en 2013 –en el Van Abbemuseum de Eindhoven [Fig. 25]– y creaste una Escuela de Arte Útil en el Yerba Buena Art Center en San Francisco en 2017 y en el Museo Universitario Arte Contemporáneo en Ciudad de México en 2018. ¿Cómo presentarías la idea de Arte Útil en el contexto de este libro?

TB En lugar de enfocarse en la producción de un objeto, Arte Útil genera un proceso de implementación social. Mucha gente piensa que el Arte Útil instrumentaliza el arte, pero usar no es necesariamente instrumentalizar. La "utilidad" en Arte Útil no tiene que ver con mejorar la eficiencia del sistema existente, sino de imaginar un sistema completamente nuevo. Es un lenguaje para probar un tipo de para-ficción, para-realidad, o mejor, "pre-realidad". Para mí, el Arte Útil tiene tres elementos claves: ver el arte como herramienta para imaginar y construir el mundo de manera diferente, restablecer la estética como un sistema de transformación social, e introducir el arte por la puerta trasera –es decir, no a través de la historia del arte sino a través de los beneficios que el arte puede brindar.

CB A menudo defines el Arte Útil con el ejemplo de reinstalar el urinario en un baño. En otras palabras, reactivar *Fountain* (1917) de Duchamp, el gesto vanguardista que tomó un objeto producido en masa, lo sacó de circulación, y lo situó en el contexto de una exposición. El urinario con su ductería funcionando sería como el ícono o el logo del Arte Útil.

TB Sí, se ha convertido en eso, y la gente siempre se fija en la utilidad para descalificar el Arte Útil como una forma artística legítima porque aún operan bajo paradigmas duchampianos. Pero, creo que es muy lógico, después de más de cien años, reevaluar el gesto de Duchamp y ver qué puede ofrecer hoy. ¿Cómo llegamos a esta situación en la que quitar el valor de uso a un objeto y cambiarlo de contexto son las operaciones legítimas en el arte?

La idea del urinario se remonta a *Sin título (Bogotá, 2009)* [se discute en el capítulo 5]. Después de esa performance mucha gente en Colombia se lanzó contra mí, así que decidí escribir un texto y presentar mis ideas para que se pudieran debatir en un evento público unos días después. Terminé mi declaración diciendo: "Ya es hora de regresar el urinal al baño".

En 2011, el artista Teddy Cruz le mencionó mi idea a Tom Finkelpearl, entonces director del Queens Museum of Art, e instalamos permanentemente un urinario –firmado "R. Mutt, 1917"– en el museo. Así que es de hecho una obra, que titulé *Arte útil* (2011); en el 2017 la instalé en el Van Abbemuseum [Fig 26]. Es muy duchampiana en el sentido de que es divertida y se lee al mismo tiempo como texto, imagen e idea. Solo está instalada en el baño de los hombres, entonces es misógina (¡como Duchamp! Particularmente ahora que la Baronesa Elsa von Freytag-Loringhoven fue señalada como la verdadera autora de esa obra) porque fue instalada solo en los baños de hombres. Creo ayuda a que la gente entienda la idea de Arte Útil muy rápidamente: que se trata de una doble ontología; lo entiendes primero por los beneficios y después como arte. También es una provocación para regresar al Modernismo y reconsiderar por qué el hecho de remover la utilidad de algo lo convertía automáticamente en arte. Es un intento por preguntar, una vez más, ¿para qué sirve el arte?

CB Pero el Modernismo también fue una época de arte útil –piensa en el Productivismo ruso o la Bauhaus. Aun así, no veo el Arte Útil como un regreso a un Modernismo funcionalista.

TB ¿Por qué no? El Arte Útil es una invitación a regresar y revisar precisamente

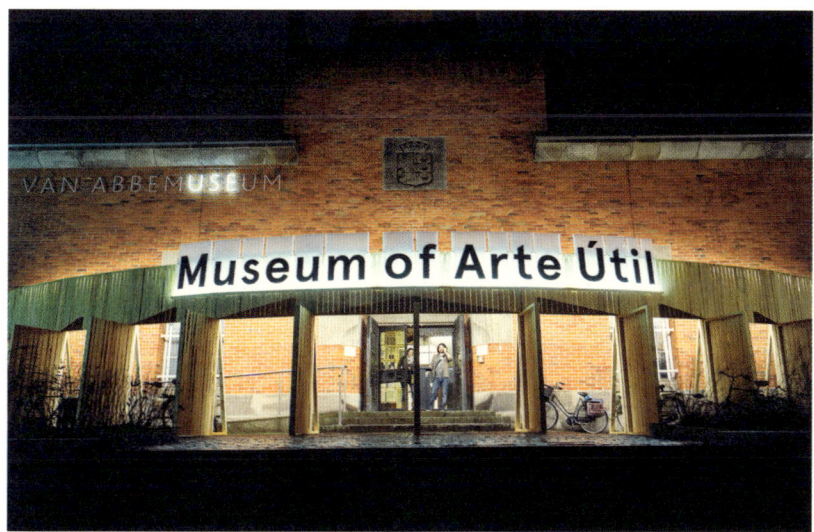

Fig. 25. *Museum of Arte Útil* [*Museo de Arte Útil*], Eindhoven, Países Bajos, 2013.

dos movimientos de 1917: el Dadá y el Constructivismo soviético. Es entonces cuando el mundo del arte se rompe y se divide en dos tendencias. La historia del arte en Occidente definió su canon siguiendo el rumbo del Dadá y dejó atrás la otra avenida de indagación artística, aquella donde los resultados no son solo intelectuales sino que además tienen beneficios tangibles para el mundo real. No se trata de llevar la vida al museo, sino de llevar el museo a las vidas de las personas.

CB Creo que me resisto porque el Arte Útil parece poner mucho menos énfasis en el diseño. ¿Estarías de acuerdo?

TB No se trata de diseñar objetos, sino de diseñar ética. Se trata de hacer que las cosas funcionen de manera diferente con *agency* [agencia]. Yo reclamo el funcionalismo como una de las referencias para el Arte Útil, especialmente el Funcionalismo soviético. La Bauhaus también, pero creo que ellos se preocupaban mucho más de la construcción de objetos. Corrígeme si me equivoco.

CB Bueno, en los años veinte la gente creía en un nuevo lenguaje abstracto de figuras elementales y colores primarios. Se suponía que eran legibles universalmente y podían proyectar una sociedad futura, crear un plano para nuevas y mejores formas de habitar el mundo moderno.

TB Sí, pero el Arte Útil es un mecanismo para lidiar con injusticias sociales e inequidad estructural. También hay una diferencia de escala, porque el Arte Útil no hace afirmaciones universales. Y aunque los soviéticos inicialmente exploraron la utilidad del arte por puro entusiasmo, luego se convirtió en política cultural. Y eso ayudó a consolidar la idea generalizada de que la utilidad en el arte equivale a la instrumentalización por parte del Gobierno y, por lo tanto, el arte autónomo equivale a libertad. Pero la libertad reivindicada en esta autonomía no es tan libre en realidad –porque son otras las fuerzas (como el mercado) las que acaban determinando y legitimando lo que se puede y debe decir. El Arte Útil puede ser libre porque es un gesto anarquista, generado *desde la ciudadanía*, es una subversión del sistema.

CB Creo que tu énfasis en lo ilegal es otra diferencia importante.

TB En el Arte Útil no cometemos infracciones, trabajamos con el concepto de a-legalidad. La a-legalidad no es exactamente un vacío legal, sino algo que la ley todavía no ha visualizado y, por ende, no ha regulado. Es trabajo realizado

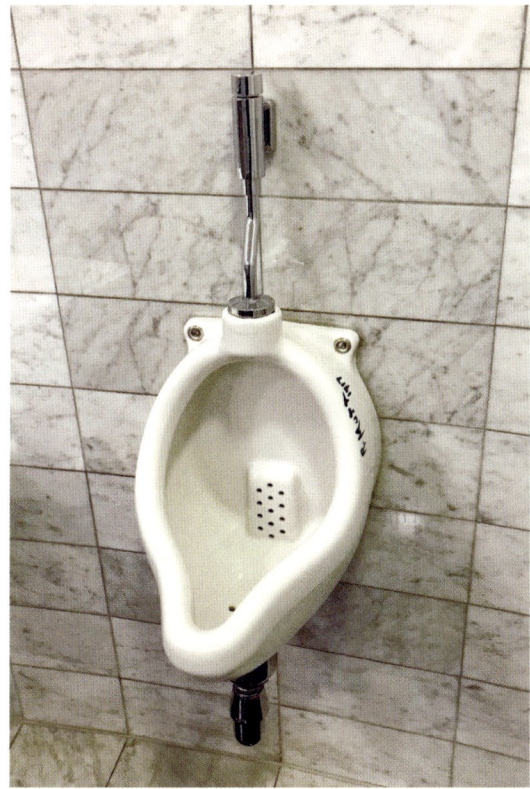

Fig. 26. *Arte útil*, 2017.

antes de que los abogados lo hayan entendido del todo. Aunque desafíen ciertas normas legales, no son estrictamente ilegales, así que no te pueden castigar por ello.

CB Aun así, no sería una exageración decir que tú abordas la ley con cierta flexibilidad. . .

TB La ley es un cuerpo de reglas que traza líneas generales, pero en la mayoría de los casos parece estar corrompida por gente con dinero y acceso a grupos de presión política. Entonces, ¿qué deberíamos hacer con eso los demás? Los activistas dicen: "Respeta solo las leyes que son justas", porque no todas las leyes son justas o han sido hechas para el bien de todos los ciudadanos. Y yo vengo de Cuba, donde todo es ilegal.

CB Tienes que explicarme eso.

TB En Cuba hay tanta escasez que uno está forzado a hacer cosas ilegales. Por ejemplo, robas un bolígrafo de tu lugar de trabajo para que tu hijo tenga uno en la escuela. Con este acto insignificante, ya le robaste al Estado. La única forma de sobrevivir es violar la ley todo el tiempo y queda todo en tu expediente. Eventualmente, cuando el Gobierno lo decida, puede desenterrar estas acciones del pasado (todo el mundo ha hecho algo), incluso puede inventar otras acciones ilegales que supuestamente cometiste. Es una estrategia impecable para el control de masas, todos son delincuentes. Hay una expresión hermosa para esto: "Nunca sabes el pasado que te espera".

CB Entonces revisemos el pasado que te espera en este capítulo. Vamos a enfocarnos en el *Movimiento Inmigrante Internacional* y la exposición *Museum of Arte Útil*, los cuales abarcan muchos otros ejemplos de Arte Útil. Primero, eso sí, veamos el contexto histórico para pensar sobre la utilidad social del arte, tanto dentro como fuera de Cuba.

Genealogías

CB ¿Cómo se relaciona el Arte Útil con tu educación y formación artística en Cuba? En los capítulos anteriores te referiste a la política cultural revolucionaria, que insistía en la creación de arte para el pueblo, siguiendo directrices marxistas. Hasta qué punto se enfocaban esas políticas en el arte como una herramienta? ¿Y en qué medida se distingue tu enfoque de estas?

TB Esas políticas (que supuestamente eran más humanitarias que marxistas) se vinculaban con la utilidad en el sentido de que no enfatizaban una práctica individualista o la creación de objetos para el mercado, sino que promovían el arte para el pueblo. Por ejemplo, las películas nunca eran sobre el punto de vista del director, sino que eran usadas para crear conciencia. Para mí, crear conciencia es solo el primer paso. El proceso de creación de Arte Útil va más allá de la denuncia: es una propuesta de cambio.

CB Me pregunto si también consideras a la ANIR, la Asociación Nacional de Innovadores y Racionalizadores, como antecedente del Arte Útil. Este grupo, fundado en 1976, encontró soluciones para la falta de productos tecnológicos en la isla y, básicamente, institucionalizó la necesidad de ser ingeniosos como resultado de la pobreza y la escasez. La mentalidad es una de *resolver*.

TB La ANIR es la organización que mejor define a la Revolución cubana. Pero el Arte Útil no trata solo de resolver problemas, es una oportunidad de expresar nuestras ideas sobre cómo nos gustaría que funcionara el mundo en un sentido social, económico y político. La ANIR mantiene el *status quo* en lugar de desafiarlo como lo hace el Arte Útil [Fig. 27].

CB ¿En qué momento empezaste a usar el término Arte Útil para definir aspectos de tu práctica?

TB Empecé a usarlo en 2003, cuando armé la *Cátedra Arte de Conducta*. En ese momento estaba muy desencantada con el arte, y quise encontrar otra manera de trabajar. En la sociedad cubana de ese entonces todo tenía que ser útil, no se hacen cosas por "placer".

CB Pero no es así con otros artistas cubanos de tu generación ni tampoco con muchos de la generación anterior. Ellos no están haciendo obras útiles. Los artistas más exitosos hacen pinturas, esculturas, instalaciones. . .

TB Históricamente había un fuerte imperativo de hacer arte para el pueblo, pero desde el 2000 el mercado ganó fuerza en Cuba y el foco se desplazó. Aun así, creo que ver el arte como una herramienta social es una cosa que Cuba puede ofrecerle al mundo del arte internacional y que tiene una conexión directa con el Constructivismo. Ahora mismo, en Cuba, lo útil ha sido suplantado por lo utilitario.

CB ¿Te refieres a esa mentalidad de la ANIR, de resolver?

TB Más como una doble moral: no es una cuestión de lo útil sino de lo expedito. Porque en Cuba, lo que ocurre con mucha gente es que no creen en algo pero fingen creer para obtener lo que necesitan, ¿sabes? Por ejemplo, deben inscribirse en el Partido Comunista para conseguir un trabajo.

CB ¿Hasta qué punto es el cambio demostrable un elemento indispensable de tu definición de Arte Útil? ¿Es importante demostrar lo que el arte realmente logra o es suficiente articular una idea, un modo distinto de pensar el mundo?

TB Lo importante es lo que realmente logra. Si una obra solo trata de aspirar a

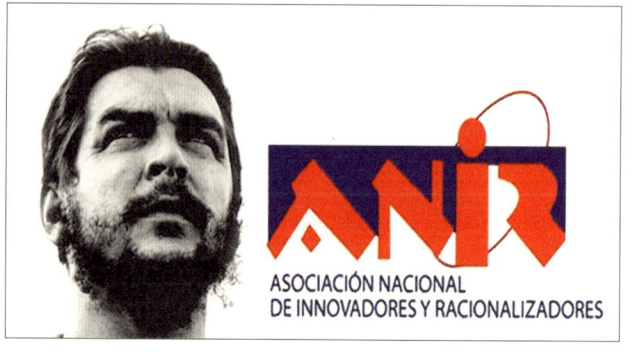

Fig. 27. Asociación Nacional de Innovadores y Racionalizadores (ANIR).

lograr algo entonces no es Arte Útil, es solo arte, es un sueño –el Arte Útil tiene que ver con implementación.

CB ¿Puedes darme un ejemplo?

TB Un cierto tipo de obra ilustra el problema. Un segundo tipo de obra te muestra el problema y un argumento a favor o en contra del problema. Un tercer tipo de obra de arte te muestra un problema, expone un argumento y te señala las causas y consecuencias. Todos estos son procesos donde el arte funciona como conciencia. Arte Útil es el cuarto tipo de obra de arte, una que considera toda esa información y propone intervenir en el problema, conseguir una solución. Ya no es suficiente mostrar que un problema existe o plantear una opinión, el arte también puede apuntar hacia otra forma de hacer las cosas.

CB Tengo dos respuestas a esa taxonomía. Primero, ¿qué ocurre con cuestiones de representación y simbolismo? En el segundo capítulo hablaste de la importancia de usar gestos inmediatamente reconocibles para comunicarse con públicos no especializados. Aunque dices que te importa mucho la parte "artística" del Arte Útil, casi parece que quisieras rechazar todas las cosas que el arte hace bien –crear símbolos poderosos e influir en los sistemas de representación y percepción– a favor de la acción pragmática y los resultados demostrables.

TB En el Arte Útil, lo simbólico y metafórico están en los beneficios que genera; simboliza lo que puede hacerse sin esperar a que el gobierno lo haga. Puedes cambiar la percepción pública con un gesto de Arte Útil, pero va más allá. Por ejemplo, Núria Güell (una de las participantes en la *Cátedra Arte de Conducta*) descubrió que en España la ley define la invasión a la propiedad privada literalmente como romper cerraduras para entrar a una casa. Entonces, durante la crisis financiera, cuando la gente estaba perdiendo sus casas porque no podían pagar sus hipotecas, ella contrató a un albañil, que había sido desalojado, para que quitara las puertas de las casas adjudicadas y para que la gente pudiese entrar sin violar la ley (*Intervención #1, 2012*). Luego Núria expuso esas mismas puertas removidas como objetos de arte. Es un gesto muy claro de protesta contra los bancos y desafía la percepción fatalista de que no hay nada que hacer contra ellos. Por eso digo que este tipo de obra es algo realizado desde la ciudadanía.

CB Mi segunda pregunta acerca de tu taxonomía nos remite, una vez más, al tema de la evaluación del impacto y cómo es posible demostrar que una obra de arte haya contribuido al cambio social. ¿No es posible perder la complejidad y la ambigüedad de una obra de arte si el énfasis está puesto simplemente en obtener resultados concretos?

TB No, presentar Arte Útil en términos de ver primero sus beneficios no significa que la obra no sea compleja o no contribuya con otros elementos, por ejemplo como crítica o como discusión, todo lo contrario. Puede ser visto desde la perspectiva de la crítica institucional, o incluso como un desafío al activismo tradicional. Como artista me interesa cuestionar la idea de que el arte solo es arte cuando no tiene utilidad. Ver que algo no funciona, nos motiva a encontrar otra manera de hacerlo funcionar, a través del Arte Útil.

¿Y acaso no hemos medido siempre el arte desde el virtuosismo de la técnica, la producción de afecto, la influencia posterior, ventas y, más recientemente, el número de *likes*? Cuando hablamos de Arte Útil, siempre se produce una fricción porque el público necesita simultáneamente recurrir a criterios que aborden otras especializaciones además del arte.

CB Entonces para ti el Arte Útil es una forma de pensar creativamente para encontrar soluciones a problemas sociales. Pero el término "arte" tiene mucho bagaje histórico y siento que tú haces como si eso no te importara. ¿Si insistes tanto en alejarte del terreno de la representación y los símbolos, por qué insistes en mantener un vínculo con el arte?

TB Voy a defender el arte siempre porque es un espacio de tolerancia muy específico en la sociedad, uno en el cual puedes reordenar el poder establecido. El arte permite imaginar y hacer cosas que quizás de otra manera no nos atreveríamos y ofrece una experiencia enriquecida de la realidad.

CB Algunos dirían que es ahí, precisamente, donde las artes visuales son más impotentes, porque en ese caso funcionan como válvula de escape para la insatisfacción social. El arte se convierte en un espacio compensatorio donde podemos decir y pensar cosas que son impensables e indecibles en otras esferas de la sociedad. Y así el status quo no cambia.

TB Exactamente, la representación no es suficiente. El Arte Útil no se escapa de la realidad, sino que se sumerge en partes de la realidad. Lo que lo hace diferente es que también considera la responsabilidad. Se trata de intentar construir una realidad distinta, subvertir el status quo, de regresarle el poder a los ciudadanos. ¿Te acuerdas cuando Beuys dijo que todos pueden ser artistas? Bueno, quizás todo artista puede ser un ciudadano comprometido, un ciudadano responsable.

CB Aun así, la práctica social en los Estados Unidos muchas veces ha cumplido el rol de compensar, sin financiamiento, los servicios gubernamentales.

TB El arte útil entra al sistema como un virus, no está compensando por un vacío. A veces parece ser una práctica social pero el mecanismo es diferente. La gente en general ignora la naturaleza crítica del Arte Útil, que busca destapar las contradicciones del sistema más que identificar soluciones de corto plazo. El Arte Útil también se distingue de la práctica social en los sentimientos que suele generar. No te quedas con una sensación de autocomplacencia (lo que yo llamo "el complejo Madre Teresa"). La reacción con el Arte Útil tiende a ser una combinación de "¡Wow, no sabía que podías hacer eso!" y "¡Cómo se atreven!" Hay un grado de sorpresa, de transgresión estructural. La práctica social parece concentrarse en los participantes, mientras que Arte Útil se enfoca en los sistemas de poder y en eliminar su abuso.

CB ¿Qué papel juega la colaboración en el Arte Útil?

TB El Arte Útil es colaborativo, transdisciplinario y no jerárquico. El reto es asegurar que el arte debe tener la misma importancia que las otras disciplinas.

CB Sí, pero si eres la instigadora, eres claramente la figura más significativa en la colaboración.

TB Llamo a este rol "el iniciador". Pero llegas a un momento en que la idea ya no te pertenece, en que mucho del trabajo ya ha sido hecho por otros, no importa quién lo inició.

El valor reside en implementar esa idea. Por ejemplo, soy la iniciadora del *Movimiento Inmigrante Internacional* y en el mundo del arte la gente lo reconoce. Pero en el contexto local es irrelevante y hoy funciona por sí mismo.

CB ¡Creo que tu actitud es demasiado utópica! Si los participantes hicieran algo inapropiado al proyecto que tú pasaste años formulando, intercederías, retomarías el control autoral y los devolverías al buen camino. Además, solo tú has representado al *Movimiento Inmigrante Internacional* en conferencias de arte y bienales.

TB Eso no es cierto. De hecho, el Arte Útil no puede trabajar con esa dinámica autoral. Los miembros del proyecto se representan a sí mismos, y han hablado sobre el proyecto en varios eventos.

Movimiento Inmigrante Internacional

CB Exploremos a fondo el *Movimiento Inmigrante Internacional* (MII) de 2011. ¿Aún consideras que este es tu mejor ejemplo de Arte Útil? Recuerdo que alrededor del 2011 me dijiste que el objetivo del MII era el de crear un partido político viable que pudiera promover los intereses de los inmigrantes, pero no evolucionó exactamente así.

TB Formar un partido político viable no era posible por las estructuras de financiamiento de los patrocinadores, Creative Time y el Queens Museum. Las organizaciones sin fines de lucro en los Estados Unidos no pueden apoyar a candidatos o posturas políticas. Lo único que pueden hacer es educar al público sobre tal o cual tema, entonces el objetivo del MII se desplazó de un partido político a un movimiento. Pero esto, en todo caso, se ajusta más a la estructura social de los Estados Unidos: las cosas cambian aquí gracias a los movimientos, no a los partidos. Lo que sí conservamos del concepto original fue la idea de presentar a los inmigrantes como sujetos políticos con toda la capacidad de decidir sobre su propio futuro político.

CB ¿Por qué elegiste situar el *Movimiento Inmigrante Internacional* en Corona, Queens?

^{TB} Quería tener otro socio, además de Creative Time; uno que ya estuviera en el barrio trabajando en proyectos sociales. Tom Finkelpearl, director del Queens Museum en esa época, era muy proactivo en la comunidad. Queens tiene la mayor diversidad de lenguas y etnias de toda la ciudad de Nueva York, algunos dicen que de todo el mundo. Al parecer ahí se hablan 138 idiomas y dialectos distintos. Corona es más latino; su población viene principalmente de Ecuador y México, con algunos colombianos y salvadoreños. Para ellos era un poco paradójico el hecho de que yo, una cubana, hubiera iniciado el *Movimiento Inmigrante Internacional* porque en esa época los cubanos teníamos un estatus migratorio especial (después de pasar un año y un día aquí, conseguías la residencia de forma automática). Entonces suele haber cierta falta de solidaridad entre los cubanos y los otros latinoamericanos a causa de esta disparidad de estatus legal. Por otra parte, debido a que muchos de los residentes locales eran latinoamericanos, eran conscientes del impacto que había tenido la Revolución cubana en sus propios países y tenían una idea (a veces idealizada) de su importancia.

^{CB} Y en términos de resultados demostrables, ¿qué logró el *Movimiento Inmigrante Internacional*?

^{TB} No nos propusimos trabajar con una comunidad predefinida, más bien creamos distintas células que operaban de diversas maneras. Un grupo que se formó a través del proyecto fue *mujeres en movimiento*, que se enfocaba en las madres indocumentadas –porque en esa época, el debate público estaba más centrado en la fuerza laboral masculina. Estas mujeres se metieron en la conversación política; gracias a su presión, por ejemplo, un oficial electo de Queens tuvo que renunciar por un comentario racista. También obtuvimos los papeles para cuatro personas a través de U-visa, que te dan cuando ayudas a la policía a resolver un crimen; en este caso, era un crimen de violencia doméstica.

Para los niños, colaboramos con el percusionista Álvaro Rodas en *El Sistema*; recibieron instrumentos musicales y clases gratis.[13] Con el tiempo la orquesta de música clásica se volvió muy buena; cuatro participantes ahora estudian en Juilliard y dos más recibieron becas completas de universidades de la *Ivy League*. Muchos son los primeros en sus familias en ir a la universidad. En esa zona también luchamos por los derechos de los niños a estar seguros en las calles.

Para los hombres, nos coordinamos con Occupational Safety and Health Administration [OSHA, Administración de Seguridad y Salud] para ayudar a cientos de personas a conseguir un certificado que es imprescindible para tra-

---

13. *El Sistema* es un programa de educación musical financiado públicamente y con voluntarios. Para más información, ver https://elsistemausa.org/about/.

bajar en el sector de la construcción. Lo hicimos absolutamente gratis.; usualmente les hubiera costado cerca de mil dólares cada uno. También impartimos talleres que ayudaron a diez personas a aprobar el examen de naturalización de los Estados Unidos. Ayudamos a sacar a gente de la cárcel porque pudimos ubicarlos cuando estaban supuestamente "perdidos" en el sistema. Algunos, por supuesto, fueron deportados, pero no hubiésemos podido parar eso. Hicimos mucho trabajo de prevención. Creamos un espacio seguro para la comunidad. Teníamos abogados disponibles semana tras semana, sin costo. Logramos sacar a niños del centro de detención en la frontera entre los Estados Unidos y México, apadrinándolos. Lo que me gusta del *Movimiento Inmigrante Internacional* es que todo lo que armamos sigue activo [Figs. 28, 29].

CB Entonces, podríamos decir que el *Movimiento Inmigrante Internacional* terminó funcionando como una organización de apoyo, no como partido político. ¿Te habías imaginado que eso podía pasar?

TB Al saber que las ONG no pueden apoyar a candidatos políticos o partidos cambiamos nuestra estrategia, hacíamos todo lo que hay que hacer antes de una misión política, como educar, animar, organizar, y preparar el terreno. Una de las tácticas del proyecto fue la de reproducir espacios que gente reconociera, como por ejemplo los centros comunitarios. Así que, por un lado, *Movimiento Inmigrante Internacional* es un centro comunitario y por otro lado un lugar donde puedes reevaluar tu aporte como un inmigrante a los Estados Unidos, todo a través del arte. También empujó al Queens Museum a salir hacia la comunidad, en lugar de invitar al vecindario a entrar al museo, que es lo que había hecho antes. Al final, más que una obra de crítica institucional, era una de activismo institucional.

CB Armaste el *Movimiento Inmigrante Internacional* en el 2011, el mismo año que la Primavera Árabe y Occupy Wall Street. ¿Cómo se relaciona el *Movimiento Inmigrante Internacional* con Occupy y luego con el DREAM Act, la famosa propuesta de ley de Obama que busca permitir que menores indocumentados vivan legalmente en los Estados Unidos?

TB Intentamos que los participantes del *Movimiento Inmigrante Internacional* se unieran a Occupy, pero era muy difícil porque trabajaban para mantener a sus familias, lo que fue muy revelador en términos del privilegio de aquellos que pueden protestar. El *Movimiento Inmigrante Internacional* se sumó a algunas protestas de Occupy, pero nuestra gente era muy vulnerable a la detención, así que

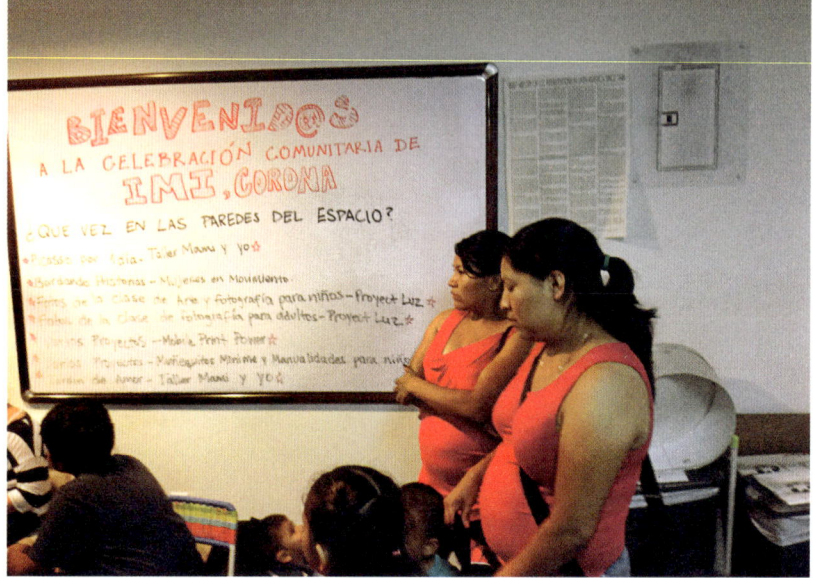

Fig. 28. *Immigrant Movement International* [*Movimiento Inmigrante Internacional*],
Queens, Nueva York, 2014.

principalmente participaron los miembros del equipo y los que tenían papeles.
Era muy importante incorporar temas de inmigración a la plataforma principal
de Occupy; ellos hicieron algunas reuniones estratégicas en las oficinas del MII,
por ejemplo. Un primero de mayo, fuimos al metro e hicimos una acción en
la que intentamos conversar con la gente sobre inmigración, pero creo que no
funcionó.

El DREAM Act era mucho más fácil en términos de movilizar a la gente,
porque el tema estaba mucho más alineado con el proyecto. Llevó el enfoque
jurídico a los DREAMers y ayudó en la formación de una nueva célula que se
hizo muy activa en este proyecto: los adolescentes. Un grupo organizó una
imprenta móvil con los chicos, y hacían camisetas y pancartas para las protestas.
Quedó claro que los chicos que habían ido al *Movimiento Inmigrante Internacional*
con sus padres ahora querían hacer cosas por su cuenta.

CB Cuál crees que fue la percepción del *Movimiento Inmigrante Internacional*?

TB Las organizaciones de inmigrantes se sintieron amenazadas ("No queremos que
esta artista que no sabe nada de inmigración ni política. . ."), el financiamiento
para este tipo de proyectos era casi inexistente, y los artistas, aunque tenían una
larga tradición en el tema, no estaban conectados con la crisis de refugiados o
el activismo político como lo están ahora. Pero a pesar de eso, de sentir que
no nos entendían, era crucial seguir adelante. Así que el *Movimiento Inmigrante*

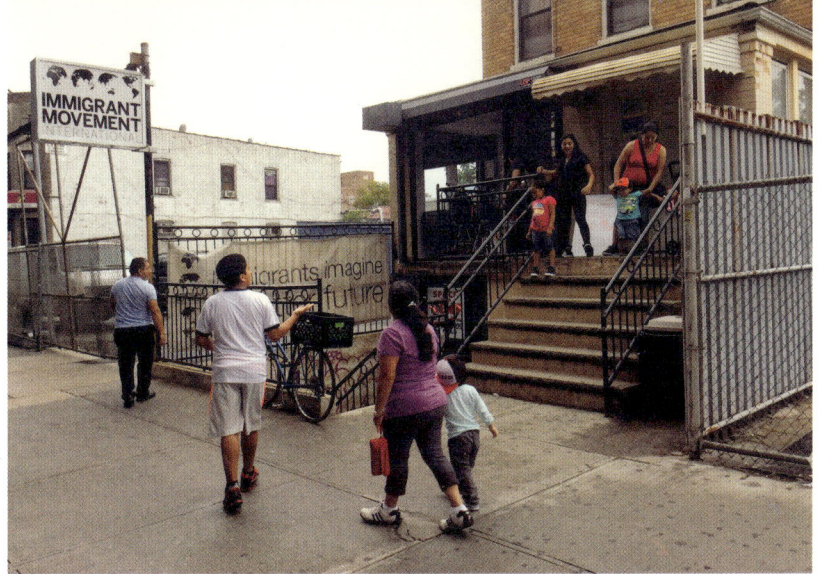

Fig. 29. *Immigrant Movement International* [*Movimiento Inmigrante Internacional*], Queens, Nueva York, 2014.

Internacional desarrolló una segunda misión: asegurar que las organizaciones activistas valoraran los aportes de los artistas, que los artistas entendieran la importancia de involucrarse en la política y que las instituciones artísticas empujaran los límites de lo que significa estar políticamente involucrado. Desde la elección de Trump en 2016, estos tres objetivos han marchado en la dirección que buscábamos.

CB Has trabajado mucho para promover la idea del Arte Útil, tanto en el mundo del arte como en Queens. Uno de los primeros eventos del *Movimiento Inmigrante Internacional* fue un gran taller para presentar la idea a líderes comunitarios, activistas y vecinos. Invitaste a artistas como Mel Chin, Rick Lowe, Not an Alternative y Pase Usted a mostrar su obra a un público diverso, y recuerdo que la reacción fue bastante dura. Los artistas se sentían involucrados con el mundo real (más que con el mundo del arte), pero los líderes comunitarios se quejaron de que eran demasiado "artísticos" y con muy poco compromiso como para conseguir cambios duraderos. ¿Qué tipo de impacto crees que generó?

TB Me parece que ese primer evento fue muy bueno para construir puentes, entender qué faltaba y para hacer nuestra metodología de trabajo más clara. Un año y medio después, decidimos abrir un programa de residencia para artistas de Arte Útil. Hicimos una convocatoria abierta y le mostramos las propuestas a la comunidad, para que ellos eligieran el proyecto que querían. Por error, la persona que armó el PowerPoint incluyó una obra que no era de Arte Útil. Todo el mundo notó el error. ¡Así que esa fue una buena prueba! La gente había entendido muy bien lo que era el Arte Útil. Es interesante lo claro que el Arte Útil resulta para aquellos que se benefician de él, pero no para quienes están en el mundo del arte.

CB Es chistoso, te veo más como alguien que apoya el Arte Útil que como alguien que lo práctica.

TB Sí, lo sé. No soy la mejor artista de Arte Útil, pero sí su más ferviente defensora.

CB Un problema recurrente con la práctica social es el de saber retirarse de un proyecto. ¿Cómo negociaste esto con el *Movimiento Inmigrante Internacional*?

TB La manera en que dejas un proyecto es tan importante como la manera en que lo comienzas. Quieres dejar a la gente queriendo más, y con suerte, creando su propia versión. Una vez que quedó claro que el *Movimiento Inmigrante Internacional* había alcanzado una especie de madurez (la estructura estaba lista, así como el ecosistema) decidimos entrar en un período de transición y crear una escuela de arte y activismo para los participantes, de modo que pudieran entender el núcleo del proyecto desde una perspectiva distinta y poco a poco tomar las riendas. Fueron a ver *Gramsci Monument* [*Monumento a Gramsci*] de Thomas Hirschhorn y *Between the Door and the Street* [*Entre la puerta y la calle*] de Suzanne Lacy, ambos del 2013, así que estaban más conscientes de prácticas similares al *Movimiento Inmigrante Internacional*. Establecimos un consejo de doce personas, algunos de la escuela, otros del Queens Museum, algunos que son profesores de los talleres. Ahora ellos dirigen el proyecto. El proceso de transición tomó un año.

Museum of Arte Útil

CB Ahora quiero hablar de *Museum of Arte Útil,* que organizaste en el Van Abbemuseum de Eindhoven en diciembre del 2013. ¿Qué estaba en juego para ti al crear un museo de Arte Útil? ¿Era otro intento de institucionalizar el tipo de arte que te importa, tal y como la *Cátedra Arte de Conducta* buscaba institucionalizar (y replicar) tu tipo de arte de performance politizado?

TB Hice el *Museum of Arte Útil* como una jugada táctica. Primero, el equipo era increíble (Nick Aikens, Charles Esche, Annie Fletcher) e involucrado en la pregunta qué es el arte. Fue una oportunidad de desarrollar el concepto de Arte Útil con ellos. En segundo lugar, me pareció que penetrar este tipo de museos podría tener un efecto a largo plazo sobre la forma en que opera y el arte que muestra. Y aunque sea una contradicción institucionalizar el Arte Útil, quería darle legitimidad para poder abrir la discusión a más personas y enfocarlo en responsabilidad institucional. Un efecto secundario de esta exposición es la historia alternativa del arte que produjimos y que ahora está en el archivo online (www.arteutil.org/projects/).

CB El proyecto te puso en la posición de hacer curaduría de las obras de otros artistas, algo que solo habías hecho antes con tus estudiantes. En el Van Abbemuseum expusiste obras de tus colegas, y además hiciste investigación y generaste un archivo de Arte Útil. ¿Cuáles son los desafíos principales de presentar el Arte Útil en un museo?

TB Además de los típicos desafíos asociados al hecho de mostrar arte con propuestas sociales dentro de un museo (descontextualización, legibilidad, forma de resolución, etc.) era un desafío personal invitar a otros artistas a ser parte de algo definido por mi terminología y mi modo de reposicionar la historia del arte, pero sin que se sintieran intimidados o explotados.

El otro desafío era el de mostrar qué es el Arte Útil, para que la gente pudiera entender que este tipo de obra tiene una tradición y una historia, y que no estaba inventándola. Con el tiempo reducimos la exposición a las preguntas, "¿Existe el Arte Útil? Y, si existe, ¿desde cuándo?" Buscamos casos de estudio que se remontaban al siglo XIX. La idea del arte como algo "inútil" viene del siglo XX. Anteriormente, el arte siempre fue usado por la Iglesia o la aristocracia, así que buscamos ejemplos en los cuales el arte hubiera sido usado por ciudadanos.

CB ¿Cómo se acercaban los visitantes a la exposición? ¿Hubo un giro en la manera en que comúnmente se visita una muestra?

TB Cuando entrabas al museo tenías dos opciones en la taquilla: podías ser un "usuario" o un "espectador". Si decidías ser usuario podías entrar gratis al museo y se esperaba que tomaras parte en las obras expuestas. Si deseabas ser espectador entonces pagabas y solo mirabas la exposición. Todos recibían una guía de la muestra, que era un diccionario de usuario, porque yo quería que se enfrentaran a la obra no en términos de artista, año, país, etc., sino a través de las operaciones conceptuales que unificaban la exposición.

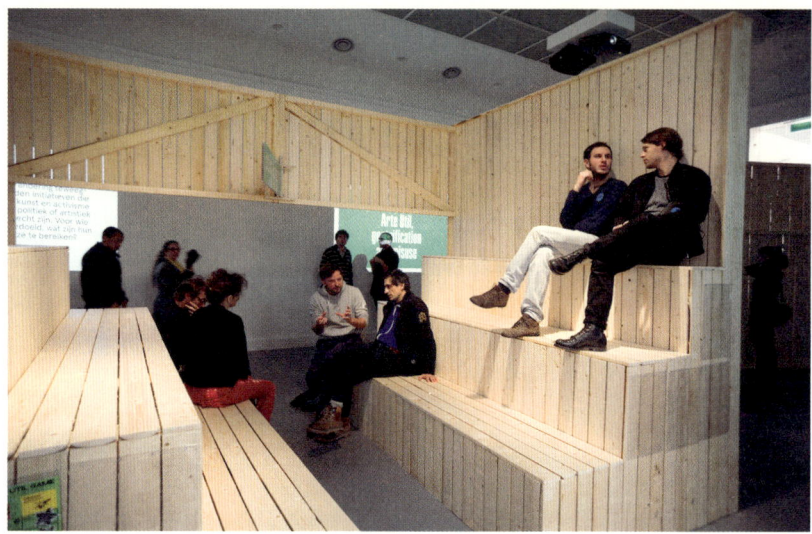

Fig. 30. *Museo de Arte Útil*, Sala de controversias, Van Abbemuseum, Eindhoven, Países Bajos, 2013.

La primera galería era una sección de "hágalo usted mismo", donde tenías acceso a libros censurados (una obra de Bik Van der Pol) y un manual de instrucciones y talleres sobre cómo robar (conducidos por Yomango). Las galerías siguientes cubrieron la reutilización institucional, la a-legalidad y la reforma del capital. Había una "sala de controversias" que incluía proyectos de Renzo Martens, IRWIN y Theaster Gates, en donde en ocasiones el uso no era intencional por parte del artista o presentaba dilemas éticos. Cada obra se sometía a un debate público para determinar si era un ejemplo de Arte Útil o no [Fig. 30]. También hubo una sala sobre arte para el cambio legislativo con proyectos de Laurie Jo Reynolds, Jeanne van Heeswijk y Augusto Boal.

En el centro de la exposición estaba el archivo de Arte Útil: 250 carteles con información sobre cada proyecto, que podías tomar de una estructura de madera y llevar a alguna de las galerías para comparar con la obra instalada [Fig. 31].

CB Aunque el vocabulario era un punto de entrada, esta exposición (especialmente el archivo) parecía estar más preocupada por acumular datos.

TB Era una estrategia de diseño de información. Queríamos que las cosas fueran accesibles a través de una lectura rápida, porque la mejor forma de entender el Arte Útil es a partir de una breve descripción verbal y no un análisis visual.

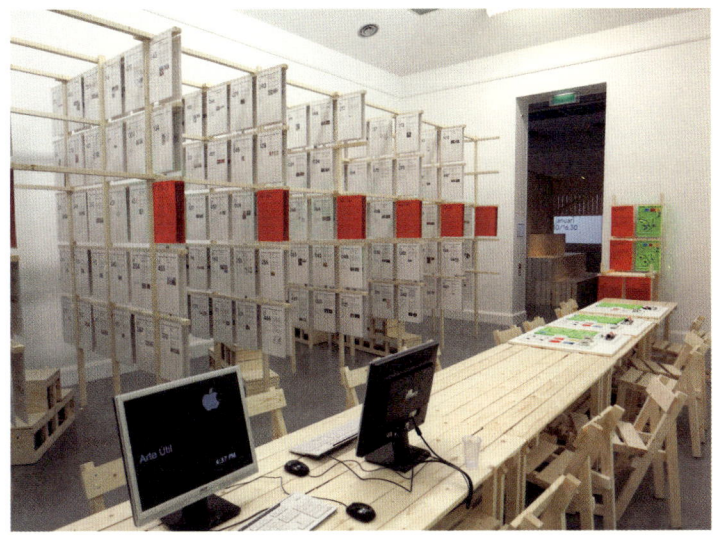

Fig. 31. *Museo de Arte Útil*, Biblioteca, Van Abbemuseum, Eindhoven, Países Bajos, 2013.

También queríamos mostrar muchas obras para demostrar la amplitud de la historia del Arte Útil. Siendo honesta, el archivo no es más que un índice hasta el momento, pero es la mejor forma de entender qué es el Arte Útil.

CB Me sorprendió ver que cada letrero incluía un texto que explicaba los "resultados benéficos" de cada proyecto. Esto me puso nerviosa, porque me pareció demasiado cercano a la instrumentalización neoliberal del arte que busca "resultados demostrables".

TB La diferencia está en que Arte Útil no se crea ni se evalúa por instituciones sino por cómo las personas identifican sus beneficios. Además, el Arte Útil no mide los resultados por números, sino por cómo subvierte sistemas. Cuando se hace de manera adecuada, a los neoliberales no les gusta el Arte Útil. Me parece un poco hipócrita la gente que defiende la pureza de la "inutilidad" del arte, cuando en realidad el arte hoy es usado y mal usado constantemente –por ejemplo, al considerarlo una inversión. Esto tiene mucho que ver con clase social, porque el Arte Útil es arte generado por los ciudadanos.

Estamos desarrollando una segunda versión del archivo, más como un recurso para los historiadores del arte y para los activistas. Vamos a elegir unas pocas obras para convertirlas en cajas de herramientas que se puedan implementar en situaciones similares.

CB ¿La idea de una partitura repetible no va en contra de tu compromiso con la sincronía con el tiempo político?

TB Sí, pero son dos cosas distintas. Political Timing Specific Art [Arte en sincronía con el tiempo político] aborda un problema del momento, mientras que el Arte Útil aborda problemas que han estado presentes por mucho tiempo. En ambos hay una respuesta específica a algo de urgencia, pero el Arte Útil ofrece herramientas que pueden ser reutilizadas y adaptadas. Las estrategias que funcionan en un lugar no necesariamente funcionan en otro. Por ejemplo, una de las obras depende de la ley migratoria austríaca; otras están en lugares donde la ley ya ha cambiado. Entonces no estamos hablando de algo como *Do It* [*Hazlo*] (1993–), la colección de partituras de Hans-Ulrich Obrist. Aquí no se trata de recetas sino una forma de ofrecer puntos de referencia, que es diferente. Se trata de entender qué recursos puedes utilizar en ciertos momentos sociales y políticos, un espectro de soluciones a problemas comunes que pueden inspirarte con ideas para el cambio.

CB ¿Cuál fue la historia del Arte Útil que descubriste mientras realizabas la investigación para esta exposición?

TB Encontramos mucha información teórica y filosófica. En términos de arte, descubrimos a Pino Poggi, un artista italiano que creó el *arte utile* en 1965. Tú me mostraste la obra de Eduardo Costa en Argentina; él inventó el término "arte útil" mientras vivía en Nueva York en 1969. Juan O'Gorman escribió una conferencia sobre Arte Útil en 1934. Y también estaba yo. Cuatro personas en distintos lugares y momentos, que sin saber el uno del otro, llegamos exactamente al mismo nombre y a la misma idea. Todos podemos haber estado adelantados a nosotros mismos en el sentido de que vimos un fenómeno, pero nos costó implementarlo en nuestra obra. Me gustaría tomarme un año para investigar más, estoy segura de que hay otros precedentes.

CB ¿Cuáles son los cambios principales ocurridos desde el siglo XIX hasta hoy?

TB Durante muchos años el Arte Útil existió solo en formato de propuesta. Ni las instituciones ni la ley estaban listas para asumir estos proyectos, muchos de los cuales parecen utópicos y estaban adelantados a su época. Por ejemplo, en 1870, la escritora, científica social y feminista Melusina Fay Pierce propuso *Cooperative Housekeeping*, un movimiento cooperativo dedicado a reducir la carga de las

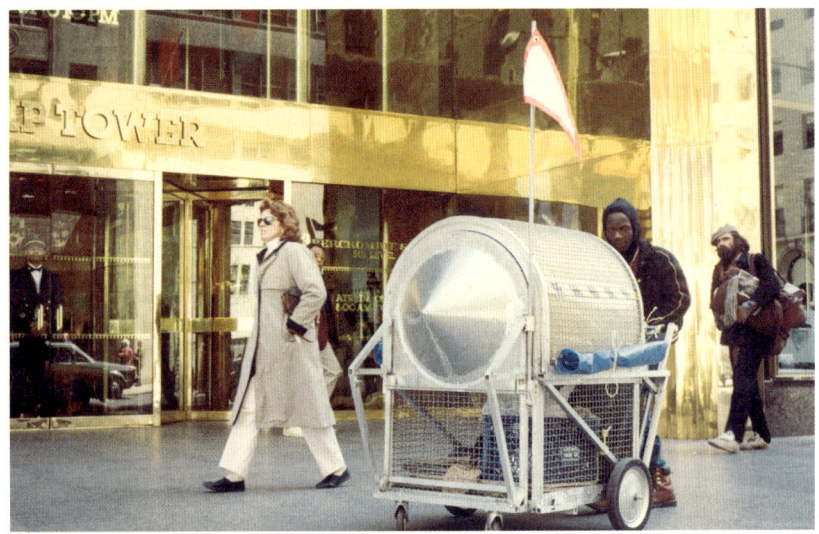

Fig. 32. Krzysztof Wodiczko, *Homeless Vehicle Project* [*Proyecto vehículo para indigentes*], 1988–89.

labores domésticas. Mujeres de distintas clases sociales llevaban a cabo tareas comunes como cocinar, coser, lavar ropa, etc. Pierce sacó adelante su idea con quince a veinte mujeres en su propia casa y explicó en detalle el proyecto en un artículo, pero nadie lo adoptó en otro lugar. Hoy, por el contrario, vemos proyectos totalmente implementados, como la colaboración –que sigue vigente– entre Marisa Morán Jahn (Studio REV-) y la Alianza Nacional de Trabajadores Domésticos [National Domestic Workers Alliance] para cambiar las leyes que regulan el trabajo doméstico. La estrategia y la visibilidad de su app, sus artefactos, sus materiales didácticos y sus estudios móviles (NannyVan y CareForce One), han ayudado a lograr la aprobación de una carta de derechos de los empleados domésticos [Domestic Workers Bill of Rights] en ocho estados.

CB ¿Cuándo empezaste a ver este cambio, de la propuesta a la implementación?

TB En los años noventa. De hecho, el cambio fue de *propuesta* a *prototipo* y después a la *implementación* (por cierto, este es el mismo patrón que tiende a ocurrir con artistas que trabajan en el espacio público). Hay gente que realiza proyectos pero no puede hacerlos más accesibles, así que hacen prototipos, como es el caso de *Homeless Vehicle Project* [*Proyecto de vehículo para indigentes*], 1988–89 de Krzysztof Wodiczko [Fig 32]. La implementación, en cambio, va más allá del artista. Un ejemplo es el de Antanas Mockus, el alcalde de Bogotá. En 2001

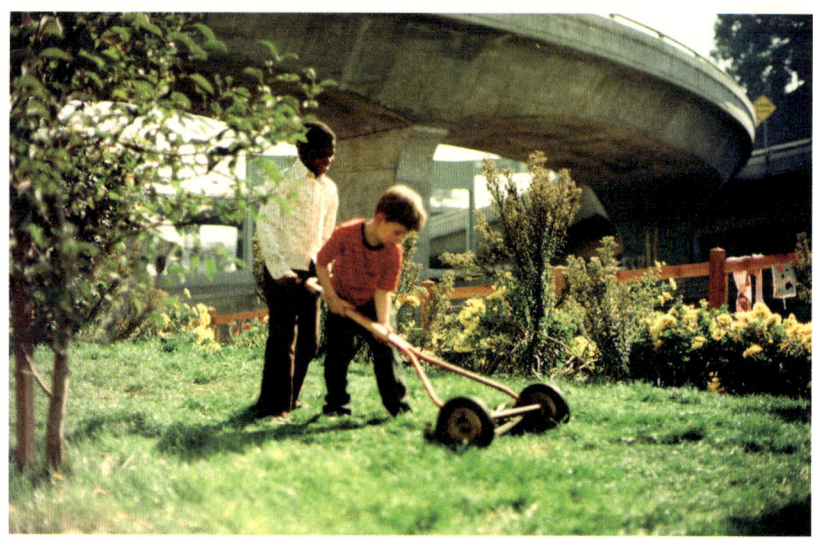

Fig. 33. Bonnie Ora Sherk, *Crossroads Community (the farm): Boys Mowing the Lawn Next to the Freeway* [*Crossroads Community (la granja): Niños cortando el pasto al lado de la autopista*], 1976, fotograma.

implementó *La noche de las mujeres*, un toque de queda en el cual los hombres debían quedarse en casa y cuidar a los niños mientras las mujeres salían y disfrutaban de una noche segura en la ciudad.

CB Entonces mapeaste estos y otros ejemplos de Arte Útil. ¿Consideras que se hicieron más frecuentes en ciertos momentos históricos?

TB Sí. En el siglo XX fueron más frecuentes durante los años setenta y noventa.

CB Entonces, un momento histórico se da después de 1968 y otro después de 1989. ¿A qué lo atribuyes?

TB Esto es totalmente especulativo, pero los sesenta y setenta fueron tiempos de conciencia social y de protestas, cuando la gente ya no confiaba en los gobiernos o las instituciones. La gente quería cambiar el mundo, pero sus herramientas y símbolos ya no servían. Como resultado, algunos artistas empezaron a hacer lo que hoy llamamos crítica institucional; otros propusieron alternativas, como la granja bajo la autopista de Bonnie Sherk, que hoy podemos reconocer como Arte Útil [Fig. 33].

CB ¿Y después de 1989?

^{TB} Quizás debido a las crisis económicas que surgieron tras los colapsos financieros de 1987 y 1993, que desaceleraron el mercado del arte, los artistas volvieron a enfocarse en lo social. La caída del comunismo entre 1989 y 1991 es complicada y hay diferencias sobre cómo evolucionó en Oriente y en Occidente. En Occidente, le recordó a la gente que los Estados (y los paradigmas ideológicos) pueden derrumbarse muy rápidamente. En los países que fueron socialistas llevó a un resurgimiento del individualismo. Es sorprendente que, después de 1989, exista tan poco arte socialmente comprometido en estos países. El *Applied Arts Manifiesto* [*Manifiesto de Artes Aplicadas*] de 2007, de Artur Żmijewski, es una importante excepción.

Crítica

^{CB} Una crítica que tengo para el Arte Útil, que ya mencioné antes, es tu insistencia en los "beneficios". Usar el arte como herramienta para el cambio social es una cosa, pero creo que estás muy apegada a la idea del arte como cambio positivo, como algo que puede efectuar una transformación directa para mejorar las cosas. ¿Puedes imaginar el Arte Útil al servicio de lo que, en un principio, parece ser "lo malo"?

^{TB} ¡Por supuesto! Pero el Arte Útil no tiene que ver con hacer feliz a todo el mundo; altera el balance del poder y elude el status quo. No se trata de realizar cambios concretos y tangibles. Es la fricción entre cómo quieres que funcione la sociedad y lo que se puede conseguir mediante intervenciones pequeñas y precisas. Además, ¿qué es el arte para el cambio social si no cambia nada, si no beneficia la vida de las personas?

^{CB} Otra crítica al Arte Útil es que se basa demasiado en las tradiciones occidentales, en lugar de considerar ejemplos indígenas y no occidentales donde se entremezclan la política, la espiritualidad y la vida cotidiana.

^{TB} El Arte Útil se enfoca precisamente en las tradiciones occidentales; es, sobre todo, una reacción a la historia del arte occidental –neocolonial, patriarcal, jerárquica, muy anclada en el dinero y el privilegio y tan autorreferencial que no puede tolerar otras tradiciones, solo asimilarlas dentro de su propio régimen. Es importante que la historia del arte occidental reconozca que hay otra historia del arte, y debemos probarlo con tantos ejemplos como sean necesarios.

Pero eso no significa que no existan casos de Arte Útil indígenas y del llamado Sur. Mientras investigábamos para el archivo, contamos con veintiún asesores de varios continentes y contextos artísticos, e incorporamos muchos proyectos de tradiciones no occidentales. Las pinturas en corteza de Yirrkala en Australia, por ejemplo, fueron usadas en tribunales para demostrar que el pueblo indígena Yolngu era dueño de la tierra y que esa tierra no podía ser explotada por operaciones mineras del Gobierno. También está el Taller Flora de Carla Fernández en México. Fernández visita las comunidades indígenas y patenta a sus nombres los diseños de sus prendas para que la industria de la moda les tenga que pagar si los quiere usar.

CB Ese ejemplo también me hace cuestionar toda la idea de hacer un trabajo *para* otra persona, comunidad o clase. Existe el peligro mencionado por Walter Benjamin en los años treinta: el artista como intelectual que habla por las clases bajas o por los que tienen menos privilegios que él o ella. ¿Cuál es tu postura aquí como artista de Arte Útil? Después de todo, tú vienes de una posición relativamente privilegiada dentro de la sociedad cubana y como artista en los Estados Unidos tienes muchas más libertades que tus participantes. ¿Cómo evitas el problema del mecenazgo ideológico en un proyecto como *Movimiento Inmigrante Internacional*, por ejemplo?

TB En el Arte Útil no trabajamos *para*, sino *con* –eso significa que no hablamos por otra gente ni tomamos decisiones por ellos. Tú no decides con anterioridad cuál es el problema; más bien, la urgencia surge orgánicamente desde el grupo. Como artista, llegas con tus conocimientos y tus herramientas, pero también con tu privilegio, que no solo debe ser compartido sino también entregado a los participantes. Eres usado por ellos (tú no los usas). Te retiras y dejas que ellos tomen el control.

El concepto del Arte Útil es el más difícil de entender porque es el que cuestiona más directamente la historia del arte y la cultura occidental tal como la conocemos. Reconocer el Arte Útil significa aceptar que hemos perdido algo a lo largo del camino.

CAPÍTULO CUATRO
EST-ÉTICA

CB Este capítulo aborda un concepto relativamente reciente en tu armadura teórica: el neologismo Est-Ética, que denota el arte bajo el signo de la ética, en lugar de la estética. El primer ejemplo que encuentro del uso del término es por el artista pakistaní Iqbal Geoffrey, quien desarrolló la teoría de "estÉTICAS" en 1958. Aunque se ha discutido largamente sobre la importancia de la ética en el arte socialmente comprometido, primero por Suzi Gablik en los años ochenta, y Suzanne Lacy en los noventa y, más recientemente, por escritores como Grant Kester y Shannon Jackson, no ha existido un término específico para abordar este impulso en el arte contemporáneo. En tu sitio web describes Est-Ética como una propuesta:

> . . . ver la estética como la construcción e implementación de un nuevo ecosistema ético, desplazando la idea de la estética como un ejercicio visual hacia uno ético. Dentro de la Est-Ética, el shock estético se presenta después de un shock ético. Es el descubrimiento de que lo que previamente se consideró imposible de cambiar en la sociedad podría, de hecho, ser cambiado. No es un sistema de representación, sino de presentación y afirmación de las posibilidades de cambio social.

Quizás deberíamos partir por preguntarte, ¿por qué consideras la ética central al arte? Después de todo, existe una tradición de pensamiento de vanguardia que considera que el arte está libre de cuestiones morales. Más recientemente, yo he argumentado contra la tendencia de aprobar solo el arte que aspira a "hacer el bien" porque tiende a conducir a supuestos banales sobre lo que la gente considera agradable –y más aún, a la idea de que una obra de arte es buena porque todos están contentos.

TB Ética y moral son dos cosas distintas. La moralidad es un consenso sobre ciertas cosas "buenas" y "malas" que la sociedad ha decidido por ti, y a las cuales se supone que debes ajustarte. Implica el juicio de otros. La ética es un paisaje filosófico en el que *tú* propones tu relación con otros, y es determinado de forma individual. No tiene que ser lo que la sociedad dice que está "bien" o es "apropiado". La Est-Ética involucra compartir una propuesta ética y provocar una respuesta en la que la ética adquiere una cualidad estética.

La Est-Ética es la capacidad de hacer algo con la energía generada por la obra de arte. Afirma que la ética puede tener un efecto estético; se trata de analizar, cuestionar y buscar la belleza transformativa de la ética. Te voy a decir por qué: descubrí que para mí una propuesta ética puede tener un impacto emocional mayor y de mayor resonancia que una obra de arte en el sentido tradicional. Me ofrece la misma experiencia "trascendental" que mucha gente aún espera del arte. ¿Quizás crear imágenes visuales sea menos interesante que crear nuevos paradigmas éticos?

CB Pero, ¿acaso no es cierto que lo que incorporas a "la estética" tiene que ver con preguntas sobre qué es bueno o malo, correcto o incorrecto?

TB No. Tiene que ver con colocar al espectador frente a un dilema ético, que tiene que decidir por sí mismo. Es posible que, como algunas obras, sean lo que llamo a-legales, por eso son distintas.[14] Solamente *contemplar* la obra de arte es insuficiente. La Est-Ética es más conceptual; es una invitación a actuar.

CB Una obra a-legal podría, sin embargo, revelar una realidad o una práctica (todavía) no reconocida como tal por la ley, tomándose el lugar de decir la verdad.

TB Más que el aspecto legal, lo que importa es llevar el dominio de la ética al mundo de la respuesta estética. ¿Cómo puedes desafiar la idea que la gente tiene de sí misma y su lugar en el mundo y la manera en que interactúa con otros? ¿Y cómo podemos sustituir lo que tradicionalmente hemos llamado "shock" estético frente a una obra de arte, por un "shock" ético? ¿Es posible que un shock ético tenga valor estético?

CB Esto me recuerda al artista Mel Chin cuando habla de repensar la belleza en términos medioambientales, como una tierra sin contaminación.

TB La Est-Ética no se trata de un momento aspiracional, sino de una confrontación directa con la toma de decisiones y eso es precisamente lo que la convierte en algo ético.

CB Sueles citar *Rolling Jubilee* (2012–) de Strike Debt como un ejemplo por excelencia de Est-Ética. ¿Podrías decir por qué?

TB La acción de liberación de deudas del proyecto *Rolling Jubilee* imagina y crea

---

14. La a-legalidad denota un estatus que todavía no ha sido sujeto a un marco legal; probablemente sería ilegal, pero las autoridades todavía no articulan dicha ilegalidad a través de una ley. Bruguera discute la ilegalidad en el capítulo 3.

un nuevo camino ético que otros pueden seguir. Entendieron que la deuda se vende a centavos por dólar en los mercados financieros, así que recaudan fondos para comprar a ciegas deudas estudiantiles, médicas y de viviendas y liberar a los deudores de ellas [Fig. 34]. Invierte el modelo de rentabilidad, y al mismo tiempo demuestra cómo funciona el sistema (y por lo tanto cómo podemos romperlo). El gesto es, además, increíblemente humano y desinteresado, porque no sabes quién será liberado de la deuda hasta que se ha terminado el proceso. No solo beneficia a la gente sino que es una transgresión en contra del sistema. Para mí esto es realmente arte, algo que me hace cuestionar la realidad y que propone otra forma de vivir y comportarse. Es a la vez crítica –porque es una manera de subvertir las instituciones y la realidad social– y extremadamente hermosa. Además tiene una dimensión simbólica al crear una analogía entre la deuda contemporánea y la historia de la esclavitud.

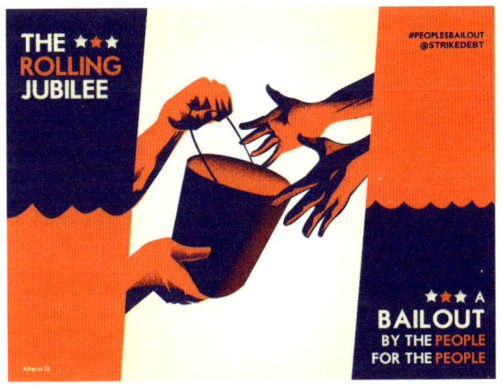

Fig. 34. Joe Alterio, People's Bailout [Rescate financiero del pueblo], gráfica para *Rolling Jubilee* de Strike Debt, 2012

CB Entonces, para aclarar: ¿es la Est-Ética cuestión de ser espectador (es decir, algo que se provoca en el espectador) o está más ligada a las intenciones del artista y la producción de la obra?

TB Creo que la respuesta de los espectadores a estos gestos éticos es lo que constituye la obra de arte. Pero, por supuesto, este es un efecto posterior que no ocurre por casualidad sino por diseño. Es también un asunto de escala: cuando un proyecto se reduce a escala humana descubres cómo un gesto realmente puede resolver un problema que parecía ser terriblemente abrumador. Es un momento hermoso cuando se revela la ética gracias a un cambio social. Y la Est-Ética te ofrece una opción: tú también puedes hacerlo, porque la escala es pequeña y porque la autoría no es un problema. Por ejemplo, si otra gente levantara un *Rolling Jubilee* en otro lugar, los organizadores en Nueva York no estarían molestos, al contrario, lo verían como evidencia de su éxito.

CB No estoy segura de aceptar la idea de que la Est-Ética se encuentra solamente en la reacción del público. La obra de arte tiene su propia orientación ética, independiente de la respuesta del público. Revisemos esto a través de algunos ejemplos.

Sin Título (Bogotá, 2009)

CB Hay dos piezas del 2009 sobre las cuales podemos hablar en relación con la Est-Ética. La primera, *Sin título (Bogotá, 2009)* no es muy conocida en el mundo anglófono, aunque provocó largos debates en español en Internet y tiene cierto grado de notoriedad en América Latina. ¿Puedes describirla?

TB Fui invitada por la New York University al Hemispheric Institute of Performance and Politics, y no estaba segura de lo que iba a hacer ahí. Solo sabía que quería que esta obra formara parte de mi serie Sin título, que se relaciona con el imaginario político de lugares por y para la gente que no vive ahí. La serie le pide a la gente renegociar la fricción entre una experiencia interior y las proyecciones externas de un lugar. Una cosa que hago cuando trabajo fuera de Cuba es intentar descubrir con qué puedo involucrarme emocionalmente, ya sea en términos de mi propia historia personal o de los debates en los cuales he participado sobre ciertos temas, que luego exploro en ese nuevo lugar.

Colombia es parte de América Latina pero su historia es muy distinta a la de Cuba. Lo único con lo que podía sentirme vinculada era con el movimiento guerrillero, que fue financiado en parte por el Gobierno cubano en la época de Fidel Castro. El Che Guevara, por ejemplo, era un guerrillero y es visto como un héroe por muchos, pero la gente tiende a rechazar a las Fuerzas Armadas Revolucionarias de Colombia (FARC) y los considera asesinos. Entonces, mi punto de partida fue ¿por qué las guerrillas hoy no son consideradas heroicas? Esta obra se centraba en cuestionar la idea y la imagen del héroe. ¿Qué es lo que constituye hoy a un héroe? ¿Es el término héroe todavía políticamente relevante? ¿Es siquiera factible hoy?

CB Con este fin organizaste una mesa redonda sobre heroísmo en la Facultad de Bellas Artes de la Universidad Nacional en Bogotá. ¿Cómo lo enfocaron?

TB Lo enfocamos en torno a esas preguntas: ¿Qué hace a alguien un héroe? ¿Existen hoy en nuestro medio las condiciones para la aparición de un héroe?

CB ¿Y quiénes eran los participantes de esta mesa redonda?

TB Un miembro de los paramilitares, un mercenario —usualmente contratado por el Gobierno colombiano para confrontar a las FARC—, un miembro de Los Desplazados —un proyecto oficial que busca sacar a gente de las zonas de conflicto y llevarlas a la ciudad (pero cuando llegan a la ciudad no reciben ningún apoyo)–, un pariente de un desaparecido, y un miembro de las FARC. Esta es la única obra en la que he trabajado con arquetipos.

CB ¿Y tú fuiste la moderadora de la conversación?

TB No, pero tuvimos conversaciones previas, porque quería asegurarme de que iban a cubrir las ideas principales sin repetir lo que decía el otro. Intenté que no dijeran las mismas cosas de siempre; pero, precisamente, eso fue lo que hicieron.

CB Necesitas un moderador fuerte para controlar ese tipo de debate.

TB Hasta cierto punto hago esa coreografía, pero la gente con la que trabajo siempre tiene la libertad de ser quienes son. En cierto modo, gran parte de mi obra es una crítica interna a la izquierda y, al final, fue mejor que hicieran la misma cosa aburrida de siempre, y muy apasionadamente. Después de un rato, cuando vi que el público se aburría, hice que una mujer entrara al recinto con una bandeja con veinte líneas de cocaína pura [Fig. 35].

Tenía un guardaespaldas –un tipo alto, fornido, que parecía ser parte del público. Empezó a ofrecerla y la gente la consumió.

CB Veinte líneas no es mucho. ¿Cuánta gente había?

TB Cientos. Pero pasamos al final cuatro bandejas, entonces fueron ochenta líneas; no era tanto pero todo fue consumido. Nos detuvimos en la quinta bandeja porque la energía era demasiado intensa.

CB ¿Y cuál fue la reacción?

TB Polarizó a la gente inmediatamente. Como yo no consumo cocaína, necesitaba que alguien la probara antes de dársela al público. Los mismos que aceptaron probar, ahora se negaban a consumir porque estaban ante sus colegas de la universidad. Algunos se fueron de la sala indignados y más de uno aprovechó la ocasión para pasar un buen rato.

CB Una estudiante que estaba en el público, Lina María Herrera, escribió sobre su experiencia de la obra en *El Tiempo*. Ella se preguntó si la reacción pública reflejaba la realidad en Colombia, donde, "unos se matan por la droga, otros consumen, otros siguen indiferentes a ella, y otros se burlan".[15] ¿Pero me imagino que estas reacciones se produjeron silenciosamente porque todos escuchaban a los panelistas de la mesa redonda?

TB Bueno, no escuchaban al panel porque no decía nada nuevo, y estaban cansados de esa discusión. Más bien observaron las bandejas y la reacción de la gente. No hubo escándalo en ese momento porque fueron forzados a tomar una decisión personal.

Aun antes de que empezara la performance ya había tensión. Una de las tensiones tenía que ver conmigo, porque no tenía muy claro qué iba a hacer. Otra tensión tenía que ver con que América Latina es muy sensible a las intervenciones norteamericanas, debido a su historia. Este era un evento de la New York University, pero cobraban cincuenta dólares para entrar al festival entero, incluso a los estudiantes de la misma universidad. Entonces muchos estudiantes se enfadaron y decidieron hacer credenciales falsas para el evento, algo que yo apoyaba absolutamente.

Como respuesta, decidí hacer dos filas de ingreso a la obra: una para la gente que tenía entradas (incluso, con las credenciales falsas), y una para la gente sin entradas. Entonces, en el espacio de la performance, la mitad del público serían colombianos y la otra mitad, visitantes internacionales. Esto generó una nueva tensión entre quienes se sintieron aludidos al consumir cocaína y aquellos que no. Para la gente internacional, el proyecto fue impactante pero no constituía un riesgo para ellos. Pero para el público local era un tema de vergüenza pública.

CB ¿Por qué? Sé que algunas personas dijeron que tu obra era un truco publicitario barato y superficial.

TB La gente tiende a demeritar lo que los hace quedar mal. Esta obra también expuso el hecho de que no todas las obras toman el mismo tiempo para ser digeridas. Para reaccionar ante una obra que presenta dilemas éticos, el espectador puede necesitar un poco más de tiempo y distancia. La obra provocó respuestas críticas ("¿Qué derecho tiene a venir a hablarnos sobre nuestros temas sensibles?"), y cuestionamientos sobre los límites de las obras para sitios específicos (el modelo del artista "paracaídas"). Ciertos lugares en el mundo tienen

---

15. ". . . la realidad del pueblo colombiano: mientras unos se matan por la droga, otros consumen, otros siguen indiferente a esta, y otros se burlan." Lina María Herrera, "'Esa vieja está loca", dijeron personas en performance de cubana que ofreció bandejas con cocaína', *El Tiempo*, 11 de septiembre de 2009, https://www.eltiempo.com/archivo/documento/CMS-6075888.

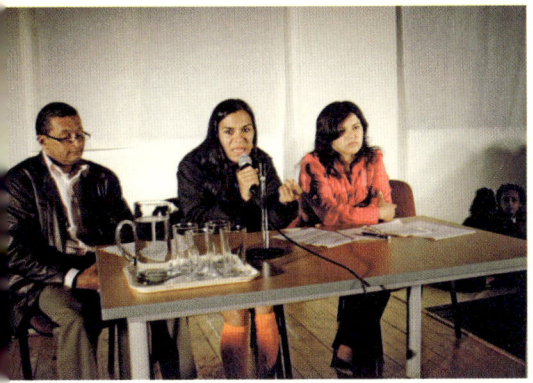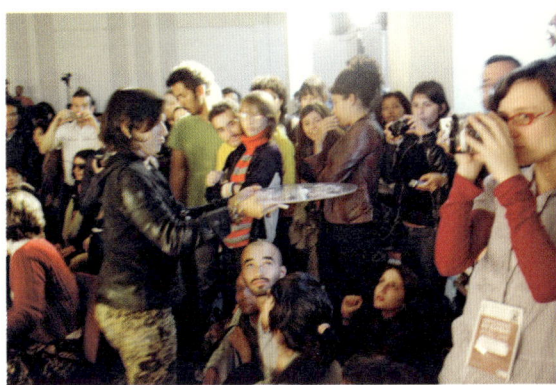

Fig. 35. *Untitled (Bogotá, 2009)* [*Sin título (Bogotá, 2009)*].

problemas que afectan a todos, y debemos lidiar con ellos porque el problema es global y nos implica a todos. Los lugares donde he presentado obras de la serie Sin título tienen eso en común.

CB Entonces, ¿crees que la intervención fracasó en ese sentido, porque la gente asumió una posición neutral en lugar de cuestionar la situación?

TB No creo que haya fracasado. La obra es potente porque muestra la insuficiencia del discurso de los panelistas (que era el carácter general del debate en Colombia de aquel momento) versus el atractivo de consumir cocaína –el producto que está en el centro del conflicto en ese país. Pero la obra, en un sentido más completo, realmente comenzó cuando la gente empezó a debatir libre y frenéticamente una vez que terminó. Para ser completamente honesta, eso no lo planeé. La obra provocó una gran conversación sobre quién tenía derecho a hablar sobre qué y dónde. En mi mente, principalmente se trata de una obra de Arte de Conducta, porque el material surgió de las reacciones y el comportamiento de la gente.

CB Pero seguramente el asunto de la ética se te ha planteado antes en relación con esta obra y otras similares. No solo la idea de ofrecer al público una droga ilegal, sino el hecho de usar a la gente como el medio de tu obra, como cuando invitas de mala fe a gente a tus mesas redondas.

TB No los invité de mala fe. Los panelistas eran colaboradores: conocían los elementos de la obra, incluida la cocaína, entendían el mensaje y estaban preparados para la incertidumbre del resultado. También me ayudaron a salir del edificio cuando llegó la policía. Mucha gente ha dicho que mi obra puede ser vista como un experimento social y por mí eso está bien. Pero esto no es el experimento Milgram, que dividió a la gente en prisioneros y guardias. En mi obra las cosas no son tan meridianamente claras. Pero la gente tiene una doble moral. Si el Gobierno experimenta con nosotros, la gente lo acepta o lo ignora, pero cuando lo hace un artista es un escándalo –los ministros de Educación y de Cultura de Colombia hicieron un llamado a meterme presa, en lugar de enfrentar la situación en discusión y su responsabilidad en ella. El Gobierno cubano me denunció como no-cubana, y años después descubrí que en ese momento, el Gobierno colombiano y las FARC ya negociaban el acuerdo de paz.

CB El público podía decidir si aceptar o no una línea de cocaína.

TB Exacto. A nadie lo obligaron. La gente era libre de detener todo en cualquier momento, pero nadie hizo nada. Creo que estaban enojados con ellos mismos por permitir que esto ocurriera y no decir nada en el momento. Todos estaban esperando que otro alzara la voz.

CB Entonces en esta obra, Est-Ética parece ser una estrategia artística (es decir, poner a prueba la relación de la gente con la honestidad, la ley, etc., al introducir una sustancia problemática) pero es también, en parte, la respuesta del público, ¿estás de acuerdo?

TB Esta obra no es el ejemplo más claro de Est-Ética. Me parece que es un ejemplo muy claro de Arte de Conducta, y quizás por eso te estás enfocando en la discusión ética que generó el proyecto sobre la hipocresía, la responsabilidad y las convenciones sociales. Est-Ética detona al espectador mediante el dilema ético que le presenta, pero no es una discusión o un debate. El significado de la obra no está en la respuesta de la gente (como sí lo está en Arte de Conducta), cuando entiendes quién eres a través de la obra. En Arte de Conducta, la gente se ve a sí misma a través de la obra; en Est-Ética ven al sistema.

Self-Sabotage

CB La segunda obra del 2009 que quiero discutir es *Self-Sabotage* [*Autosabotaje*], la más difícil que te he visto realizar. Involucra el juego a la ruleta rusa. Te sientas en una mesa, y pones balas de fogueo y una sola bala de verdad en una pistola. Luego lees un texto sobre los deberes de un artista político y después de cada sección haces una pausa, pones la pistola en tu sien y disparas.

TB Es la obra más difícil para mí, pero mucha gente todavía la recuerda.

CB Bueno, nos traumatizó a muchos de los que la vimos en Venecia [Fig. 36].

TB ¿El arte no debería provocar trauma? Lo único que no calculé fue la respuesta emocional de la gente. Pensé que solo estaba diciendo algo, ilustrando una idea. No me di cuenta de que cuando levantara la pistola, la gente iba a dejar de escuchar lo que decía y solo iba a prestar atención a su propia relación con la violencia autoinfligida. Pensé que estaba haciendo una referencia a la historia de la performance y que el público estaría preparado para lidiar con eso. Cuando preparo una obra, paso mucho tiempo pensando en todas las reacciones posibles; dedico más tiempo a eso que a la apariencia de la obra. Pero calculé mal todo eso en Venecia.

CB Montaste la obra dos veces, una vez en París y la otra en Venecia. ¿Cómo difirieron?

TB En el Jeu de Paume, hice la performance después de una charla de la historiadora del arte Lisette Lagnado, como parte de una conferencia sobre la cultura como estrategia de supervivencia. En París la gente también se impactó, pero el evento no fue discutido ni publicitado tan profusamente. Algunas personas me conocían, pero yo no tenía vínculos emocionales con nadie en el público. Entonces la respuesta fue más una crítica conceptual sobre si la obra funcionaba. No fue una respuesta emocional. Hacerla en Venecia sin el contexto de una conferencia, y con amigos míos en el público, la hizo más intensa. Por otro lado quería hacer una afirmación política pero no tenía idea de que la Bienal es un circo que convierte todo en entretenimiento.

CB Y había muchos viejos amigos en Venecia. Para mí, no había nada de Est-Ética en esa obra. Al ver esta obra, no puedo inscribir mi respuesta dentro de ningún marco ético o estético. No podía creer que arriesgaras la vida.

TB ¡Pero si tú misma me sugeriste que hiciera esa obra en Venecia! Quizás es distinto escuchar sobre una obra que ser partícipe de ella. Puso al público en una posición difícil.

CB ¡No me acuerdo haberte dicho que lo hicieras! Pero, volvamos a *Rolling Jubilee*: en ese ejemplo, la Est-Ética se refiere al placer y al goce del ingenio de un artista y la subversión del orden social. Es positivo más que nihilista. ¿Cómo explicas la extrema diferencia entre esta obra y *Self-Sabotage*?

^{TB} Debo aclarar que esta obra es Arte de Conducta más que ninguna otra cosa. Hay dos formas de lidiar con la Est-Ética: una es usar energía positiva, la otra es usar energía negativa. Con la primera haces una obra con algo sobre lo cual la gente está de acuerdo, hay menos fricción y más sentido de placer al final, porque se resuelve de manera satisfactoria. La energía negativa se da cuando hablas de algo que la gente preferiría no ver, que ignora, o que ni siquiera conoce. Y el resultado puede no ser satisfactorio. Trabajo mucho con la energía negativa; para mí es más productiva, pero es más difícil.

^{CB} Para mí, *Self-Sabotage* fue casi demasiado intensa como para ser racionalizada.

^{TB} Como te dije, la gente puede tardar más o menos tiempo en digerir distintas obras de arte. Lo siento. . . Verte llorar realmente me detuvo. ¡No siento ninguna necesidad o deseo de hacerla otra vez!

^{CB} Me hizo repensar la historia de las obras que van a extremos de violencia autoinfligida, como los accionistas Bob Flanagan o Rudolf Schwarzkogler. Ahora vemos sus obras con objetividad histórica, pero ¿cómo respondieron sus amigos y familiares? ¿Van algunas obras más allá de la capacidad de estetizar? Problematizan la distanciación estética. Una obra de arte puede conmoverte hasta hacerte llorar, pero eso es muy distinto cuando estás llorando porque ves a alguien arriesgando su vida frente a ti. Recuerdo a Alfredo Jaar en Venecia rogándote que te detuvieras.

^{TB} Sí, y Hans Haacke me presentó el dilema ético de vuelta y preguntó, "¿Cómo puedes someternos a esto?".

Siempre tengo una doble referencia en mi obra: una política y una de la historia del arte. *Self-sSabotage* es una referencia a la historia del Accionismo, a la que también me referí en *L'Accord de Marseille* [2006, analizado abajo]. Estas son las dos obras donde he hecho una declaración muy clara sobre lo que creo sobre la performance, el cuerpo y el arte político.

Probablemente tengo una relación distinta con la muerte que la mayoría de la gente que estaba en el público. No le tengo miedo a la muerte. Si muero mañana, voy a morir muy feliz porque hice todo lo que pensé que podía hacer, profesionalmente hablando. Estoy lista. Por eso fui capaz de ir a Israel durante el conflicto del 2014 a investigar para un proyecto. También es la razón por la

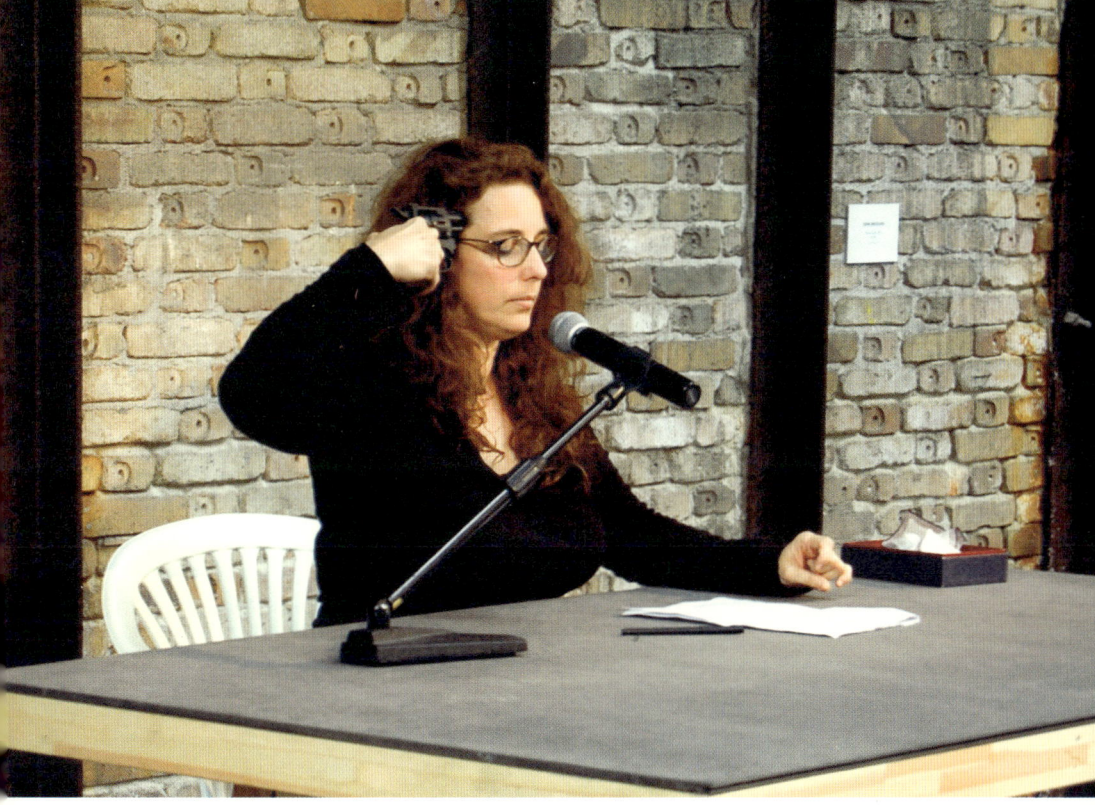

Fig. 36. *Self-Sabotage* [*Autosabotaje*], 53 Bienal de Venecia, 2009.

cual hice *#YoTambienExijo*, que siempre conecto con *Self-Sabotage*, porque era un suicidio artístico y político en Cuba.

La relación con la muerte y el sacrificio es muy distinta en mi cultura. Incluso es parte de nuestro himno nacional: "No temáis una muerte gloriosa / Que morir por la patria es vivir". Toda la vida he escuchado la consigna "Patria o muerte". Toda la gente que uno debe venerar en Cuba está muerta.

CB ¡No puedo creer que estés diciendo que tu adoctrinamiento ideológico sea la causa de esta obra! La voluntad de sacrificarte a ti misma y de ser un héroe, ¡incluso en nombre del arte! Como el curador de un museo me dijo al día siguiente, ¿De qué sirve un artista político muerto?

TB Nadie es indispensable, y en el texto de *Self-Sabotage* se respira la voluntad de perderlo todo por lo que uno cree.

CB Eres una combinación tan contradictoria de vanguardista romántica y pragmática solucionadora de problemas.

^{TB} [se ríe] ¡Estoy de acuerdo! No están del todo disociados. . .

L'Accord de Marseille

^{CB} Hablemos ahora de *L'Accord de Marseille* (2006), que consiste en un contrato con el artista Jota Castro. Cuando uno de ustedes muera, el otro puede hacer una performance con el cadáver del fallecido [Fig. 37].

^{TB} La obra es una de las pocas colaboraciones que he hecho. Es una declaración sobre la performance y lo que es capaz de manejar y tolerar. El primero que muera dona su cuerpo a la otra persona para que haga una performance. Es interesante porque supuestamente la performance está vinculada con la vida, es una experiencia de lo vivo. Pero esta va a ser una con un cuerpo muerto de uno que en vida fue un performer. Realmente me gusta eso. Y también me gusta la idea de que no sabes dónde está el arte: ¿En la propuesta? ¿En el documento legal? ¿En la performance que un día podría llegar a ocurrir?

^{CB} ¿Sientes que de verdad vas a realizar esta obra y que no vas a cambiar de opinión en algún momento?

^{TB} No, todavía estamos dispuestos. Cuando hicimos la declaración, acordamos que cada dos o tres años íbamos a conversar para saber si queríamos modificar o agregar algo. Hablamos de vez en cuando, pero no hemos cambiado nada.

^{CB} Esta es una obra que casi transgrede el límite de lo que la sociedad considera aceptable como arte.

^{TB} ¿Pero eso no es justamente lo que el arte debe hacer? Jota me dijo: "Puedes hacer lo que quieras conmigo", y yo le dije: "Voy a darte instrucciones cuando esté cerca de la muerte. Te voy a dar una pauta clara; no quiero que hagas lo que quieras".

^{CB} ¿Realmente has pensado en lo que él podría hacer?

^{TB} No, todavía no. Aunque probablemente debería.

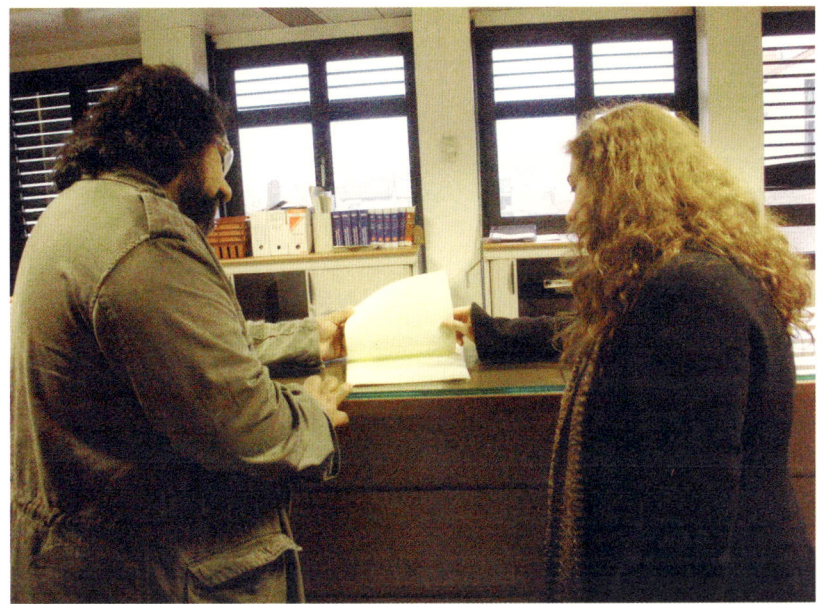

Fig. 37. *L'Accord de Marseille* [*Acuerdo de Marseille*], Francia, 2006. Colaborador: Jorge Luis (Jota) Castro.

Conmovida por Disciplina

CB *Touched by discipline* [*Conmovida por disciplina*], del 2010, incluye un elemento de engaño. Cancelaste una exposición y ofreciste una conferencia de prensa porque habías recibido un mensaje de Dios. ¿Cómo se dio todo esto?

TB Esta es una de mis obras favoritas. La idea empezó cuando estaba en Italia, enseñando en la Università Iuav di Venezia, en 2006. Estando ahí asistí a varias conferencias y una de ellas, por casualidad, fue realizada por el Presidente del Pontificio Consejo de la Cultura, que estaba planificando un Pabellón Vaticano para la Bienal. La idea no era mostrar obras sobre la Virgen o Cristo, sino mostrar arte que expresara creencias espirituales. Realmente me impactó la idea de que el Vaticano iba a tener un pabellón en Venecia, porque una de las cosas que aprecio del arte contemporáneo es que la Iglesia no tiene una influencia marcada en él desde hace un tiempo. ¿Qué pasa si la Iglesia empieza a encargar trabajos e intervenir en lo que están haciendo los artistas?

CB ¿Es eso peor que un oligarca ruso que encarga obras para su penthouse?

TB O un gobierno que instrumentaliza el arte. . . Es un paso hacia atrás. ¿Cuándo ha sido el arte completamente libre y autónomo? Es divertido hacerle esta pregunta a los artistas a quienes no les gusta el arte político o el Arte Útil, pero que sin embargo son "usados" de otra manera. De hecho, el arte solo ha sido libre en muy pocos momentos.

Escuchar las intenciones del Vaticano tuvo tal impacto sobre mí que quise hacer una acción relacionada con esto. Unos años después, me invitaron a hacer una pieza para el festival del Museo MADRE, en Nápoles. Empecé a hablar con los dos curadores, Eugenio Viola y Adriano Rispoli, y les dije que quería anunciar un proyecto falso que sería cancelado antes de la inauguración y que daría una conferencia de prensa para explicar la situación.

CB ¿Y cómo entra la visión del Papa en todo esto?

TB Durante la conferencia de prensa anuncié que había decidido no hacer la obra porque había tenido una visión: el Papa Juan Pablo II me había hablado y me había enviado un mensaje para que yo lo llevara a la gente y dar ese mensaje era más importante que hacer una obra de arte. Y yo, humildemente, entregué el mensaje [Fig. 38].

CB Describiste cómo, caminando de regreso hacia tu hotel en Pontevedra una noche, ibas medio dormida, cansada de los talleres, cuando de pronto notaste una voz que te hablaba: los volcanes recientes en Islandia y Guatemala, y el derrame petrolero de Deepwater Horizon, no habían sido un accidente sino un mensaje de Dios, señales de que la gente debía concentrarse menos en el dinero, dar más amor y enfocarse en lo importante. ¿Cómo funcionó este discurso en la conferencia de prensa?

TB Mucha gente creyó que era verdad. Algunos pensaron que era la mejor performance que habían visto en toda su vida. En esa época estaba trabajando con el formato de la conferencia académica, como la mesa redonda de *Sin título (Bogotá, 2009)* y *Capitalismo genérico*; en esta ocasión tomó el formato de una conferencia de prensa.

CB ¿Y cómo te sentiste dando el discurso? ¿Lo ensayaste antes?

TB No, yo no ensayo. No puedo ensayar. Es muy perverso, pero lo que quería

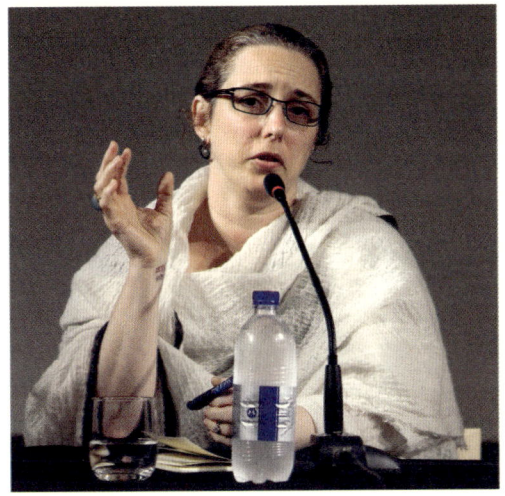

Fig. 38. *Touched by Discipline* [*Conmovida por disciplina*], Nápoles, Italia, 2010.

era llamar la atención del Vaticano porque quería que me usaran como uno de los tres casos requeridos para justificar la santidad de Juan Pablo II. Pero, por supuesto, no soy católica y ellos solo aceptan milagros de católicos. Un sitio web religioso estuvo interesado en cubrirlo, pero les advirtieron (en la sección de comentarios) que yo hacía obras controvertidas, entonces no resultó. Después, hice *The Francis Effect* [*El efecto Francisco*], en 2014 en el Guggenheim Museum de Nueva York, que considero que es la segunda parte de esta obra.

CB ¿Cómo funciona la Est-Ética en *Touched by Discipline*? ¡Incluso yo caí! No tenía idea de qué pensar, ya que tú serías la conversa al catolicismo más inesperada, y mucho menos un instrumento de Dios para entregar un mensaje.

TB ¡Cualquiera puede ser un emisario de Dios, Claire! [risas] En esa época, me estaba costando mucho aceptar lo reducido que es el público del arte. Y hacer una obra con este "mensaje" era una forma de llegar a otro público. Al final lo conseguí, por un momento. No pensé en esta obra en términos de engaño. La idea de la fe está totalmente vinculada a la idea de confianza, ¿no? Para mí, esta obra se trata de la fe y hay que tener fe en el arte, ¿cierto?

El Efecto Francisco

TB *The Francis Effect* (2014) es distinta a las otras obras que hemos analizado porque el dilema se centra en una sola persona, el Papa, al que le pedimos que haga un gesto ético. En esta obra le pido al Papa Francisco que les entregue la ciudadanía vaticana a todos los inmigrantes del mundo, independientemente de sus creencias religiosas [Figs. 39, 40].

CB Todos los días del verano del 2004, te paraste afuera del Guggenheim Museum de Nueva York, haciendo campaña, pidiendo firmas de apoyo.

TB Sí, cuando me viste ahí, parecía una recolectora de firmas de verdad. Tenía puesta una camiseta azul con el logo del *Movimiento Inmigrante Internacional*. Tenía un bolso y un sujetapapeles con el logo. . . y le hablaba a la gente todo el tiempo. Desde las 9 am hasta las 6 pm, con un descanso de una hora para almorzar. Los sábados era desde 9 am hasta las 8 pm. Lo hicimos durante cuatro meses, lo que duró la exposición *Under the Same Sun* [*Bajo el mismo sol*].

CB ¿Y cuántas firmas conseguiste?

TB Conseguimos más de catorce mil en el Guggenheim; ahora llevamos más de veinte mil y sigue aumentando. Cuando quieres cambiar una política, una de las primeras cosas que haces es crear una petición con firmas y luego la llevas a los políticos para iniciar la conversación. Realmente me gusta el hecho de que esta obra aborde la función política del Vaticano, que sí tiene una historia de intervención en los asuntos globales que a menudo es pasada por alto.

CB Pero sospecho que la obra, además alude a nuestra imagen popular del Papa Francisco como el "Papa bueno", ¿es una sátira sobre el deseo y expectativas sobre él?

TB No es sátira, pongo a prueba la propaganda. Hice esta obra casi inmediatamente después de la elección del Papa Francisco en el 2013; cuando la gente estaba entusiasmada con él, aun cuando lo conocía muy poco. Mucha gente con la que estoy de acuerdo social y políticamente está realmente fascinada con el Papa Francisco. Están convencidos de que ha recuperado la conciencia política de la Iglesia. Está haciendo un gran trabajo de relaciones públicas para la Iglesia católica, pero también prohibió la exposición de León Ferrari en el Centro Cultural Recoleta de Buenos Aires en el 2004 y fue acusado de entregar sacerdotes a la dictadura en los años setenta. Pero ahora es otra persona.

Así que no me estoy burlando –me han impresionado los cambios en la Iglesia. Pero me parece que se puede hacer mucho más. La obra apunta también a que los refugiados y los migrantes necesitan papeles, no caridad.

CB En cierto modo, le estás pidiendo al Papa Francisco que actúe a-legalmente y que use los vacíos de la ley vaticana para cambiar la vida de millones de personas.

TB Sí. El Vaticano es una ciudad que es también un Estado y que, como tal, es tratado como un país (tiene representante en las Naciones Unidas). El Vaticano ya se siente a-legal; entonces, ¿por qué no pedirle al Papa que haga un gesto a-legal?

CB Cuéntame sobre las diferentes reacciones de la gente cuando estabas recaudando firmas.

TB Una cosa que me gusta de esta obra es que la idea le llega a mucha gente. Los súper religiosos se sienten muy conmovidos por el gesto de exigir que la Iglesia cumpla con su deber y proteja a los más vulnerables. Me encontré con algunos que no quisieron firmar porque querían saber por *cuáles* inmigrantes y refugiados estábamos abogando. Dos personas del Vaticano miraron la obra pero no participaron porque no podían.

Las reacciones también dependían de lo que contaban en las noticias. Por ejemplo, cuando los diarios reportaron un aumento en el número de niños de

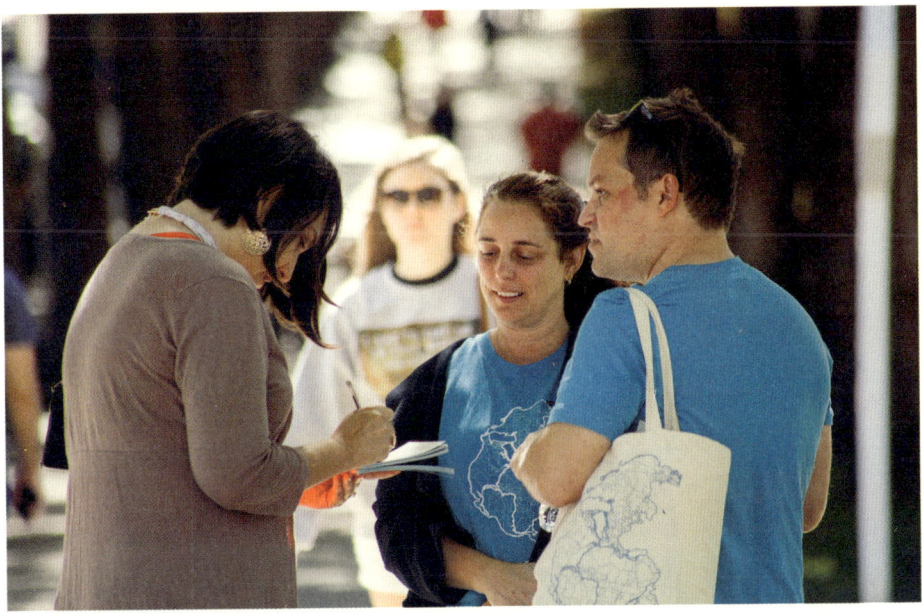

Fig. 39. *The Francis Effect* [*El efecto Francisco*], Solomon R. Guggenheim Museum, Nueva York, 2014.

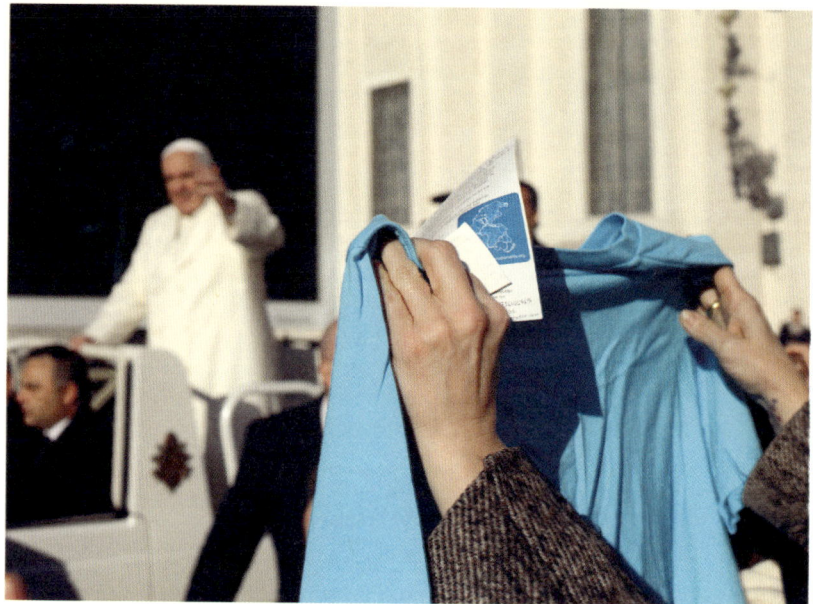

Fig. 40. *The Francis Effect* [*El efecto Francisco*], Ciudad del Vaticano, Roma, 2014.

El Salvador, Guatemala y Honduras que estaban llegando al país sin acompañantes, mucha gente estuvo dispuesta a firmar, pensando en esos niños. Esa semana conseguimos mil doscientas firmas.

CB Entonces, ¿en qué terminó esta obra? Esperabas reunir diez mil firmas y llegaste mucho más lejos. ¿Qué pasa después?

TB La idea es hacer que el Papa sepa que tenemos este proyecto. Queremos entregárselo en persona, en compañía de inmigrantes indocumentados y refugiados y abrir un diálogo sobre el rol del Vaticano en resolver este situación; ¿por qué caridad en lugar de acción política? De cierta forma es un problema burocrático absolutamente loco: hay aproximadamente sesenta millones de personas en el mundo que necesitan papeles de ciudadanía. Pero con el poder del Papa, no es imposible.

CB He conducido deliberadamente la conversación hacia estas obras que contrastan claramente con *Rolling Jubilee*, quizás para subrayar la idea de que, tal como ocurre con el Arte Útil, quizás eres mejor observadora que practicante de esta estrategia. ¿Estarías de acuerdo?

TB Con el Arte Útil, sí. Con Est-Ética, no. He tenido menos oportunidades de hacer Arte Útil que Est-Ética, un método que puede emplearse en cualquier tipo de obra. Los proyectos que hemos comentado en este capítulo no exigen un replanteamiento sistémico de la industria financiera (como lo hace *Rolling Jubilee*), sino que apuntan a tu relación personal con ciertos temas éticos. Me interesa tocar la fibra de la gente en un sentido personal, emocional, poniéndoles en una posición en la que deben reaccionar, tal vez contra sus propios principios éticos.

CB Pero, como dijiste antes, eso es más característico de Arte de Conducta. Entonces, quizás Est-Ética queda por ser enteramente desarrollada en tu trabajo.

CAPÍTULO CINCO
ARTIVISMO

CB En inglés, la palabra compuesta *artivism* empezó a ser usada por artistas-activistas en la primera década de este siglo, pero no apareció en publicaciones académicas sino hasta finales de la misma década, cuando se empleó para discutir las políticas de oposición al trabajo realizado por artistas de color bajo condiciones de opresión.[16] Recientemente utilizaste este término para describir tu obra en el Instituto de Artivismo Hannah Arendt (INSTAR) que fundaste en La Habana en 2016. ¿Cómo se distingue tu uso del Artivismo?

TB Hay elementos de activismo en mi concepción del Artivismo que viene de la búsqueda de justicia social así como de la postura activista de defender al arte como agente de cambio social. Pero también hay diferencias importantes. El activismo simplemente no puede existir en Cuba: el Gobierno ha creado un sistema donde toda expresión de descontento solo puede ser manifestada a través de organizaciones oficiales encargadas de los problemas (asuntos juveniles, derechos de las mujeres, sindicatos de trabajadores, etc.). Piensa, por ejemplo, en la Federación de Mujeres Cubanas, una organización que ayuda a las mujeres a representarse a sí mismas ante el Gobierno, pero también es parte del Gobierno y guarda silencio cuando se trata de injusticias contra las mujeres. El resultado es que solo el Gobierno puede iniciar el cambio político y social.

16. Chela Sandoval y Guisela Latorre, 'Chicano/a Artivism: Judy Baca's Digital Work with Youth of Color', en *Learning Race and Ethnicity*, ed. Anna Everett (Cambridge, MA: MIT Press, 2007).

Con esto, vemos lo fácil que es deslegitimar todo lo que pueda ser llamado activismo. En 2010, un grupo de artistas negros cubanos se reunió y organizó una exposición llamada *Queloides*; era la primera exhibición expresamente dedicada a temas de la comunidad negra. Los artistas no estaban afiliados a una organización oficial porque no hay organización oficial en Cuba para temas raciales, lo cual implica que no existen problemas raciales en Cuba. Así que los artistas fueron acusados de importar problemas de otros países, como los Estados Unidos. El Gobierno siempre ha predeterminado, absolutamente, qué temas pueden ser debatidos. Si niegan que el racismo exista en la isla, entonces no existe. A pesar de la realidad.

Entonces el Artivismo tiene un rol importante en Cuba: es una manera de hacer más manejables las dinámicas de poder. En Cuba, la situación siempre ha sido desproporcionada. Un ejemplo son las *Brigadas de Respuesta Rápida*, equipos que son enviados a la casa de un activista para dar la impresión de que sus vecinos están enojados y se están quejando de él. Esto genera un miedo generalizado entre los ciudadanos. La mayoría de las veces tiene como resultado la autocensura porque uno sencillamente internaliza la posición de la policía. Mientras que INSTAR usa el Artivismo para bajar ciertos temas a una escala humana, para que puedan ser manejados de forma distinta. Llegamos al empoderamiento del individuo mediante la educación cívica y creamos usos alternativos del espacio público para que el arte se convierta en una táctica de resistencia.

CB Tú estudiaste en Chicago, que tiene una fuerte tradición de artistas-activistas. Mirando atrás, ¿en qué medida fue Chicago un factor en tu acercamiento al Artivismo?

TB Chicago es un lugar increíble para ser artista política. Tiene una larga y hermosa tradición de arte con compromiso social. Siempre digo que vivir en Chicago completó mi formación como artista política. Tomé una clase con Gregg Bordowitz, en la School of the Art Institute of Chicago, donde nos enseñó sobre ACT UP [AIDS Coalition to Unleash Power / Coalición del SIDA para Desatar el Poder]. Inmediatamente sentí que reconocía algo ahí, porque hasta ese momento siempre había visto a los artistas estadounidenses por separado: su obra y su activismo, pero con ACT UP cada protesta era una performance. Ahora, para ser honesta, tardé cierto tiempo en abrirme al activismo, porque primero debía enfrentarme a todos los prejuicios en contra del activismo en Cuba.

CB Entonces, pese a que el Artivismo se ha alimentado del tiempo que pasaste en Chicago (1999–2009), no empezaste a usar la palabra para describir tu propia obra hasta hace poco.

TB En cuanto me fui de Chicago me di cuenta de que me había perdido la conversación sobre activismo que se estaba dando allá. Probablemente fue alrededor de la época en que empecé a hacer *Movimiento Inmigrante Internacional* cuando comencé a usar el término Artivismo. La gente estaba confundida conmigo; no sabía si estaba haciendo arte o activismo, y tuve que decirles una y otra vez: "Estamos haciendo ambos".

CB ¿Por qué crees que los artistas de acá son tan dados a separar su arte de su activismo?

TB En los Estados Unidos, el mercado determina qué tiene valor y está controlado por (y sirve a) los ricos. Nadie que provenga de esa clase social va a apoyar el trabajo activista porque en su esencia está en contra de ellos. El resultado es que el arte activista siempre acaba clasificado como arte malo; hasta que veinte años después, cuando ya no es urgente o incómodo, finalmente puede ser enmarcado en términos nostálgicos o ser estudiado como una estrategia formal. Piensa en las Guerrilla Girls.

Pero este encasillamiento del arte activista como arte malo está presente en todos los lugares donde el poder quiere atenuar lo que denuncia la obra. Se moviliza la estética para descalificar la disidencia. Es por eso que me interesa tanto rescatar y reivindicar la estética como categoría que incluya el contexto político.

CB ¿Por qué mezclar estos dos conceptos, arte y activismo? Seguro el activismo es más fuerte si uno está comprometido con su causa y el arte es más fuerte si trasciende un proyecto activista de corto plazo. ¿No se debilitan ambos términos al ser unidos? ¿Qué logras al reunirlos?

TB Para mí, el Artivismo es el lenguaje de la esfera pública contemporánea; se trata de escenificar una urgencia social dentro del dominio público, mediante estrategias nuevas y la palabra de manera creativa. El activismo tradicional tiende a depender de lo que ha resultado en el pasado y lo ancla en una clara herencia política; es por eso que la gente va a marchas, sosteniendo pancartas o levanta un puño en el aire. Pero quienes detentan el poder ya desarrollaron estrategias antiactivistas para este tipo de protestas (por ejemplo, los políticos no se presentan a sus oficinas cuando hay protesta o alegan que los manifestantes son gente contratada).

En lugar de recaer en las formas comunes, el Artivismo puede pillar desprevenido al objetivo de tu protesta e inmovilizarlo porque no sabe cómo reaccionar ante lo que está pasando. Esta demora en reaccionar es crucial para la eficacia del Artivismo. Para cuando tu objetivo ha entendido lo que hiciste y ha ingeniado cómo responder, tú ya alcanzaste tu meta o al menos un público más grande (y quizás llegaste a gente que podrá unirse a tu protesta).

Tardé mucho tiempo en convertirme en activista, porque recibí una educación tradicional de arte, aunque nunca sentí que el arte era suficiente. Por ejemplo, llegué a Group Material estudiando a Félix González-Torres; quien es usualmente exhibido como un formalista, y su activismo fue blanqueado tras su muerte. Pero a veces me siento nerviosa llamándome activista a mí misma, porque aprecio y admiro mucho a los activistas y su dedicación. Me siento más cómoda llamándome artivista.

CB ¿Puede el Artivismo ser tan eficaz como el activismo convencional que lucha por el cambio legislativo? ¿O será que requiere otra manera de medir su éxito, como la atención mediática?

TB El arte es una herramienta muy poderosa. Es prefigurativo: te permite vivir en el futuro mientras todavía estás en el presente. Te permite probar cosas desde un espacio donde te sientes seguro. También te recuerda tu humanidad, que es algo que los activistas nos recuerdan continuamente. Los artistas tenemos un talento para sacar algo que está en nuestras cabezas y convertirlo en una realidad en el mundo.

Las obras artivistas, como el Arte de Conducta, Political Timing Specific Art [Arte en sincronía con el tiempo político], el Arte Útil y la Est-Ética, deberían tener una doble ontología y aportar simultáneamente al arte y al otro dominio que toca. Para mí, esa es la medida del éxito. El Artivismo es también arte que anticipa: un arte que hace la pregunta "¿qué pasaría si. . .?" y el "¿qué está por venir?". No es reactivo, es estratégico.

CB En Occidente tendemos a hablar del arte activista. En China y Cuba, y en otros lugares con gobiernos represivos, hablamos de disidencia. ¿Cuál es la diferencia entre la disidencia y el activismo? ¿Hay un discurso de activismo en Cuba o solo es de disidencia?

^{TB} El activismo es ejercer tu responsabilidad cívica en público, en los países donde eso está permitido. Un disidente hace exactamente el mismo ejercicio en un país donde la gente no tiene derecho a hacer eso, ni en público ni en privado. Es un asunto de clasificación que no tiene que ver con *qué* haces sino con *quién* decide lo que estás haciendo. ¿Recuerdas cómo, de un día para otro, estar disconforme se volvió antipatriótico en los Estados Unidos después del 11 de septiembre? Siempre me ha llamado la atención algo que dijo Václav Havel en *The Power of the Powerless* [*El poder de los sin poder*]: "No te haces 'disidente' simplemente porque un día decidiste dedicarte a esta profesión increíblemente inusual. Tu sentido personal de la responsabilidad te empuja hacia ese rol, junto con una serie de circunstancias externas muy complejas. Te marginan de las estructuras existentes y te colocan en una posición de conflicto con ellas. Todo empieza como un esfuerzo de hacer bien tu trabajo, y termina con que te etiquetan como un enemigo de la sociedad".[17]

Existe la percepción de que la disidencia se trata de principios generales (la libertad de expresión, por ejemplo) y que el activismo se trata más de una posición personal en relación con la justicia social (derechos de los discapacitados, desalojos, racismo, etc.). Esta distinción se hace por lo general para desacreditar la relación de los disidentes con los temas por los que luchan, pero de hecho son lo mismo: ambos son demandas de los ciudadanos a sus gobiernos.

Debido a que viven en regímenes represivos, los disidentes a menudo solo pueden actuar individualmente y por ende son más fáciles de controlar. En Cuba, todo el aparato del Estado se puede movilizar inmediatamente en su contra. El Gobierno puede también argumentar que algún gobierno o alguna organización externa les está pagando, que colaboran con el enemigo, deslegitimando las actividades del activista y declarando al Gobierno como la víctima. La gente ha aprendido a mantenerse alejada de aquellos llamados disidentes, lo cual dificulta la creación y ampliación de los movimientos.

#YoTambienExijo

^{CB} En el capítulo 2 hablamos sobre tu intento de volver a montar *Tatlin's Whisper #6* (2009) en la Plaza de la Revolución. El resultado fue una nueva obra titulada *#YoTambienExijo*. Tomó su nombre de una plataforma online dedicada a la promoción de las libertades civiles, creada por tu hermana Deborah Bruguera y a

---

17. Václav Havel, *The Power of the Powerless* (New York: Routledge, 1985).

la cual se sumaron más tarde los historiadores de arte Clara Astiasarán, Valia Garzón y Miguel Lara, en respuesta a la carta que escribiste a Raúl Castro, el Papa Francisco y Barack Obama [Fig. 41]. #YoTambienExijo se refiere a la acción cancelada en la Plaza de la Revolución y una lectura duracional de *The Origins of Totalitarianism* [*Los orígenes del totalitarismo*] de Hannah Arendt cinco meses más tarde. ¿Cómo concibes esta obra como Artivismo?

TB El proyecto usa las herramientas del activismo, pero también se instala en la imaginación de la gente, igual que el arte. Yo fui la persona que lo inició, pero fue asumido por otros rápida y apasionadamente. Por ejemplo, #undiapara-cuba fue una versión de veinticuatro horas de la obra online: que consistía en grabaciones de un minuto, donde cubanos decían lo que pensaban o deseaban para su país; en otros lugares la gente empezó a montar la obra para hablar de sus problemas locales. Introdujo una nueva idea de lo que el arte puede hacer, incluso para los disidentes, que empezaron a referirse a sí mismos como per-formers en lugar de manifestantes. La obra final surgió en la imaginación de la gente porque no llegó a ocurrir como protesta, ocurrió como arte. Intenté usar la misma operación que el Gobierno, pero en el sentido inverso: quería decir que todos los activistas eran artistas, no disidentes.

CB *#YoTambienExijo* es un gesto activista que reivindica la libertad de expresión, pero los lectores pueden estar menos conscientes del grado en que tú enmar-cas este trabajo como performance. Te refieres al Gobierno cubano como tu público y tu coautor. Pero, ¿podrías llamar esto una colaboración?

TB En Cuba la palabra colaboración es muy espinosa porque ser un colaborador significa ser informante y traicionar a tus amigos, tu familia y tus valores ante el Gobierno. Por eso me cuesta hablar de esta obra como una colaboración. Por eso hablo de "coautoría" porque ambos pudimos dar significado a la obra y desafiar a quienes la generaron. Normalmente eliges a tu colaborador, pero en este caso no fue así, fue una coautoría forzada, una lucha con el Gobierno que quería controlar el significado de la obra.

Además, yo estaba peleando por el género artístico de la obra, entonces también había una tensión estética. Para mí era una performance (un evento en marcha, mutable y reactivo), pero también una en la que saqué toda referencia objetiva según la cual podría ser reconocida como arte. Para el Gobierno, en cambio, era teatro, una obra que seguía un guion previamente establecido. Ellos sabían que lo que decían no era cierto, como si estuvieran interpretando un per-sonaje en una obra de teatro. Por lo tanto, intentaban forzarme a interpretar

OPEN LETTER TO RAUL, OBAMA AND POPE FRANCIS #YOTAMBIENEXIJO

Dear Raúl, querido Obama, dear Pope Francis,

First let me offer congratulations, because politicians are expected to make history and today, December 17th, 2014, has been a historic day.

You have made history by proposing that the embargo/blockade become empty words. With the restoration of diplomatic relations, you have transformed the meaning of fifty-three years of policies defined by one side (the United States) and used by the other (Cuba) to ideologically guide the daily lives of Cubans everywhere. I wonder if this gesture is not also a proposal to kill ideology itself? Cuba is finally seeing itself, not from the perspective of death, but of life. But, I wonder, what will that life be and who will have the right to that new life?

Very well then, Raúl:

As a Cuban, today I call for the right to know what is being planned with our lives and, as part of this new phase, for the establishment of a politically transparent process in which we will all be able to participate, and to have the right to hold different opinions without punishment. When it comes time to reconsider what has defined who we are, that it not include the same intolerance and indifference which has so far accompanied changes in Cuba-a process in which acquiescence is the only option.

As a Cuban, today I demand there be no more privileges or social inequalities. The Cuban Revolution distributed privileges to those in government or deemed trustworthy (read: loyal) by the government. This has not changed. Privilege created the social inequalities under which we have always lived, inequalities which were then rationalized as a revolutionary meritocracy and are now being transformed into a reliable entrepreneurial class. I demand that the emotional and tangible rights of those who cannot participate in this new phase-those at the bottom-be protected.

As a Cuban, today I demand that we not be defined by the financial markets nor by how useful we can be to government. I call for equality for the Cuban who, due to the blockade/embargo, spent his life working in a factory only to come home a proud worker's hero but now has no place in a world of foreign investments and can only hope to receive a pension defined by the standards of socialist times, not by today's market economy. What is the plan, Raul, to avoid the same mistakes made by the countries from the former socialist camp? To avoid returning to the Cuba of 1958? How do we repair the emotional abuse the Cuban people have endured through the politics of recent years? How do we ensure there is social and material justice? How do we guarantee we will not become a colony, that we won't have to accept our new providers without question-as happened first with the Soviet Union and then with Venezuela?

As a Cuban, today I call for the right of peaceful protest in the streets to support or denounce any government decision without fear of reprisal. I call for the legal right to establish associations and political parties with platforms that differ from that of the ruling party. I call for the decriminalization of civic activism, civil society, and of those with different points of view. I demand that the legitimacy of political parties born of the popular will be recognized. I call for direct elections in which all political parties are allowed to participate, and for ideological discrepancies to be resolved with debate and not via acts of repudiation.

As a Cuban, today I demand the right to be a political being-not merely an economic entities or symbolic exchange to make history.

As a Cuban, Raúl, today I want to know the vision for the nation we are building.

As an artist, Raul, I propose you today to exhibit "Tatlin's Whisper #6" at the Plaza de la Revolución (Revolution Square). Let's open the microphones and let all voices be heard. Let's not offer just the clatter of coins to fulfill our lives. Let's turn on the microphones. Let's learn together to make something of our dreams.

Today I'd like to I propose that Cubans take to the streets wherever they may be on December 30th to celebrate, not the end of a blockade/embargo, but the beginning of our civil rights.

Let's make sure it's the Cuban people who will benefit from this new historic moment. Our homeland is what hurts us.

Tania Bruguera
Vatican City, December 17, 2014

Fig. 41. Carta abierta, *#YoTambienExijo*, 2014.

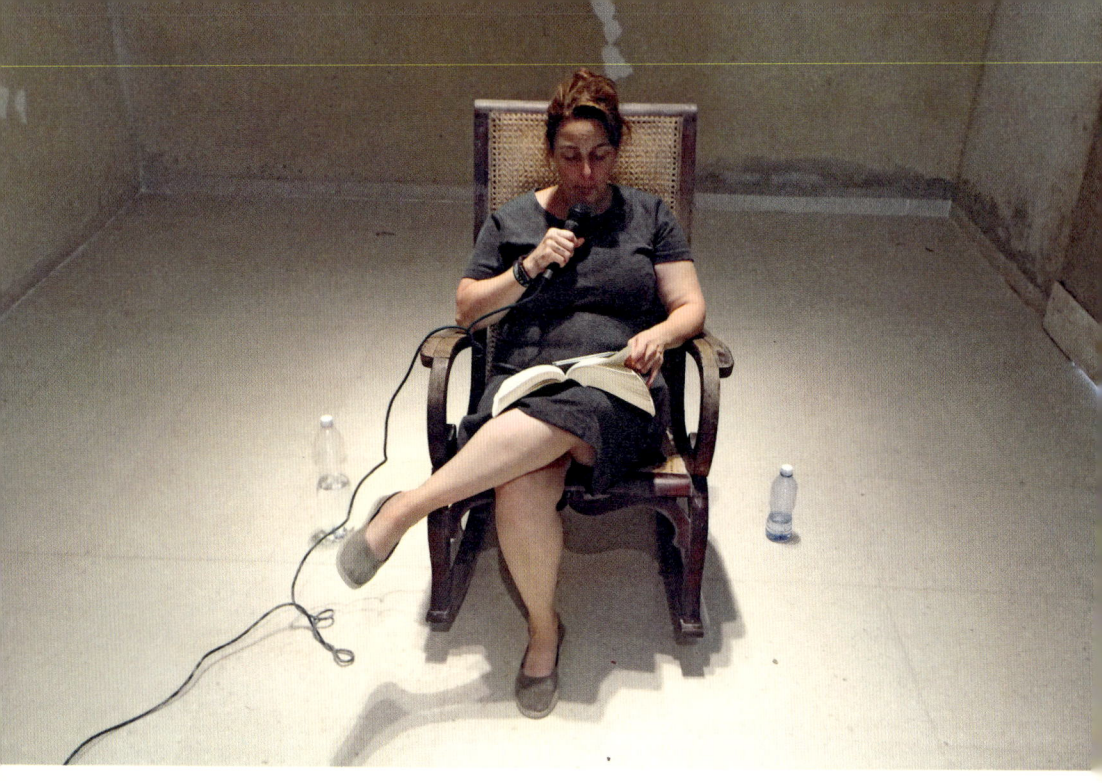

Fig. 42. *Donde tus ideas se convierten en acciones cívicas* (*100 horas lectura* Los orígenes del totalitarismo), La Habana, 2015.

un personaje que no soy. Esa es una estrategia que han utilizado desde los años sesenta, de modo que ni siquiera eran creativos –yo sabía las jugadas que iban a hacer. En cierto momento le dije al hombre que me interrogaba: "Busco la flexibilidad y apertura de una performance, pero tú estás intentando montar una obra de teatro tradicional con el mismo texto, el mismo personaje, la misma situación, una y otra vez, y esa es la fuente de nuestra tensión".

Una de las razones por las que me grabé mientras leía *Los orígenes del totalitarismo* de Hannah Arendt fue porque quería asegurarme de que si me acusaban de hacer algo ilegal durante la Bienal podía demostrar que no era cierto [Fig. 42]. Y tal como lo esperaba, me acusaron. Siguieron el guion. Cuando fui a la inauguración de un amigo en el Museo Nacional de Bellas Artes me acusaron de haber saboteado un evento en otro sitio de la Bienal dos días antes. ¡Pero tenía grabados cuatro días de autovigilancia para probar que estaban mintiendo!

CB Al escucharte hablar de *#YoTambienExijo,* me sorprende cómo cambia la narrativa: empieza como una lucha colectiva por la libertad y termina en una narrativa personal sobre tus detenciones e interrogatorios. ¿Cómo explicas este relato medio resbaladizo?

^{TB} La obra tiene una presencia analógica y otra digital: la analógica se lleva a cabo en La Habana y la digital fuera de Cuba y en las redes sociales; una ocurre en vivo y es una experiencia directa y la otra está mediada. Como has mencionado, mi coautor y público primario era el Gobierno de Cuba, pero el público secundario estaba fuera de Cuba.

La discusión de la obra en Cuba giraba en torno a la libertad de expresión, las restricciones en la esfera pública, el manejo de los miedos de los ciudadanos y la revelación de la verdadera naturaleza del Gobierno. Fuera de Cuba se enfocó en el rol del artista y cuán político puede ser el arte. Pero si soy honesta, en ambos lugares la obra rápidamente se convirtió en una discusión sobre mi persona porque siempre es más fácil atacar a un individuo que trabajar en la injusticia estructural. Esto ocurre una y otra vez con los activistas. Y es una lucha compleja retomar la discusión. En parte este era un problema del medio que estábamos usando: me encontré con el hecho de que las redes sociales funcionan con las personalidades y la discusión rápidamente se deforma y se convierte en ataques personales.

Por ejemplo, aparecieron caricaturas mías en Internet que decían: "Señora artista ¡no le tenemos a su performance ningún miedo!", que hace alusión al cartel instalado afuera de la embajada de los Estados Unidos en La Habana [Fig. 43], empotrado en el consciente de todo el mundo, que decía: "Señores imperialistas, no les tenemos absolutamente ningún miedo!". O también: "No, Yoelkis, Tania la guerri-

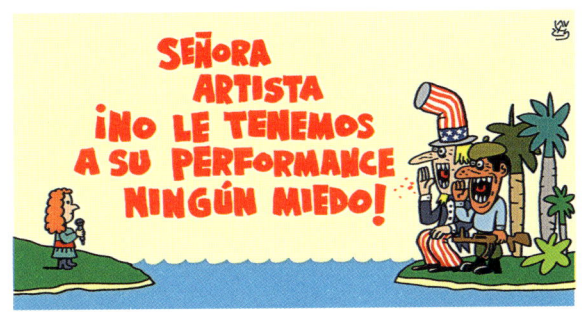

Fig. 43. Alen Lauzán, *Señora Artista*, 2014.

llera no es artista plástica!", refiriéndose a la guerrillera Tania, una heroína cubana que murió luchando junto a Che Guevara (y por la cual, de hecho, me pusieron el nombre). Estas caricaturas fueron un intento de asesinato público a través de la burla. El Artivismo usa el humor de otro modo; la satisfacción viene "después y no antes". No se trata de burlarse de alguien o de algo, sino de reírse porque lograste deconstruirlos públicamente –El Rey sabe que está desnudo, como también lo sabe la gente.

Entonces hay una dicotomía en *#YoTambienExijo*: hay una posición autoral que es usada de una manera muy tradicional, con la representación y una experiencia pasiva para el público; pero también hay un posicionamiento que no es para nada autoral y que, de hecho, es una lucha colectiva por la forma y el significado.

Una ironía que disfruté sobre *#YoTambienExijo* es que te obligó a revertir tu actitud común sobre el arte. Como muchos artivistas, típicamente te niegas a reconocer los componentes artísticos de tu obra, como si fuera algo vergonzoso, quizás porque en los Estados Unidos al menos, el arte se ha convertido en un símbolo de estatus o de inversión financiera más que de urgencia existencial. Pero durante esta obra, tuviste que defender tu gesto como arte.

No se trata de sentirme avergonzada por estar haciendo arte, es una cuestión de prioridades. Fuera de Cuba intento llevar la conversación acerca del arte más allá de los círculos del mundo del arte. En Cuba, el arte es un mecanismo de defensa porque lo que no puedes hacer como ciudadano, puedes hacerlo como artista y me gustaría empujar eso lo más lejos posible. El Gobierno dijo que yo ya no era una artista, lo que desde cierto punto de vista me puso contenta porque creo, como Allan Kaprow, que necesitas abandonar el arte para ser artista (en sus palabras, ser un *un-artist*, un des-artista). Como artista, quiero hacer algo que sea difícil de negociar y ver como arte, porque me interesa repensar la función del arte. Pero, en términos tácticos, esto no fue una buena idea para esta obra porque si no eres artista, entonces eres una traidora a la Patria y pueden aplicarte la pena de muerte. ¡Esta fue la primera vez en la vida que me vi luchando por ser llamada artista!

La obra también habla de la tensión que ahora tenemos en Cuba con la izquierda tradicional. La izquierda internacional no quiere intervenir en Cuba porque en sus propios países no les conviene reconocer que hay fallas y que los temas son complejos. Pero para mí era importante que la izquierda viera la dolorosa realidad de lo que estaba pasando en Cuba y que se uniera a la conversación con nosotros. Si no hacen esto ahora, será demasiado tarde. Como ha ocurrido con otros países que antiguamente fueron socialistas, Cuba podría fácilmente girar hacia la extrema derecha.

Un resultado secundario del proyecto fue que pudimos demostrarle a mucha gente que el arte realmente puede ser un canal efectivo para hacer trabajo político. Ahora, Las Damas de Blanco, familiares de disidentes encarcelados en Cuba, de vez en cuando dicen que algunas de sus acciones son performances. Como resultado de *#YoTambienExijo*, el arte de performance, en general, es mucho más conocido en Cuba.

Instituto Artivismo Hannah Arendt (INSTAR)

CB ¿Cómo ocurrió que *#YoTambienExijo* dio lugar a INSTAR?

TB Durante el 2015, me interrogaron con frecuencia, dos o tres por semana, por horas y horas. Después de más de treinta sesiones de interrogatorio en las cuales apelaron al mecanismo del miedo para distorsionar mi mente, me di cuenta de que la mejor respuesta a dicha violencia política es el conocimiento y la educación cívica. Para que esta respuesta fuera efectiva era necesario realizar un esfuerzo sostenido y continuo. Por eso inauguré un instituto para el arte y el activismo llamado Hannah Arendt.

CB Me da mucha curiosidad saber por qué elegiste a Hannah Arendt. ¿Qué textos suyos te atraen y por qué?

TB El primer texto que me atrajo fue *La promesa de la política* (2005), que leí en el 2010. Me gustó el primer capítulo, sobre la relación entre los filósofos y los políticos, y la diferencia entre Sócrates y Platón (uno pensaba que la filosofía trataba sobre su propia historia y el otro pensaba que la filosofía debía ser usada en la esfera política). Pensé, puedo intercambiar el filósofo por el artista, y funcionó perfectamente.

CB Sí, pero ¿por qué se convirtió Arendt en el modelo para INSTAR?

TB Cuando me arrestaron para interrogarme sobre *El susurro de Tatlin #6*, la persona que me interrogó tuvo que leer sobre Tatlin. En Cuba tenemos un sistema educativo basado en la memoria y me pareció que esa oficial de verdad había memorizado el primer párrafo del artículo de Wikipedia sobre Vladimir Tatlin: dónde nació, qué hizo, cómo había apoyado la Revolución, etc. En ese momento me di cuenta de que el Gobierno tuvo que aprender algunas cosas para poder criticar lo que yo estaba haciendo. Entonces pensé que sería una gran idea usar a Hannah Arendt, porque iban a tener que leer al menos dos páginas para tener algo que decirme en el siguiente interrogatorio. Así que fue una jugada estratégica. Arendt fue una mujer que nunca dejó de criticar lo que consideraba políticamente incoherente: su propio pueblo, el capitalismo, el socialismo. Ella transformó la filosofía en algo ineludiblemente político.

CB A mí me confunde la transición de *#YoTambienExijo* a INSTAR. Cuando empezaste la lectura ininterrumpida, en tu casa, de *Los orígenes del totalitarismo* (1951), de Arendt, ¿eso era parte de *#YoTambienExijo* o un adelanto del INSTAR?

TB Era la conclusión de *#YoTambienExijo* y el prólogo de INSTAR; es una pieza transicional. Tuve que navegar la ley muy cuidadosamente para descubrir cómo podía hacer esto. Las autoridades no podían detenerme porque estaba en mi propia casa, y una bocina amplificaba mi lectura hacia la calle. Así que el Gobierno envió un equipo de trabajadores con martillos neumáticos que hicieron un enorme hoyo en la calle donde vivo. No fue muy sutil: cavaron un hoyo enorme, justo enfrente de mi casa. Pero esto me dio dos placeres. Primero, los obreros tuvieron que parar a la hora de almuerzo, y en ese momento leí el capítulo donde Arendt habla sobre la colaboración con la policía y tuvieron que escucharlo. Aunque estuviera confinada a la casa, el sonido que se transmitía se dispersaba con libertad por la calle. En segundo lugar, siempre he intentado usar el lenguaje de los que tienen el poder para hacer mi trabajo; y ahora ellos estaban usando *mi* lenguaje, la performance, para comunicarse conmigo y con mi público, a través de esa performance donde pretendían reparar la calle [Fig. 44].

CB Igual que la *Cátedra Arte de Conducta*, el INSTAR está emplazado en tu casa en La Habana Vieja. ¿Cuál es la importancia de usar tu propiedad privada para estas instituciones orientadas a lo público?

TB Es la única forma en que uno puede hacer cosas en Cuba, porque el espacio público está altamente regulado y es inaccesible. No está permitido reunir a gente y discutir ideas con ellos en un lugar no institucional. Fidel dijo que la calle es de los revolucionarios, pero solo el Gobierno puede decidir quién es revolucionario.

CB ¿Pero no es paradójico que tengas que iniciar la batalla por el espacio público desde el interior de tu propia casa?

TB ¡Lo paradójico es que el único lugar donde puedes ser ciudadano es tu propia casa! El entrenamiento es adentro, pero sus manifestaciones están afuera –porque, por supuesto, la gente se va y sale hacia la ciudad.

CB ¿Cuál es la estructura de la institución?

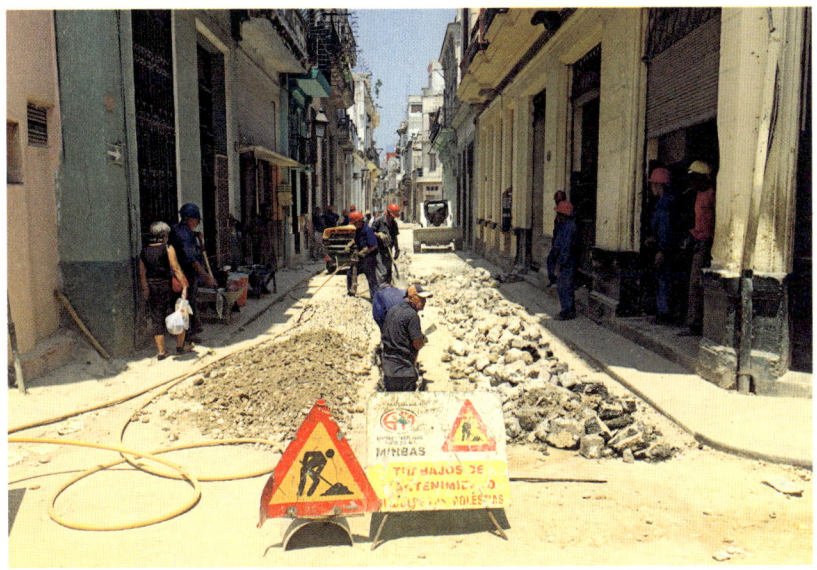

Fig. 44. Respuesta del Gobierno a *Donde tus ideas se convierten en acciones cívicas* (*100 horas lectura* Los orígenes del totalitarismo), La Habana, 2015.

TB El INSTAR puede considerarse la segunda parte de *Cátedra Arte de Conducta*. Tiene tres elementos que llamo "deseo-pienso-hago". Tiene una incubadora de deseos para realizar investigaciones y talleres con el público –no solo con artistas, sino todo el mundo. Queremos saber qué tipo de sociedad y gobierno quiere la gente. Hemos hecho dos hasta ahora; uno fue un proyecto social donde se le entregó dinero a familias cuyas casas fueron destruidas por el huracán Matthew. El otro fue la obra de un artista, José Ernesto Alonso; él hizo una encuesta para saber qué opinaba la gente de los servicios del Gobierno (entre ellos, educación y salud). Al final de la encuesta hizo camisetas individualizadas con los resultados, que tenían impresa la frase "Estoy a favor" y una cifra en porcentaje, pero sin explicar a qué se refería con ese número. Yo estaba a favor un 39%.

Luego hay una incubadora de ideas donde reunimos a la gente con expertos para ver cómo hacer realidad esas visiones, a pequeña escala por supuesto. Hasta ahora hemos tenido a Critical Art Ensemble, Brian Holmes, Greg Sholette, Olga Kopenkina, Joanna Warsza y Florian Malzacher, Jonas Staal, Ileana Fokianaki, entre otros. Todos han venido a hacer talleres de una semana (todavía usamos el modelo de la *Cátedra Arte de Conducta*). También he invitado a gente de Cuba, como el historiador Rafael Almanza y el poeta Rafael Alcides, ambos son figuras marginalizadas allá.

Finalmente, está la incubadora de acción, donde artistas y activistas llegan y explican cómo esto puede ocurrir. Hemos tenido acciones y proyectos que se desarrollan desde las conversaciones. Por ejemplo, hicimos un maratón de cinco horas de talleres, organizados por Florian, sobre el tema del trabajo de la gente. Usamos el espacio para proyectar películas y mostrar obras de teatro que han sido censuradas. INSTAR es un espacio para llevar la teoría a la práctica.

CB ¿Y cómo va eso? ¿Sientes una diferencia con tus otros proyectos a largo plazo?

TB Sabes, me siento mucho más creativa con el INSTAR que con la *Cátedra Arte de Conducta* porque antes yo era responsable de los participantes. En el INSTAR la gente ya ha hecho un compromiso y sabe en qué se está metiendo. Se trata de creación colectiva, no de ideas individuales. Es completamente horizontal y las decisiones se toman por consenso.

CB ¿Cuál sería, para ti, la meta principal del INSTAR y cómo mides su éxito?

TB Este es un proyecto a largo plazo, así que no me siento inclinada a hablar de los logros, estos se verán en las soluciones cívicas que tratemos de implementar. Comenzó avanzando lento porque creo que uno de los principales objetivos es que los cubanos pierdan su miedo, y eso es algo que debe ser fomentado con mucho cuidado. La gente tiene que ver que es posible pensar en hacer algo pequeño y lograrlo. Para nosotros en el INSTAR es importante cambiar la narrativa interna, que es: el Gobierno no nos deja hacer nada. Nosotros decimos: "A pesar de ellos, lo hacemos". Desplazamos el orden de las cosas para que nosotros tomemos el control de la conversación. Por ejemplo, un día la policía estaba interrogándome a las 3 pm, pero al mismo tiempo había treinta personas en mi casa viendo una obra de teatro censurada de Lynn Cruz, *Los enemigos del pueblo*. Ellos creían que me tenían, pero seguimos trabajando a pesar de ellos. Del mismo modo, las autoridades migratorias le dijeron a Greg Sholette que no podía volver entrar a mi casa nunca más, así que hicimos el resto de sus talleres en el parque público y en las casas de otras personas.

Arte y Activismo

CB Antes me hablaste de ACT UP como un precedente importante para tus ideas sobre el Artivismo. ¿Cómo crees que han cambiado el arte y el activismo desde ese período durante los ochenta y noventa? ¿Qué lugar ocupa Occupy Wall Street en el paisaje del Artivismo?

TB Occupy Wall Street fue un momento muy importante para mí. Creo que al principio los artistas no sabían cómo integrarse a Occupy Wall Street (OWS); incluso propusieron una bienal en Zuccotti Park, la *Occupenial*. Esto era ridículo porque los artistas que eran parte del movimiento entendían que el arte no debía estar por encima o separarse del trabajo activista, al contrario: necesitaban colaborar con los activistas para encontrar soluciones creativas, usar el arte como una herramienta. Siempre dije que el Arte Útil es un arte producido por ciudadanos, y eso se demostró aquí. En OWS era posible ver dos usos para el arte: el más tradicional (camisetas, posters, botones, etc.) y al mismo tiempo ejemplos de Arte Útil (entre ellos, Not an Alternative, que trabaja con indigentes). Proyectos como *Rolling Jubilee* aparecieron después, salieron de grupos de trabajo y parecen ser el arte apropiado para OWS. Ahora artistas-activistas están encontrando soluciones que conducen a la implementación.

Hoy hay una urgencia política distinta y mucho de lo que antes dábamos por sentado está en riesgo; esta situación nos afecta a todos. Mucha gente en el mundo del arte está más dispuesta a tomar riesgos sociales y políticos, y la gente acepta el hecho de que hay artistas intentando hacer este trabajo. Hace diez años, tenías que luchar contra los prejuicios hacia los artistas políticos; ahora, el Super PAC de Hank Willis Thomas dirigido por artistas es muy celebrado en el mundo del arte.[18]

Otro cambio es que los activistas están más dispuestos a abrirse. Se podría decir que antes de OWS los activistas no confiaban en los artistas en general, ahora consideran algunos como aliados. Hace diez años le decía a todo el mundo que era necesario reactivar la estética de la protesta y del disenso. Y ahora los activistas están más abiertos a intentar cosas nuevas, en lugar de una pancarta están abiertos a lo performativo. Facebook y Twitter les han permitido a los activistas ser más creativos. Es importante tener una imagen atractiva y cargada de emociones, y que a la vez no aleje a la gente. Los activistas están buscando ese contenido viral. Y para lograr la viralidad tiene que haber

18. Hank Willis Thomas y Eric Gottesman cofundaron For Freedoms en el 2016 y organizaron lo que llamaron el primer Super PAC [Political Action Committee, Comité de Acción Política] dirigido por artistas.

un equilibrio muy específico entre afectividad, información y visualidad, y eso tiene mucho que ver con el arte.

Occupy les permitió a los artistas repensar por qué y para quién estaban haciendo arte, y también les ayudó a legitimar sus prácticas frente a los activistas, integrándose como iguales.

Verdad o Reto

CB Antes poco mencionamos que tu padre era diplomático. También era un político cercano a Fidel Castro. ¿Ves lo que estás haciendo como una continuación de su servicio a Cuba, pero por otros medios? ¿O es una reacción a su lealtad?

TB En mi casa, cuando era niña, hablábamos mucho de política. Mi padre se ausentó mucho por la política. Mis padres se divorciaron a causa de la política. En Cuba no puedes escaparte de la política, porque el Gobierno considera que la esfera privada es del dominio público y por ende de su incumbencia. Pero no me gusta el hecho de que cada vez que hago arte que resulta incómodo para la gente en Cuba, los críticos siempre tratan de enmarcarlo en términos de una relación psicológica con mi padre. Entonces, tiendo a reaccionar muy intensamente a esta pregunta, me retraigo, porque me resisto a la banalización de mis motivos para hacer arte político. Por otro lado reconozco que me dio mucha ventaja al principio, porque pude usar mi privilegio para extender los límites de lo que se podía hacer políticamente con el arte y me permitió tener sueños en un lugar en el que la gente había dejado de soñar, porque su único deseo era dejar el país. Finalmente, mi padre murió y eso fue bueno para mi arte porque me dio libertad. Durante un interrogatorio en el 2015 me dijeron que mi padre se hubiera enojado conmigo. Incluso me llevaron a su tumba en el cementerio para que me arrepintiera, o para que pareciera que trabajaba para ellos filmando el momento "íntimo". Pero no sabían que en nuestra última conversación antes de que muriera, me dijo que a pesar de todos nuestros desacuerdos estaba orgulloso de mí, y sugirió que debía seguir adelante. También me frustra que la gente niegue la gran influencia que tuvo mi madre sobre mí. Ella me enseñó a ser independiente, libre y rebelde.

Además, recuerda que estudié arte en Cuba desde los doce años. Cuando yo era estudiante había un mandato que decía que el artista debía hacer arte para el pueblo, al servicio del pueblo, no para uno mismo. Era muy mal visto si solo querías hacerte rico o famoso (y en todo caso, ambas cosas eran inimaginables). Ahora todo ha cambiado: hay un mercado de arte en Cuba, el Gobierno lleva buses de extranjeros al Instituto Superior de Arte para que compren trabajos de los estudiantes y la gente es más cínica, usa el arte para su ventaja personal. Hay una decepción generalizada con la idea del arte como un bien social (típica de los países exsocialistas). El Gobierno cubano, sin embargo, cree que lo que yo hago es en contra de ellos, cuando la verdad es que soy una artista revolucionaria leal. El problema es que el Gobierno ya no es revolucionario. Para ellos, ser revolucionario significa ser leal a una marca ("la Revolución"). Para mí, se trata de hacer frente a las injusticias e intentar cambiarlas. Estoy poniendo a prueba el guion que me enseñaron en la escuela: hacerlo por el pueblo. Pero los que nos enseñaron ese mensaje ya no lo pueden escuchar.

CB Me gustaría preguntarte sobre el feminismo. Tu obra tiene muy pocas referencias a las políticas de género. ¿Será que la diferencia sexual no tiene un rol en tu perspectiva política? ¿Que los asuntos de género (y más ampliamente, de identidad) no son relevantes dentro de tu pensamiento?

TB Soy feminista, pro-*queer*, pro-trans. . . Soy feminista en términos de mi producción y de la política en mi estudio y mis colaboraciones. En Cuba fui una artista mujer atacada: hubo muchos artistas hombres y profesores que querían acostarse conmigo o procuraban "ningunear" lo que hacía porque soy mujer. Nunca me acosté con ellos, superé mis inseguridades sobre el arte, y trabajé más duro que nadie. Esa fue una época intensa, pero también fue muy buen entrenamiento. ¡Quizás por eso puedo resistir los ataques del Gobierno! Siempre ha existido un falso rechazo al feminismo en Cuba, porque según el Gobierno el feminismo no era necesario porque todos somos socialistas y todas las inequidades están cubiertas. Entonces me tomó mucho tiempo entender que soy una feminista en acción y creo que mi arte es feminista sencillamente porque soy una mujer intentando entrar al mundo del arte, un mundo de hombres, y tener éxito. Pero el feminismo no es el tema de la obra; es parte de los mecanismos políticos de la obra. Me pasa lo mismo con el sexo: soy bisexual y eso nunca aparece en la obra. Mi trabajo siempre tiene que ver con problemas no resueltos y cosas que no entiendo, y para mí, el feminismo y el género no son asuntos sin resolver.

CB Tú éxito y reconocimiento fuera de Cuba no parece coincidir con tu estatus en Cuba, donde mucha gente se siente molesta con lo que haces y lo que representas. ¿A qué atribuyes esta diferencia de percepción?

TB No tengo todas las respuestas. Una, puede ser el hecho de que soy una mujer que ha tenido más éxito que la mayoría de los artistas cubanos hombres en una sociedad que es totalmente machista. Otra, puede ser que después del 2014 me convertí en una entidad realmente incómoda en Cuba porque la gente tuvo que definirse políticamente debido al impacto de mi obra.

CB ¿A qué te refieres?

TB Después de la Revolución, los cubanos siempre han tenido que posicionarse de forma ambigua, anticipando lo que otros quieren oír. Ante un extranjero criticaban al gobierno y ante el Gobierno decían que estaban a favor (para entonces recibir beca o trabajo). La gente juega mucho y tiene dos, tres, cuatro o cinco caras distintas. *#YoTambienExijo*, en cambio, obliga a la gente a definirse en relación con la libertad de expresión, el uso del espacio público y la mera idea de que se puede hacer activismo en Cuba. En aquel momento era confuso saber que te favorecería más, los beneficios dados por el Gobierno o ser parte potencial de una transición política. Todos son temas que la gente en Cuba nunca quiere discutir, porque la supervivencia allí depende de no responder a esas preguntas. Entonces, detestan que los extranjeros les pregunten por mi obra, porque tienen que tomar una posición. Y lo que hacen es decir que no la conocen, "¿No sé, qué pasó?", o descartan la calidad de la obra (en lugar de comentar su contenido político), o me critican como persona. Por supuesto, el Gobierno le ha dado al pueblo herramientas para contestar esas preguntas –instruyendo a empleados de instituciones culturales en cómo responder, mostrando un video difamatorio sobre mí en la escuela de arte, y circulando rumores. El argumento principal siempre es: "No era el momento apropiado". Pero vienen usando esa misma línea desde los años sesenta y en Cuba nunca es el momento apropiado. Y lo que pasa es que para los artistas, siempre es el momento apropiado, sobre todo cuando otras formas de evaluar la sociedad han sido suspendidas. "El momento apropiado" no puede ser elegido por el Gobierno, porque con ello el resultado no sería arte, sería propaganda. Y el artista no estaría al servicio de la sociedad, sino del gobierno.

Ahora me toca a mí hacerte algunas preguntas incómodas. ¿Te he convencido sobre el valor de uso de estos conceptos?

CB Estoy definitivamente más convencida sobre la Est-Ética de lo que estaba al inicio de este proyecto, y ahora entiendo mucho más claramente mi reacción a *Self-Sabotage*. Creo que el Arte de Conducta es una manera válida de leer una buena parte del arte del pasado y que Political Timing Specific Art es una buena idea que me gustaría desarrollar más dentro de mis propios textos.

Representaste muy bien la causa del Artivismo y el Arte Útil, pero sí pienso que necesitan elaborarse más: enfatizas los beneficios demostrables en el Arte Útil, pero estos parecen ser menos importantes para el Artivismo. Todavía no estoy segura de que sea necesario que exista esa última categoría. Para mí, el Artivismo es simplemente activismo memorable.

TB Bueno, el Arte Útil es uno de los conceptos más difíciles porque invierte lo que nos han dicho sobre qué es el arte. Para mí, hacer este libro ha sido un proceso importante, plantearme todas estas preguntas, tener esta conversación, tener que explicar lo que es tan claro para mí, aunque no para otros. ¿Qué ha significado para ti?

CB En mis textos, raras veces trabajo monográficamente, así que esta ha sido una oportunidad para profundizar con una artista y conocer su obra realmente a fondo. Pero es mucho más que eso. Me encanta debatir ideas y probar conceptos, especialmente cuando ninguna de las partes está a la defensiva y ambas desean aprender del diálogo. En ese sentido eres una interlocutora ideal, porque en el mundo del arte contemporáneo (donde todos se protegen y cultivan su imagen tan obsesivamente) tu apertura es muy poco frecuente y especial.

ABOUT THE AUTHOR /
SOBRE LA AUTORA

Claire Bishop is a critic and professor in the PhD Program in Art History at the Graduate Center, City University of New York. Her books include *Installation Art: A Critical History* (2005) and *Artificial Hells: Participatory Art and the Politics of Spectatorship* (2012), for which she won the 2013 Frank Jewett Mather award, and *Radical Museology, or, What's Contemporary in Museums of Contemporary Art?* (2013). She is a contributing editor to *Artforum*, and her essays and books have been translated into eighteen languages. She met Tania Bruguera for the first time in 2007, when she went to Havana to teach at *Cátedra de Arte de Conducta*.

Claire Bishop es crítica de arte y profesora en el programa de Doctorado en Historia del Arte en el Graduate Center, City University of New York. Sus libros incluyen *Installation Art: A Critical History* (2005) y *Artificial Hells: Participatory Art and the Politics of Spectatorship* (2012), publicación que recibió el premio Frank Jewett Mather 2013, y *Radical Museology, or, What's Contemporary in Museums of Contemporary Art?* (2013). Bishop es editora contribuyente de la revista *Artforum*, y sus ensayos y libros se han traducido a dieciocho idiomas. Conoció a Tania Bruguera, por primera vez en 2007, cuando viajó a La Habana para enseñar en la *Cátedra Arte de Conducta*.

IMAGE CAPTIONS / FICHAS TÉCNICAS

Cover [Portada]:
Donde tus ideas se convierten en acciones cívicas (100 horas lectura Los orígenes del totalitarismo) [*Where your ideas become civic actions (100 hours reading* The Origins of Totalitarianism)], casa de la artista en [artist's home in], La Habana, 2015, detail [detalle]
Courtesy Estudio Bruguera
Photo: Kate Flint

Title Page [Portadilla]: *Tatlin's Whisper #5* [*El susurro de Tatlin #5*], performance, Tate Modern, London, January 26–27, 2008
Courtesy Estudio Bruguera / Tate Modern

Contents page [Índice]:
Tania Bruguera, La Habana, 2015
Courtesy Claudio Fuentes

Pages [Páginas] 136–37:
Installation view of [vista de montaje de] *10,145,915*, 2018–19, Turbine Hall, Tate Modern, London. Hyundai Turbine Hall commission
Courtesy Estudio Bruguera / Tate Modern
Photo: Benedict Johnson

Fig. 1:
Tania Bruguera, Artist-in-Residence program [Programa de Residencias Artísticas], Park Avenue Armory, New York, 2018
Courtesy Claire Bishop

Fig. 2:
Vito Acconci
Following Piece [*Pieza del acto de seguir*], 1969, detail [detalle].
Gelatin silver prints, felt-tip pen, and map on board [impresión en gelatina de plata, rotulador, y mapa sobre cartón]
29¹⁵⁄₁₆ × 40³⁄₁₆ in. (76 × 102 cm).
Partial gift of the Daled Collection and partial purchase through the generosity of Maja Oeri and Hans Bodenmann, Sue and Edgar Wachenheim III, Agnes Gund, Marlene Hess and James D. Zirin, Marie-Josee and Henry R. Kravis, and Jerry I. Speyer and Katherine G. Farley
© ARS, NY

Fig. 3:
Adrian Piper
Top [Superior]: *My Calling (Card)* [*Mi tarjeta de presentación*] *#1 (for Dinners and Cocktail Parties)* [*para cenas y cócteles*], 1986–.
Performance prop [atrezo]: brown business card with printed text [tarjeta de presentación marrón con texto impreso]
2 × 3½ in. (5.1 × 9 cm).
Bottom [Inferior]: *My Calling (Card) #2 (for Bars and Discos)* [*para bares y discotecas*], 1986–.
Performance prop [atrezo]: white business card with printed text [tarjeta de presentación blanca con texto impreso]
2 × 3½ in. (5.1 × 9 cm).
Various private and public collections
© Adrian Piper Research Archive Foundation Berlin

Fig. 4:
Grupo Teatro Escambray [Escambray Theater Group]
La vitrina [*The Showcase*], 1978
Photo: Jorge Valiente

Fig. 5:
Ana Mendieta, *Moffitt Building Piece* [*Pieza del Edificio Moffitt*], 1973, still [fotograma]
Super-8mm film transferred to high-definition digital media [Película Super 8mm transferida a medios digitales], color, silent [sin sonido], 3:17 min.
© The Estate of Ana Mendieta Collection, LLC
Courtesy Galerie Lelong & Co.

Fig. 6:
Cátedra Arte de Conducta, Taller Sislej Xhafa [workshop], La Habana, 2007
Courtesy Claire Bishop

Fig. 7:
Headquarters of [Sede de] *Cátedra Arte de Conducta*, 2005
Courtesy Estudio Bruguera
Photo: Eliva Rosa Castro

Fig. 8:
Adrian Melis, *Vigilia* [*Night Watch*], 2005 / 2006, still [fotograma]
DVD PAL, 4:3, color, stereo, 5:45 min.
Filmed and produced in Cuba as part of the project [filmado y producido en Cuba como parte del proyecto] "Bueno, bonito y barato" awarded by [premiado por] Agencia Española de Cooperación Internacional para el Desarrollo, Embajada de España [Spanish Embassy], Cuba
Courtesy Adrian Melis

Fig. 9:
Galería Habana facade and three works included in [Fachada de Galería Habana y tres obras incluidas en] *Estado de excepción* [*State of Exception*]
Arte de Conducta, Bienal de La Habana, Galería Habana, 2009

Núria Güell, *Ayuda humanitaria* [*Humanitarian Aid*], 2008–2013
Boda civil [Civil wedding], performance, 2009
Courtesy Estudio Bruguera

Makhina Collective [Colectivo]
O'reilly 508
Installation [Instalación]
Courtesy Claire Bishop

Carlos Martiel, *Corpus Christi*
Performance
Courtesy Claire Bishop

Fig. 10:
Generic Capitalism [*Capitalismo genérico*], Our Literal Speed conference [conferencia Nuestra velocidad literal], Chicago, 2009
Courtesy Estudio Bruguera

Fig. 11:
Tatlin's Whisper #6 (Havana Version) [*El susurro de Tatlin #6 (Versión de La Habana)*], Bienal de La Habana, 2009
Courtesy Estudio Bruguera

Fig. 12:
Parker Bright protesting painting of Emmett Till by Dana Schutz [Parker Bright protesta ante la pintura de Emmett Till de Dana Schutz], Whitney Museum of American Art, New York, 2017
Courtesy Michael Bilsborough

Fig. 13:
Liberate Tate [Liberar al Tate], *License to Spill* [*Licencia para derramar*], Tate Britain, London, 2010
Photo: Immo Klink

Fig. 14:
No por mucho madrugar, amanece más temprano [*The sun is not hurried by early risers*], Homage to Ana Mendieta series [serie Homenaje a Ana Mendieta], 1986–96, Fototeca de Cuba, La Habana, 1988
Courtesy Estudio Bruguera

Fig. 15:
Ánima from the Silueta series, Homage to Ana Mendieta series [*Ánima* de la serie Silueta, serie Homenaje a Ana Mendieta], 1986–96, Institute of International Visual Arts at St. Pancras Church [en la Iglesia de San Pancras], London, 1996
Courtesy Estudio Bruguera

Fig. 16:
Memoria de la postguerra I [*Postwar Memory I*], 1993
Newspaper [periódico]
13½ × 9½ in. (34 × 21.5 cm)
Fondo de Bienes Culturales, La Habana
Courtesy Estudio Bruguera

Fig. 17:
Memoria de la postguerra II [*Postwar Memory II*], 1993
Newspaper [Periódico]
14½ × 9½ in. (37.18 × 24.4 cm)
Courtesy Estudio Bruguera

Fig. 18:
Memoria de la Postguerra III [*Postwar Memory III*], 2003
Flyer [Volante]
13½ × 19 in. (34.15 × 48.45 cm)
Museo Nacional de Bellas Artes de La Habana
Courtesy Estudio Bruguera

Fig. 19:
The Yes Men, *The New York Times Special Edition* [*Edición especial*], November 12, 2008
A celebration/collaboration with [una celebración/colaboración entre] Steve Lambert, Andy Bichlbaum of [de] The Yes Men, with [con] 30 writers [escritores], 50 advisors [consejeros], 1000 volunteer distributors [distribuidores voluntarios], CODEPINK, May First/People Link, Evil Twin, Improv Everywhere, and Not An Alternative
Creative Commons licensed BY-NC-SA
Photo: Steve Lambert

Fig. 20:
Untitled (Havana, 2000) [*Sin título (La Habana, 2000)*], Castillo La Cabaña, Bienal de La Habana, 2000
Sugar cane bagasse [Bagazo de caña de azúcar], video, black and white [blanco y negro], silent [sin sonido]
Courtesy Estudio Bruguera

Fig. 21:
Untitled (Havana, 2000) [*Sin título (La Habana, 2000)*]
Still [Fotograma], detail [detalle]
Courtesy Estudio Bruguera

Fig. 22:
Trust Workshop/Untitled (Moscow, 2007) [*Taller de confiabilidad/ Sin título (Moscú, 2007)*]
Moscow Biennial, 2007
Courtesy Estudio Bruguera

Fig. 23:
Tatlin's Whisper #5
[*El susurro de Tatlin #5*], 2008
Tate Modern, London,
January 26–27, 2008
Courtesy Estudio Bruguera /
Tate Modern

Fig. 24:
#YoTambienExijo, Plaza de la Revolución, La Habana, Cuba,
December 30, 2014
Courtesy Estudio Bruguera

Fig. 25:
Museum of [*Museo de*]
Arte Útil, 2013
Van Abbemuseum, 2013
Archives Van Abbemuseum,
Eindhoven, The Netherlands
Photo: Peter Cox

Fig. 26:
Arte útil, 2017
Van Abbemuseum, Eindhoven
Collection, The Netherlands
Courtesy Estudio Bruguera

Fig. 27:
Logo of [Logotipo de la]
Asociación Nacional de Innovadores y Racionalizadores
[National Association of Innovators and Rationalizers] (ANIR)

Fig. 28:
Immigrant Movement International
[*Movimiento Inmigrante Internacional*], Corona, Queens, New
York, 2014
Courtesy Pablo León de la Barra

Fig. 29:
Immigrant Movement International
[*Movimiento Inmigrante Internacional*], Corona, Queens, New
York, 2014
Courtesy Pablo León de la Barra

Fig. 30:
Museum of [*Museo de*] *Arte Útil*,
2013, The Room of Controversies
[La sala de controversias], Van
Abbemuseum, Eindhoven, The
Netherlands, 2013
Courtesy Claire Bishop

Fig. 31:
Museum of [*Museo de*] *Arte Útil*,
2013, Library [Biblioteca], Van
Abbemuseum, Eidenhoven, The
Netherlands, 2013
Courtesy Claire Bishop

Fig. 32:
Krzysztof Wodiczko, *Homeless
Vehicle Project* [*Proyecto vehículo
para indigentes*], 1988–1989
© Krzysztof Wodiczko
Courtesy Galerie Lelong & Co.,
New York

Fig. 33:
Bonnie Ora Sherk, *Crossroads
Community (the farm): Boys Mowing the Lawn Next to the Freeway*
[*Crossroads Community (la granja):
Niños cortando el pasto al lado de la
autopista*], 1976
Video still [Fotograma]
© Bonnie Ora Sherk

Fig. 34:
Joe Alterio, People's Bailout
graphic for Strike Debt's *Rolling
Jubilee* [gráfica para la campaña
Rescate financiero del pueblo del
proyecto *Rolling Jubilee* de Strike
Debt], 2012
Courtesy the artist

Fig. 35:
Untitled (Bogotá, 2009) [*Sin título
(Bogotá, 2009)*], Staging Citizenship: Cultural Rights in the
Americas [Ciudadanías en escena:
entradas y salidas de los derechos
culturales], Universidad Nacional
de Colombia Bogotá, Hemispheric Institute of Performance and
Politics, 2009
Courtesy Estudio Bruguera

Fig. 36:
Self-Sabotage [*Autosabotaje*], Venice
Biennale, *The Fear Society—
Pabellón de la Urgencia*, 2009
Courtesy Estudio Bruguera

Fig. 37:
L'Accord de Marseille [*The Marseille
Agreement/Acuerdo de Marseille*],
France, 2006. Collaborator
[Colaborador]: Jorge Luis (Jota)
Castro
Courtesy Estudio Bruguera

Fig. 38:
Touched by Discipline [*Conmovida
por disciplina*], MADRE Museum,
Naples, Italy, 2010
Courtesy Estudio Bruguera

Fig. 39:
The Francis Effect [*El efecto Francisco*], 2014–ongoing [en marcha],
Solomon R. Guggenheim Museum for the exhibition [para la
muestra] *Under the Same Sun: Art
from Latin America Today* [*Bajo un
mismo sol: Arte de América Latina
hoy*], June 13–October 1, 2014
Courtesy Estudio Bruguera

Fig. 40:
The Francis Effect [*El efecto Francisco*], 2014–ongoing [en marcha],
Vatican City, Rome, December 17,
2014
Courtesy Estudio Bruguera

Fig. 41:
Open Letter [Carta abierta],
#YoTambienExijo, 2014
Vatican City, Rome
Courtesy Estudio Bruguera

Fig. 42:
Donde tus ideas se convierten en
acciones cívicas (100 horas lectura:
Los orígenes del totalitarismo)
[*Where your ideas become civic*
actions (100 hours reading: The
Origins of Totalitarianism)], casa
de la artista en [artist's home in],
La Habana, 2015
Courtesy Pablo León de la Barra

Fig. 43:
Alen Lauzán, *Señora Artista*
[*Madame Artist*], 2014
Digital illustration [Ilustración
digital]
©Alen Lauzán

Fig. 44:
Government response to [Res-
puesta del Gobierno a] *Donde*
tus ideas se convierten en acciones
cívicas (100 horas lectura: Los
orígenes del totalitarismo) [*Where*
your ideas become civic actions (100
hours reading: The Origins of
Totalitarianism)], in front of the
artist's home in [frente a la casa
de la artista en], La Habana, 2015
Courtesy Pablo León de la Barra

Photo credits /
Créditos fotográficos:
Claire Bishop, Estudio Bruguera,
Eliva Rosa Castro, Peter Cox,
Kate Flint, Claudio Fuentes,
Benedict Johnson, Immo Klink,
Steve Lambert, Pablo León de la
Barra, Rosemary Mayer

Titles in / Títulos en
Conversaciones / Conversations

Carlos Cruz-Diez
in conversation with / en conversación con
Ariel Jiménez ISBN 978-0-9823544-2-1
E-BOOK 978-0-9882055-1-2

Tomás Maldonado
in conversation with / en conversación con
María Amalia García ISBN 978-0-9823544-3-8
E-BOOK 978-0-9882055-2-9

Jac Leirner
in conversation with / en conversación con
Adele Nelson ISBN 978-0-9823544-4-5
E-BOOK 978-0-9882055-3-6

Jesús Soto
in conversation with / en conversación con
Ariel Jiménez ISBN 978-0-9823544-6-9
E-BOOK 978-0-9882055-4-3

Ferreira Gullar
in conversation with / en conversación con
Ariel Jiménez ISBN 978-0-9823544-5-2
E-BOOK 978-0-9882055-5-0

Gyula Kosice
in conversation with / en conversación con
Gabriel Pérez-Barreiro ISBN 978-0-9823544-8-3
E-BOOK 978-0-9882055-6-7

Liliana Porter
in conversation with / en conversación con
Inés Katzenstein ISBN 978-0-9823544-7-6
E-BOOK 978-0-9882055-7-4

Luis Camnitzer
in conversation with / en conversación con
Alexander Alberro ISBN 978-0-9823544-9-0
E-BOOK 978-0-9882055-8-1

Waltercio Caldas
in conversation with / en conversación con
Ariel Jiménez ISBN 978-0-9840173-5-5
E-BOOK 978-0-9882055-9-8

Jaime Davidovich
in conversation with / en conversación con
Daniel R. Quiles ISBN 978-0-9840173-6-2
E-BOOK 978-0-9840173-7-9

Tania Bruguera
in conversation with / en conversación con
Claire Bishop ISBN 978-0-9840173-9-3
E-BOOK 978-0-9989724-1-1

For a complete list of Fundación Cisneros
publications see [para una lista completa de las
publicaciones de la Fundación Cisneros ver]:
www.coleccioncisneros.org

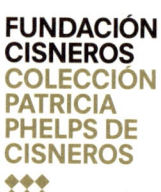

FUNDACIÓN
CISNEROS
COLECCIÓN
PATRICIA
PHELPS DE
CISNEROS